Boekhouden geboekstaafd 1
Uitwerkingen

Boekhouden geboekstaafd 1
Uitwerkingen

Drs. H. Fuchs
S. J. M. van Vlimmeren

Twaalfde druk

Noordhoff Uitgevers bv Groningen | Houten

Serie-overzicht
Boekhouden geboekstaafd 1
Opgaven
Uitwerkingen

Boekhouden geboekstaafd 2
Opgaven
Uitwerkingen

Boekhouden geboekstaafd 3
Opgaven

Vormgeving
Ontwerp binnenwerk: Ebel Kuipers, Sappemeer
Opmaak binnenwerk: Zefier tekstverwerking, Breda
Ontwerp omslag: G2K designers, Groningen
Omslag beeld: Fotodisc

Eventuele op- en aanmerkingen over deze of andere uitgaven kunt u richten aan: Noordhoff Uitgevers bv, Afdeling Hoger Onderwijs, Antwoordnummer 13, 9700 VB Groningen, e-mail: info@noordhoff.nl

0 / 13

ISBN 978 90 01 82071 8
NUR 786

Inhoud

1

Inleiding en algemene begrippen

101 a Wanneer een bedrijfshuishouding naar winst streeft, spreken we van een onderneming.

b In het informatieproces in een onderneming onderscheiden we de volgende fasen:
- verzamelen van gegevens;
- vastleggen van deze gegevens;
- bewerken van de vastgelegde gegevens;
- doorgeven van de bewerkte gegevens als informatie aan de vragers ernaar.

c Als Willeke in Rotterdam op zoek is naar een restaurant, kan de gevonden rekening haar informatie verschaffen over naam en ligging van het restaurant, prijsklasse, e.d.
Wanneer Willeke geen plannen heeft een restaurant in Rotterdam te bezoeken, dan ontleent zij aan de gegevens op de rekening geen informatie. De gegevens hebben in dat geval voor haar geen waarde of betekenis.

d Het onderzoek naar de informatiebehoeften van de diverse medewerkers in een onderneming.

e Wanneer de informatievraag verandert, moet het informatie-aanbod op de gewijzigde vraag worden afgestemd.

f De kostencijfers over een bepaalde maand in een afdeling vormen informatie voor de manager van de afdeling.
Deze kostencijfers vormen gegevens in het proces waarbij de kostencijfers van alle afdelingen worden geaggregeerd om tot informatie te komen over de totale kosten van de onderneming.

g Enkele doelen van de met behulp van de administratie verkregen informatie zijn:
- het voorbereiden en nemen van beslissingen;
- het beheersen van de uitvoering van allerlei activiteiten;
- het afleggen van verantwoording.

h Een onderneming neemt allerlei beslissingen voor de eigen organisatie op basis van informatie (bijvoorbeeld vaststellen verkoopprijzen, advertentiecampagne, enz.), maar ook buiten de onderneming worden beslissingen genomen op basis van informatie die de onderneming verstrekt (bijvoorbeeld beslissingen van de Belastingdienst over de door de onderneming ingediende belastingaangifte).

i Normen zijn noodzakelijk om de gegevens over de werkelijkheid (bijvoorbeeld de hoogte van de brandstofkosten van de vertegenwoordigersauto) te kunnen toetsen. Bij afwijking van de werkelijkheid ten opzichte van de norm kan een onderneming proberen de oorzaken op te sporen. Hierna kan zij maatregelen nemen om de werkelijke situatie bij te sturen.

j Informatie in een MIS is vertaald uit de gegevens die in de administratie zijn opgenomen. Deze vertaling houdt onder meer in dat gegevens zijn samengevat; meestal wordt weinig detailinformatie verstrekt via een MIS.

102

a De gegevens die in de administratie worden vastgelegd, verdelen we in gegevens die te maken hebben met geld (financiële gegevens) en in gegevens die niet met geld te maken hebben (overige gegevens).

b Systematisch vastgelegde gegevens over:
- de verjaardagen van het personeel in een afdeling;
- de leveranciers die een bepaalde grondstof kunnen leveren.

c Systematisch vastgelegde gegevens over:
- reacties van klanten over kwaliteit, prijs e.d. van door de onderneming verkochte artikelen;
- mededelingen aan het personeel over wijzigingen in de cao.

d Schematische voorstelling van de relaties tussen de geldstromen en de goederenstromen binnen een onderneming.

e 1 Een handelsonderneming verkoopt de ingekochte goederen meestal in onveranderde vorm door, terwijl bij een industriële onderneming altijd sprake is van een technisch transformatieproces.
2 Het symbool 'Goederen' wordt vervangen door drie andere symbolen: 'Grondstoffen', 'Produceren' en 'Eindproducten'.

f De term BIK duidt op het opzetten van een geautomatiseerd informatiesysteem ten behoeve van de bestuurlijke informatieverzorging, terwijl AO ook in een niet-geautomatiseerde omgeving kan worden toegepast.

g Interne controle wordt uitgeoefend door of namens de directie van de onderneming, terwijl bij externe controle anderen dan de directie (aandeelhouders, Belastingdienst, enz.) opdracht geven om te controleren.

h Scheiding van functies in een onderneming met als doel een betrouwbare informatieverzorging te bevorderen. Bij deze scheiding staan belangentegenstellingen tussen functies centraal.
NB In paragraaf 4.5 van het tekstboek gaan we nader op dit begrip in.

i Nee, in kleinschalige ondernemingen is controletechnische functiescheiding vaak niet of moeilijk toe te passen. Bij het ontbreken van mogelijkheden tot (een gedeelte van de) controletechnische functiescheiding moeten andere maatregelen van interne controle worden getroffen!

j Voorbeelden van verbandscontrole zijn:
- aantal verzonden partijen = aantal uitgaande vrachten op rekening transportbedrijf;
- beginvoorraad goederen + ontvangen goederen – eindvoorraad goederen = afgeleverde hoeveelheid goederen.

103

a Jaarlijks opgemaakt financieel verslag, dat bestaat uit de balans, de winst-en-verliesrekening en een toelichting op deze overzichten.

b Drie verschillende jaarrekeningen zijn:
- de interne jaarrekening voor de ondernemingsleiding;
- de fiscale jaarrekening voor de Belastingdienst;
- de externe jaarrekening voor aandeelhouders en overige belanghebbenden.

c De periode van een jaar is te lang om actuele sturingsinformatie beschikbaar te hebben. Met maand- of kwartaaloverzichten kan de ondernemingsleiding sneller reageren op gewijzigde omstandigheden.

d 1 Het vaststellen van de fiscale winst (en daaruit valt de verschuldigde belasting af te leiden). Natuurlijk is ook een fiscaal verlies mogelijk.
2 De bedrijfseconomische principes kunnen afwijken van wat volgens de belastingwetten is toegestaan.

e 1 De jaarrekening die dienst doet als verantwoordingsmiddel van de leiding van de onderneming tegenover de eigenaren.
2 Ja, de regels in het BW met betrekking tot de verslaggeving zijn van toepassing. Daarnaast zijn van belang:
   - de Richtlijnen van de Raad voor de Jaarverslaggeving;
   - de International Financial Reporting Standards.

f 1 Wanneer de externe jaarrekening – geheel of gedeeltelijk – voor iedereen ter inzage wordt gelegd bij het Handelsregister van de Kamer van Koophandel.
2 Elke nv en bv; in sommige gevallen is maar gedeeltelijke publicatie vereist.

g De lezer krijgt door middel van de gepubliceerde jaarrekening financiële informatie over de betrokken onderneming, aan de hand waarvan hij beslissingen kan nemen.

h In eerste instantie werd uitsluitend de boekhouding zelf geautomatiseerd. Daarna werden diverse subadministraties eraan gekoppeld. In een nog later stadium kwam daar ook een integratie met bijvoorbeeld logistieke systemen en relatiesystemen bij.

i Een geïntegreerd informatiesysteem is een informatiesysteem dat alle aspecten van een transactie in verschillende deelsystemen tegelijkertijd registreert.

j Voordelen van een geïntegreerd informatiesysteem zijn:
- werkbesparing: elk gegeven hoeft maar eenmaal te worden ingevoerd;
- steeds beschikbaar zijn van up-to-date gegevens in alle deelsystemen;
- kleinere foutenkans: er ontstaan veel minder overnamefouten.

k Drie voorbeelden van interne integratie zijn:
- integratie van de boekhouding met de subadministratie voorraden;
- integratie van de boekhouding met het logistieke systeem;
- integratie van de boekhouding met een factureerprogramma.

l We spreken van externe integratie als het financiële informatiesysteem van een organisatie een verbinding legt met dat van een derde.

m Drie voorbeelden van externe integratie zijn:
- integratie van het financiële informatiesysteem van een organisatie met dat van een bank;
- integratie van het financiële informatiesysteem van een organisatie met dat van een leverancier voor het plaatsen van bestellingen;
- integratie van het financiële informatiesysteem van een organisatie met dat van de Belastingdienst.

2

De inventaris, de balans en de winst-en-verliesrekening

201 De bezittingen van Paul Berkers zijn:

Gebouw Koningsweg 66 in 's-Hertogenbosch	€	350.000
Magazijn- en winkelinrichting	-	80.000
Voorraad goederen:		
60 PeeCee computers à € 1.300 =	-	78.000
80 Breedbeeldschermen à € 212,50 =	-	17.000
40 TFT-beeldschermen à € 372,50 =	-	14.900
68 Inkjetprinters à € 100 =	-	6.800
20 Laserprinters à € 480 =	-	9.600
Diverse aansluitmaterialen	-	3.700
Printerpapier/usb-sticks/dvd's	-	4.000
Vorderingen op afnemers:		
J. Both in Kerkdriel	-	6.000
M. van Lieshout in Waalwijk	-	1.800
J. Ruijs in Vught	-	9.800
Pennings BV in Oss	-	43.750
Tegoed bij de ING Bank	-	10.750
Kasgeld	-	380
Totaal	€	636.480

Paul heeft de volgende schulden:

6,5% Hypothecaire lening	€	262.500
Lening ABN-AMRO Bank	-	110.000
Lening F. Berkers Sr.	-	15.000
Schulden aan leveranciers:		
J. Wissink BV in Utrecht	-	18.600
Vijfeiken Automatisering in Eindhoven	-	8.900
Clean BV in Uden	-	13.700
Totaal	€	428.700

Paul heeft zelf in zijn onderneming geïnvesteerd:
€ 636.480 – € 428.700 = € 207.780 .

202 a

Bijlage I Specificatie voorraad goederen per 1 januari 2013

Pee Cee computers	60 stuks à € 1.300 =	€	78.000
Breedbeeldschermen	80 stuks à € 212,50 =	-	17.000
TFT-beeldschermen	40 stuks à € 372,50 =	-	14.900
Inkjetprinters	68 stuks à € 100 =	-	6.800
Laserprinters	20 stuks à € 480 =	-	9.600
Diverse aansluitmaterialen		-	3.700
Printerpapier/usb-sticks/dvd's		-	4.000
Totaal		€	134.000

Bijlage II Specificatie debiteuren per 1 januari 2013

J. Both, Kerkdriel	€	6.000
M. van Lieshout, Waalwijk	-	1.800
J. Ruijs, Vught	-	9.800
Pennings BV, Oss	-	43.750
Totaal	€	61.350

Bijlage III Specificatie crediteuren per 1 januari 2013

J. Wissink BV, Utrecht	€	18.600
Vijfeiken Automatisering, Eindhoven	-	8.900
Clean BV, Uden	-	13.700
Totaal	€	41.200

b

Inventaris per 1 januari 2013

Bezittingen				
Gebouw Koningsweg 66, 's-Hertogenbosch	€	350.000		
Magazijn- en winkelinrichting	-	80.000		
Voorraad goederen, volgens bijlage I	-	134.000		
Debiteuren, volgens bijlage II	-	61.350		
ING Bank	-	10.750		
Kas	-	380		
			€	636.480
Schulden				
6,5% Hypothecaire lening	€	262.500		
Lening ABN-AMRO Bank	-	110.000		
Lening F. Berkers Sr.	-	15.000		
Crediteuren, volgens bijlage III	-	41.200		
			-	428.700
Eigen vermogen			€	207.780

c

Balans per 1 januari 2013

Gebouw	€	350.000	Eigen vermogen	€	207.780
Magazijn- en winkelinrichting	-	80.000	6,5% Hypothecaire lening	-	262.500
Voorraad goederen	-	134.000	Lening ABN-AMRO Bank	-	110.000
Debiteuren	-	61.350	Lening F. Berkers Sr.	-	15.000
ING Bank	-	10.750	Crediteuren	-	41.200
Kas	-	380			
	€	636.480		€	636.480

203 Het juiste antwoord is *b*.

Bezittingen:				
kantoorinventaris	€	20.000		
tegoed bij de ING Bank	-	10.000		
kasgeld	-	5.000		
			€	35.000
Schulden:				
langlopende lening			-	10.000
Eigen vermogen			€	25.000

204 a

Balans per 1 januari 2013

Loods	€	85.000	Eigen vermogen	€	34.750
Voorraad bomen en struiken	-	9.500	Hypothecaire lening	-	51.000
Debiteuren	-	1.750	Crediteuren	-	3.550
Kas	-	850	Rabobank	-	7.800
	€	97.100		€	97.100

b Er geldt: Bezittingen – Schulden = Eigen vermogen
ofwel: Bezittingen = Eigen vermogen + Schulden

c Presentatievorm waarbij een overzicht wordt verdeeld in een linkerkant (debetkant) en een rechterkant (creditkant).

d Maarten Groenestein is geldnemer en hypotheekgever; hij geeft de bank het recht om de loods te verkopen wanneer hij in gebreke blijft.

205

a De *bezitting Voorraad goederen* wordt € 1.960 groter.
De *schuld* aan *Crediteuren* wordt € 1.960 groter.

b

Balans per 8 april 2013

Voorraad goederen	€	57.960	Eigen vermogen	€	49.500
Debiteuren	-	9.000	Crediteuren	-	28.960
Rabobank	-	9.200			
Kas	-	2.300			
	€	78.460		€	78.460

c De *bezitting Kas* wordt € 2.000 kleiner.
De *schuld* aan *Crediteuren* wordt € 2.000 kleiner.

d

Balans per 16 april 2013

Voorraad goederen	€	57.960	Eigen vermogen	€	49.500
Debiteuren	-	9.000	Crediteuren	-	26.960
Rabobank	-	9.200			
Kas	-	300			
	€	76.460		€	76.460

e De *bezitting Rabobank* wordt € 3.700 kleiner.
De *schuld* aan *Crediteuren* wordt € 4.500 kleiner.
De *bezitting Debiteuren* wordt € 800 kleiner.

f

Balans per 23 april 2013

Voorraad goederen	€	57.960	Eigen vermogen	€	49.500
Debiteuren	-	8.200	Crediteuren	-	22.460
Rabobank	-	5.500			
Kas	-	300			
	€	71.960		€	71.960

206 a

Balans per 1 juli 2013

Winkelinventaris		€	8.000	Eigen vermogen		€	16.600
Voorraad goederen		-	23.500	Lening F. van Zelst		-	2.000
Debiteuren		-	1.190	Crediteuren		-	16.400
Bank		-	1.750				
Kas		-	560				
		€	35.000			€	35.000

b

Balans per 2 juli 2013

Winkelinventaris		€	8.000	Eigen vermogen		€	16.600
Voorraad goederen		-	23.500	Lening F. van Zelst		-	2.000
Debiteuren	(– € 550)	-	640	Crediteuren		-	16.400
Bank		-	1.750				
Kas	(+ € 550)	-	1.110				
		€	35.000			€	35.000

Balans per 6 juli 2013

Winkelinventaris		€	8.000	Eigen vermogen		€	16.600
Voorraad goederen	(+ € 6.000)	-	29.500	Lening F. van Zelst		-	2.000
Debiteuren		-	640	Crediteuren	(+ € 6.000)	-	22.400
Bank		-	1.750				
Kas		-	1.110				
		€	41.000			€	41.000

Balans per 14 juli 2013

Winkelinventaris		€	8.000	Eigen vermogen		€	16.600
Voorraad goederen		-	29.500	Lening F. van Zelst		-	2.000
Debiteuren		-	640	Crediteuren	(– € 1.000)	-	21.400
Bank	(– € 1.000)	-	750				
Kas		-	1.110				
		€	40.000			€	40.000

Balans per 26 juli 2013

Winkelinventaris		€	8.000	Eigen vermogen		€	16.600
Voorraad goederen	(+ € 800)	-	30.300	Lening F. van Zelst		-	2.000
Debiteuren		-	640	Crediteuren		-	21.400
Bank		-	750				
Kas	(– € 800)	-	310				
		€	40.000			€	40.000

c De omvang van het eigen vermogen is ongewijzigd gebleven (€ 16.600).

207 Het juiste antwoord is *a*.
Het boekingsstuk is een afrekening van de ING Bank.
De bezittingen nemen toe met € 15.000 en de schulden nemen ook toe met € 15.000.

208 a

Balans per 4 juni 2013

Voorraad goederen	(+ € 44.000)	€	144.000	Eigen vermogen		€	132.000
Debiteuren		-	40.000	Crediteuren	(+ € 44.000)	-	104.000
Bank		-	35.000				
Kas		-	17.000				
		€	236.000			€	236.000

Balans per 8 juni 2013

Voorraad goederen	(– € 50.000)	€	94.000	Eigen vermogen	(+ € 22.000)	€	154.000
Debiteuren	(+ € 72.000)	-	112.000	Crediteuren		-	104.000
Bank		-	35.000				
Kas		-	17.000				
		€	258.000			€	258.000

Balans per 13 juni 2013

Voorraad goederen		€	94.000	Eigen vermogen		€	154.000
Debiteuren	(– € 6.000)	-	106.000	Crediteuren		-	104.000
Bank		-	35.000				
Kas	(+ € 6.000)	-	23.000				
		€	258.000			€	258.000

Balans per 18 juni 2013

Voorraad goederen		€	94.000	Eigen vermogen		€	154.000
Debiteuren		-	106.000	Crediteuren	(– € 14.000)	-	90.000
Bank	(– € 14.000)	-	21.000				
Kas		-	23.000				
		€	244.000			€	244.000

Balans per 25 juni 2013

Voorraad goederen	(– € 16.000)	€	78.000	Eigen vermogen	(+ € 8.000)	€	162.000
Debiteuren		-	106.000	Crediteuren		-	90.000
Bank		-	21.000				
Kas	(+ € 24.000)	-	47.000				
		€	252.000			€	252.000

Balans per 30 juni 2013

Voorraad goederen		€	78.000	Eigen vermogen	(– € 12.000)	€	150.000
Debiteuren		-	106.000	Crediteuren		-	90.000
Bank	(– € 12.000)	-	9.000				
Kas		-	47.000				
		€	240.000			€	240.000

b

Eigen vermogen 30 juni 2013	€	150.000
Eigen vermogen 1 juni 2013	-	132.000
Toename eigen vermogen in juni 2013	€	18.000

De toename van het eigen vermogen noemen we de nettowinst.

209

Winst-en-verliesrekening over juni 2013

Opbrengst verkopen (8/6, 25/6)				
€ 72.000 + € 24.000 =			€	96.000
Inkoopprijs verkopen				
€ 50.000 + € 16.000 =			-	66.000
Brutowinst op verkopen			€	30.000
Huur bedrijfspand (30/6)	€	3.600		
Lonen personeel (30/6)	-	6.400		
Overige kosten (30/6)	-	2.000		
Totale kosten			-	12.000
Nettowinst			€	18.000

210 a

Balans per 5 januari 2013

Voorraad auto's	(+ € 40.000)	€	135.000	Eigen vermogen		€	130.000
Debiteuren		-	18.000	Crediteuren	(+ € 40.000)	-	60.000
ING Bank		-	30.000				
Kas		-	7.000				
		€	190.000			€	190.000

Balans per 8 januari 2013

Voorraad auto's	(– € 10.700)	€	124.300	Eigen vermogen	(+ € 3.600)	€	133.600
Debiteuren	(+ € 14.300)	-	32.300	Crediteuren		-	60.000
ING Bank		-	30.000				
Kas		-	7.000				
		€	193.600			€	193.600

Balans per 15 januari 2013

Voorraad auto's	(– € 20.100)	€	104.200	Eigen vermogen	(+ € 6.300)	€	139.900
Debiteuren	(+ € 26.400)	-	58.700	Crediteuren		-	60.000
ING Bank		-	30.000				
Kas		-	7.000				
		€	199.900			€	199.900

Balans per 18 januari 2013

Voorraad auto's		€	104.200	Eigen vermogen	(– € 4.900)	€	135.000
Debiteuren		-	58.700	Crediteuren	(– € 14.000)	-	46.000
ING Bank	(– € 18.900)	-	11.100				
Kas		-	7.000				
		€	181.000			€	181.000

Balans per 20 januari 2013

Voorraad auto's	(– € 49.000)	€	55.200	Eigen vermogen	(+ € 8.000)	€	143.000
Debiteuren		-	58.700	Crediteuren		-	46.000
ING Bank		-	11.100				
Kas	(+ € 57.000)	-	64.000				
		€	189.000			€	189.000

Balans per 23 januari 2013

Voorraad auto's		€	55.200	Eigen vermogen		€	143.000
Debiteuren	(– € 15.000)	-	43.700	Crediteuren		-	46.000
ING Bank	(+ € 15.000)	-	26.100				
Kas		-	64.000				
		€	189.000			€	189.000

Balans per 28 januari 2013

Voorraad auto's		€	55.200	Eigen vermogen	(– € 400)	€	142.600
Debiteuren		-	43.700	Crediteuren		-	46.000
ING Bank		-	26.100				
Kas	(– € 400)	-	63.600				
		€	188.600			€	188.600

b 1 Brutowinst als som van de transactiewinstbedragen:

8/1	€ 14.300 – € 10.700 =	€	3.600
15/1	€ 26.400 – € 20.100 =	-	6.300
20/1	€ 57.000 – € 49.000 =	-	8.000
Brutowinst januari 2013		€	17.900

2 Brutowinst als periodewinstbedrag:

Opbrengst verkopen	€ 14.300 + € 26.400 + € 57.000 =	€	97.700
Inkoopprijs verkopen	€ 10.700 + € 20.100 + € 49.000 =	-	79.800
Brutowinst januari 2013		€	17.900

c

Winst-en-verliesrekening over januari 2013

Inkoopprijs verkopen	€	79.800	Opbrengst verkopen	€	97.700
Huur werkplaats	-	3.500			
Diverse kosten	-	1.400			
Loon autopoetser	-	400			
Nettowinst	-	12.600			
	€	97.700		€	97.700

d

Eigen vermogen 31 januari 2013	€	142.600
Eigen vermogen 1 januari 2013	-	130.000
Nettowinst januari 2013	€	12.600

3

Het grootboek

301

1 Debet			Voorraad goederen		Credit 1
Datum	Omschrijving	Bedrag	Datum	Omschrijving	Bedrag
1/4	Balans	€ 112.000			

2 Debet			Debiteuren		Credit 2
Datum	Omschrijving	Bedrag	Datum	Omschrijving	Bedrag
1/4	Balans	€ 28.000			

3 Debet			Rabobank		Credit 3
Datum	Omschrijving	Bedrag	Datum	Omschrijving	Bedrag
1/4	Balans	€ 18.400			

4 Debet			Kas		Credit 4
Datum	Omschrijving	Bedrag	Datum	Omschrijving	Bedrag
1/4	Balans	€ 4.600			

5 Debet			Eigen vermogen		Credit 5
Datum	Omschrijving	Bedrag	Datum	Omschrijving	Bedrag
			1/4	Balans	€ 109.000

6 Debet		Crediteuren			Credit 6
Datum	Omschrijving	Bedrag	Datum	Omschrijving	Bedrag
			1/4	Balans	€ 54.000

302 a

Datum	Boekingsstuk	Grootboekrekening (debet)		Grootboekrekening (credit)	
2/7	ID-201302	Kantoorinventaris		Crediteuren	
		Regel 1	€ 5.000	Regel 3	€ 5.000
3/7	V-201391	Debiteuren		Eigen vermogen	
		Regel 1	€ 12.500	Regel 5	€ 12.500
		Eigen vermogen		Voorraad goederen	
		Regel 6	€ 10.000	Regel 2	€ 10.000
5/7	I-201359	Voorraad goederen		Crediteuren	
		Regel 1	€ 40.000	Regel 3	€ 40.000
8/7	K-201337	Eigen vermogen		Kas	
		Regel 6	€ 5.000	Regel 2	€ 5.000
9/7	K-201338	Kas		Debiteuren	
		Regel 1	€ 20.000	Regel 2	€ 20.000
12/7	V-201392	Debiteuren		Eigen vermogen	
		Regel 1	€ 45.000	Regel 5	€ 45.000
		Eigen vermogen		Voorraad goederen	
		Regel 6	€ 30.000	Regel 2	€ 30.000
14/7	K-201339	Eigen vermogen		Kas	
		Regel 6	€ 4.500	Regel 2	€ 4.500
15/7	K-201340	Eigen vermogen		Kas	
		Regel 6	€ 3.000	Regel 2	€ 3.000

b

Kantoorinventaris

1/7	Balans	€	10.000				
2/7	ID-201352	-	5.000				

Voorraad goederen

1/7	Balans	€	110.000	3/7	V-201391	€	10.000
5/7	I-201359	-	40.000	12/7	V-201392	-	30.000

Debiteuren

1/7	Balans	€	50.000	9/7	K-201338	€	20.000
3/7	V-201391	-	12.500				
12/7	V-201392	-	45.000				

Kas

1/7	Balans	€	8.000	8/7	K-201337	€	5.000
9/7	K-201338	-	20.000	14/7	K-201339	-	4.500
				15/7	K-201340	-	3.000

Eigen vermogen

3/7	V-201391	€	10.000	1/7	Balans	€	138.000
8/7	K-201337	-	5.000	3/7	V-201391	-	12.500
12/7	V-201392	-	30.000	12/7	V-201392	-	45.000
14/7	K-201339	-	4.500				
15/7	K-201340	-	3.000				

Crediteuren

	1/7	Balans	€	40.000
	2/7	ID-201302	-	5.000
	5/7	I-201359	-	40.000

303 a

Datum	Boek.stuk	Grootboekrekening					
		Kas			**Eigen vermogen**		
4/5	K-130052	Regel 1	€ 36.000			Regel 5	€ 36.000
		Eigen vermogen			**Voorraad goederen**		
		Regel 6	€ 24.000			Regel 2	€ 24.000
		Voorraad goederen			**Crediteuren**		
6/5	I-130071	Regel 1	€ 40.000			Regel 3	€ 40.000
		Eigen vermogen			**Kas**		
13/5	K-130053	Regel 6	€ 1.000			Regel 2	€ 1.000
		Crediteuren			**ING Bank**		
14/5	B-33	Regel 4	€ 19.000			Regel 2	€ 19.000
		Debiteuren			**Eigen vermogen**		
19/5	V-130101	Regel 1	€ 24.000			Regel 5	€ 24.000
		Eigen vermogen			**Voorraad goederen**		
		Regel 6	€ 16.000			Regel 2	€ 16.000
		Eigen vermogen			**Kas**		
24/5	K-130054	Regel 6	€ 1.400			Regel 2	€ 1.400
		Debiteuren			**Eigen vermogen**		
26/5	V-130102	Regel 1	€ 48.000			Regel 5	€ 48.000
		Eigen vermogen			**Voorraad goederen**		
		Regel 6	€ 32.000			Regel 2	€ 32.000
		ING Bank			**Debiteuren**		
27/5	B-34	Regel 1	€ 24.000			Regel 2	€ 24.000
		Eigen vermogen			**ING Bank**		
28/5	B-35	Regel 6	€ 6.200			Regel 2	€ 6.200

b

Voorraad goederen

1/5	Balans	€	72.000	4/5	K-130052	€	24.000
6/5	I-130071	-	40.000	19/5	V-130101	-	16.000
				26/5	V-130102	-	32.000

ING Bank

1/5	Balans	€	36.200	14/5	B-33	€	19.000
27/5	B-34	-	24.000	28/5	B-35	-	6.200

Kas

1/5	Balans	€	3.400	13/5	K-130053	€	1.000
4/5	K-130052	-	36.000	24/5	K-130054	-	1.400

Eigen vermogen

4/5	K 130052	€	24.000	1/5	Balans	€	91.600
13/5	K-130053	-	1.000	4/5	K-130052	-	36.000
19/5	V-130101	-	16.000	19/5	V-130101	-	24.000
24/5	K-130054	-	1.400	26/5	V-130102	-	48.000
26/5	V-130102	-	32.000				
28/5	B-35	-	6.200				

Crediteuren

14/5	B-33	€	19.000	1/5	Balans	€	20.000
				6/5	I-130071	-	40.000

Debiteuren

19/5	V-130101	€	24.000	27/5	B-34	€	24.000
26/5	V-130102	-	48.000				

304

Datum	Boekstuk	Rekening (debet)	Bedrag	Rekening (credit)	Bedrag
3/5	B-18	Crediteuren: Regel 4	€ 6.800	Triodos Bank: Regel 2	€ 6.800
12/5	V-2013032	Debiteuren: Regel 1	€ 4.900	Opbrengst verkopen: Regel 5	€ 4.900
		Inkoopprijs verkopen: Regel 6	€ 3.900	Voorraad goederen: Regel 2	€ 3.900
17/5	K-2013021	Loonkosten: Regel 6	€ 2.500	Kas: Regel 2	€ 7.400
		Huurkosten: Regel 6	€ 3.100		
		Overige bedrijfskosten: Regel 6	€ 1.800		
24/5	B-19	Triodos Bank: Regel 1	€ 3.600	Debiteuren: Regel 2	€ 3.600
31/5	K-2013022	Kas: Regel 6	€ 24.500	Opbrengst verkopen: Regel 5	€ 24.500
		Inkoopprijs verkopen: Regel 6	€ 19.000	Voorraad goederen: Regel 2	€ 19.000

305 a/b

Inventaris

1/8	Balans	€	45.000				
20/8	K-69	-	1.300				

Voorraad goederen

1/8	Balans	€	32.000	5/8	V-96	€	4.000
2/8	I-84	-	17.800	10/8	K-67	-	1.400
25/8	I-85	-	13.200	17/8	V-97	-	10.000

Debiteuren

1/8	Balans	€	19.000	7/8	K-66	€	3.800
5/8	V-96	-	6.700				
17/8	V-97	-	16.000				

Kas

1/8	Balans	€	14.000	14/8	K-68	€	1.500
7/8	K-66	-	3.800	20/8	K-69	-	1.300
10/8	K-67	-	1.200	23/8	K-70	-	4.700
				30/8	K-71	-	3.200

Eigen vermogen

				1/8	Balans	€	94.000

Crediteuren

23/8	K-70	€	4.700	1/8	Balans	€	16.000
				2/8	I-84	-	17.800
				25/8	I-85	-	13.200

Opbrengst verkopen

				5/8	V-96	€	6.700
				10/8	K-67	-	1.200
				17/8	V-97	-	16.000

Inkoopprijs verkopen

5/8	V-96	€	4.000				
10/8	K-67	-	1.400				
17/8	V-97	-	10.000				

Huurkosten

14/8	K-68	€	1.500				

Loonkosten

30/8	K-71	€	3.200				

306 a/b

Voorraad goederen

1/5	Balans	€	23.000	3/5	V-1336	€	900
21/5	I-1323	-	9.300	31/5	K-1345	-	10.400

Debiteuren

1/5	Balans	€	3.600	16/5	B-18	€	950
3/5	V-1336	-	1.200				

Bank

1/5	Balans	€	6.000	24/5	B-19	€	3.300
16/5	B-18	-	950	27/5	B-20	-	2.000

Kas

1/5	Balans	€	3.250	8/5	K-1344	€	80
31/5	K-1345	-	14.000				

Eigen vermogen

				1/5	Balans	€	24.850

Crediteuren

24/5	B-19	€	3.300	1/5	Balans	€	11.000
				21/5	I-1323	-	9.300

Opbrengst verkopen

				3/5	V-1336	€	1.200
				31/5	K-1345	-	14.000

Inkoopprijs verkopen

3/5	V-1336	€	900				
31/5	K-1345	-	10.400				

Diverse bedrijfskosten

8/5	K-1344	€	80				
27/5	B-20	-	2.000				

307 a

Datum	Boekingsstuk	Rekening	Bij		Af	
27/2	B-18	Debiteuren	€	10.200		
27/2	B-18	Crediteuren			€	8.100
27/2	B-18	Huurkosten			€	9.650

b De rekening *Bank* wordt automatisch bijgewerkt als er een boekingsstuk wordt ingevoerd via het invoerscherm *Invoeren bankboekingen*.

c Kas — Invoeren kasboekingen
Crediteuren — Invoeren inkoopboekingen
Debiteuren — Invoeren verkoopboekingen

d De rekening *Debiteuren* wordt gedebiteerd voor € 6.840 en de rekening *Opbrengst verkopen* wordt gecrediteerd voor € 6.840.

e Bij het invoerscherm *Overige boekingen* is geen vaste grootboekrekening, omdat via dit scherm allerlei verschillende feiten worden ingevoerd met telkens andere te gebruiken rekeningen.

308 a

Datum	Boekingsstuk	Invoerscherm	Vaste grootboekrekening
9/1	B-2	Invoeren bankboekingen	Bank
17/1	K-201301	Invoeren kasboekingen	Kas
		Invoeren overige boekingen	Geen
27/1	B-3	Invoeren bankboekingen	Bank
31/1	K-201302	Invoeren kasboekingen	Kas

b *Invoeren bankboekingen*

Datum	Boekingsstuk	Rekening	Bij	Af
9/1	B-2	Crediteuren		€ 9.000

Invoeren kasboekingen

Datum	Boekingsstuk	Rekening	Bij	Af
17/1	K-201301	Opbrengst verkopen	€ 7.000	

Invoeren overige boekingen

Datum	Boekingsstuk	Rekening	Debet	Credit
17/1	K-201301	Inkoopprijs verkopen	€ 5.000	
		Voorraad goederen		€ 5.000

Invoeren bankboekingen

Datum	Boekingsstuk	Rekening	Bij	Af
27/1	B-3	Loonkosten		€ 5.100
		Huurkosten		- 3.200

Invoeren kasboekingen

Datum	Boekingsstuk	Rekening	Bij	Af
31/1	K-201302	Overige kosten		€ 1.200

309 a

Datum	Boekingsstuk	Invoerscherm	Vaste grootboekrekening
1/3	B-8	Invoeren bankboekingen	Bank
6/3	V-13016	Invoeren verkoopboekingen	Debiteuren
		Invoeren overige boekingen	Geen
15/3	B-13	Invoeren bankboekingen	Bank
18/3	I-13006	Invoeren inkoopboekingen	Crediteuren
21/3	K-13014	Invoeren kasboekingen	Kas
28/3	B-10	Invoeren bankboekingen	Bank
31/3	K-13015	Invoeren kasboekingen	Kas
		Invoeren overige boekingen	Geen

b *Invoeren bankboekingen*

Datum	Boekingsstuk	Rekening	Bij	Af
1/3	B-8	Huurkosten		€ 3.000

Invoeren verkoopboekingen

Datum	Boekingsstuk	Rekening	Bedrag
6/3	V-13016	Opbrengst verkopen	€ 1.000

Invoeren overige boekingen

Datum	Boekingsstuk	Rekening	Debet	Credit
6/3	V-13016	Inkoopprijs verkopen	€ 700	
		Voorraad goederen		€ 700

Invoeren bankboekingen

Datum	Boekingsstuk	Rekening	Bij	Af
15/3	B-9	Debiteuren	€ 130	

Invoeren inkoopboekingen

Datum	Boekingsstuk	Rekening	Bedrag	
18/3	I-13006	Voorraad goederen	€	750

Invoeren kasboekingen

Datum	Boekingsstuk	Rekening	Bij		Af	
21/3	K-13014	Overige kosten			€	250

Invoeren bankboekingen

Datum	Boekingsstuk	Rekening	Bij		Af	
28/3	B-10	Crediteuren			€	4.500

Invoeren kasboekingen

Datum	Boekingsstuk	Rekening	Bij		Af	
31/3	K-13015	Opbrengst verkopen	€	18.000		

Invoeren overige boekingen

Datum	Boekingsstuk	Rekening	Debet		Credit	
31/3	K-13015	Inkoopprijs verkopen	€	12.000		
		Voorraad goederen			€	12.000

4

De kolommenbalans (I)

401

Rekening	Proefbalans Debet		Proefbalans Credit		Saldibalans Debet		Saldibalans Credit	
Voorraad goederen	€	32.300	€	11.300	€	21.000		
Debiteuren	-	4.800	-	950	-	3.850		
Bank	-	16.950	-	5.300	-	11.650		
Kas	-	1.250	-	400	-	850		
Eigen vermogen			-	24.850			€	24.850
Crediteuren	-	3.300	-	14.300			-	11.000
Opbrengst verkopen			-	15.200			-	15.200
Inkoopprijs verkopen	-	11.300			-	11.300		
Diverse bedrijfskosten	-	2.400			-	2.400		
	€	72.300	€	72.300	€	51.050	€	51.050

402

Rekening	Proefbalans Debet		Proefbalans Credit		Saldibalans Debet		Saldibalans Credit	
Inventaris	€	46.300			€	46.300		
Voorraad goederen	-	63.000	€	15.400	-	47.600		
Debiteuren	-	41.700	-	3.800	-	37.900		
Bank	-	19.000	-	10.700	-	8.300		
Eigen vermogen			-	94.000			€	94.000
Crediteuren	-	4.700	-	47.000			-	42.300
Opbrengst verkopen			-	23.900			-	23.900
Inkoopprijs verkopen	-	15.400			-	15.400		
Huurkosten	-	1.500			-	1.500		
Loonkosten	-	3.200			-	3.200		
	€	194.800	€	194.800	€	160.200	€	160.200

403

Het juiste antwoord is *d*.

404

a

Voorraad goederen

1/4	Balans	€	80.000	4/4	K-13051	€	20.000
6/4	I-13019	-	50.000	20/4	V-13033	-	15.000
				27/4	V-13034	-	16.000

Bank

1/4	Balans	€	25.000	15/4	B-24	€	15.000
11/4	B-23	-	25.000	29/4	B-26	-	6.000
28/4	B-25	-	10.000				

Kas

1/4	Balans	€	9.000	11/4	K-13052	€	25.000
4/4	K-13051	-	28.000	14/4	K-13053	-	2.500
				22/4	K-13054	-	4.000

Eigen vermogen

				1/4	Balans	€	94.000

Crediteuren

15/4	B-24	€	15.000	1/4	Balans	€	20.000
				6/4	I-13019	-	50.000

Opbrengst verkopen

				4/4	K-13051	€	28.000
				20/4	V-13033	-	20.000
				27/4	V-13034	-	22.400

Inkoopprijs verkopen

4/4	K-13051	€	20.000				
20/4	V-13033	-	15.000				
27/4	V-13034	-	16.000				

Diverse bedrijfskosten

14/4	K-13053	€	2.500				
22/4	K-13054	-	4.000				

Debiteuren

20/4	V-13033	€	20.000	28/4	B-25	€	10.000
27/4	V-13034	-	22.400				

Loonkosten

29/4	B-26	€	6.000				

b

Rekening	Proefbalans Debet		Proefbalans Credit		Saldibalans Debet		Saldibalans Credit	
Voorraad goederen	€	130.000	€	51.000	€	79.000		
Bank	-	60.000	-	21.000	-	39.000		
Kas	-	37.000	-	31.500	-	5.500		
Eigen vermogen			-	94.000			€	94.000
Crediteuren	-	15.000	-	70.000			-	55.000
Opbrengst verkopen			-	70.400			-	70.400
Inkoopprijs verkopen	-	51.000			-	51.000		
Diverse bedrijfskosten	-	6.500			-	6.500		
Debiteuren	-	42.400	-	10.000	-	32.400		
Loonkosten	-	6.000			-	6.000		
	€	347.900	€	347.900	€	219.400	€	219.400

c Nee, er kunnen toch fouten zijn gemaakt; er kan bijvoorbeeld een bedrag op een verkeerde grootboekrekening zijn genoteerd.

405 a

Rekening	Saldibalans Debet		Saldibalans Credit		Winst-en-verliesrekening Debet		Winst-en-verliesrekening Credit		Balans Debet		Balans Credit	
Voorraad goederen	€	15.000							€	15.000		
Bank	-	9.000							-	9.000		
Kas	-	500							-	500		
Eigen vermogen			€	19.800							€	22.100
Crediteuren			-	10.000							-	10.000
Opbrengst verkopen			-	15.200			€	15.200				
Inkoopprijs verkopen	-	11.000			€	11.000						
Diverse bedrijfskosten	-	700			-	700						
Debiteuren	-	7.600							-	7.600		
Loonkosten	-	1.200			-	1.200						
Nettowinst					-	2.300						
	€	45.000	€	45.000	€	15.200	€	15.200	€	32.100	€	32.100

b			
	Totaal van de bezittingen eind boekingsperiode	€	32.100
	Totaal van de schulden eind boekingsperiode	-	10.000
		–	
	Eigen vermogen eind boekingsperiode	€	22.100
	Eigen vermogen begin boekingsperiode	€	19.800
	Nettowinst boekingsperiode	-	2.300
		+	
	Eigen vermogen eind boekingsperiode	€	22.100

406 a

		Saldibalans		Winst-en-verliesrekening		Balans	
Nr.	Rekening	Debet	Credit	Debet	Credit	Debet	Credit
1	Gebouw	€ 64.000				€ 64.000	
2	Inventaris	- 12.800				- 12.800	
3	Voorraad goederen	- 27.800				- 27.800	
4	ING Bank	- 24.600				- 24.600	
5	Kas	- 1.800				- 1.800	
6	Debiteuren	- 19.400				- 19.400	
7	Eigen vermogen		€ 120.000				€ 122.000
8	Crediteuren		- 28.400				- 28.400
9	Opbrengst verkopen		- 131.400		€ 131.400		
10	Inkoopprijs verkopen	- 89.000		€ 89.000			
11	Loonkosten	- 28.600		- 28.600			
12	Huurkosten magazijn	- 6.200		- 6.200			
13	Overige kosten	- 5.600		- 5.600			
	Nettowinst			- 2.000			
		€ 279.800	€ 279.800	€ 131.400	€ 131.400	€ 150.400	€ 150.400

b

Totaal van de bezittingen eind boekingsperiode	€	150.400
Totaal van de schulden eind boekingsperiode	-	28.400
	–	
Eigen vermogen eind boekingsperiode	€	122.000
Eigen vermogen begin boekingsperiode	€	120.000
Nettowinst boekingsperiode	-	2.000
	+	
Eigen vermogen eind boekingsperiode	€	122.000

407 a

Gebouw

	Telling	€	192.000	31/3	*Naar*		
					balans	€	192.000
		€	192.000			€	192.000
1/4	Balans	€	192.000				

Voorraad goederen

	Telling	€	124.800		Telling	€	86.400
				31/3	*Naar*		
					balans	-	38.400
		€	124.800			€	124.800
1/4	Balans	€	38.400				

Debiteuren

	Telling	€	42.600		Telling	€	24.300
				31/3	*Naar*		
					balans	-	18.300
		€	42.600			€	42.600
1/4	Balans	€	18.300				

Crediteuren

	Telling	€	26.400		Telling	€	52.000
31/3	*Naar*						
	balans	-	25.600				
		€	52.000			€	52.000
				1/4	Balans	€	25.600

Opbrengst verkopen

31/3	*Naar*				Telling	€	108.000
	w&v-rek.	€	108.000				
		€	108.000			€	108.000

Inkoopprijs verkopen

	Telling	€	86.400	31/3	*Naar*		
					w&v-rek.	€	86.400
		€	86.400			€	86.400

Overige bedrijfskosten

Telling	€	4.600		Telling	€	200
			31/3	*Naar*		
				W&V-rek.	-	4.400
	€	4.600			€	4.600

b Teveel betaald; terugontvangen bedrag.

408 a

		Saldibalans		Winst-en-verliesrekening		Balans	
Nr.	Rekening	Debet	Credit	Debet	Credit	Debet	Credit
1	Gebouw	€ 290.000				€ 290.000	
2	Magazijninventaris	- 8.200				- 8.200	
3	Winkelinventaris	- 24.400				- 24.400	
4	Voorraad dvd's	- 36.500				- 36.500	
5	Debiteuren	- 13.300				- 13.300	
6	Kas	- 6.600				- 6.600	
7	Eigen vermogen		€ 210.000				€ 213.300
8	5% Hypoth. lening		- 150.000				- 150.000
9	Crediteuren		- 15.700				- 15.700
10	Opbrengst verkochte dvd's		- 257.200		€ 257.200		
11	Inkoopprijs verkochte dvd's	- 192.900		€ 192.900			
12	Huur loods	- 5.600		- 5.600			
13	Loonkosten	- 40.000		- 40.000			
14	Overige kosten	- 15.400		- 15.400			
	Nettowinst			- 3.300			
		€ 632.900	€ 632.900	€ 257.200	€ 257.200	€ 379.000	€ 379.000

b

Totaal van de bezittingen eind boekingsperiode	€	379.000
Totaal van de schulden eind boekingsperiode	-	165.700
	–	
Eigen vermogen eind boekingsperiode	€	213.300
Eigen vermogen begin boekingsperiode	€	210.000
Nettowinst boekingsperiode	-	3.300
	+	
Eigen vermogen eind boekingsperiode	€	213.300

c

Magazijninventaris

31/1	Saldo	€	8.200	31/1	*Naar*		
					balans	€	8.200
		€	8.200			€	8.200
1/2	Balans	€	8.200				

Eigen vermogen

31/1	*Naar*			31/1	Saldo	€	210.000
	balans	€	213.300		Nettowinst	-	3.300
		€	213.300			€	213.300
				1/2	Balans	€	213.300

5% Hypothecaire lening

31/1	*Naar*			31/1	Saldo	€	150.000
	balans	€	150.000				
		€	150.000			€	150.000
				1/2	Balans	€	150.000

Opbrengst verkochte dvd's

31/1	*Naar*			31/1	Saldo	€	257.200
	w&v-rek.	€	257.200				
		€	257.200			€	257.200

Inkoopprijs verkochte dvd's

31/1	Saldo	€	192.900	31/1	*Naar*		
					w&v-rek.	€	192.900
		€	192.900			€	192.900

Huur loods

31/1	Saldo	€	5.600	31/1	*Naar*		
					w&v-rek.	€	5.600
		€	5.600			€	5.600

409 a

Rekening	Proefbalans Debet	Proefbalans Credit	Saldibalans Debet	Saldibalans Credit	W&V-rekening Debet	W&V-rekening Credit	Balans Debet	Balans Credit
Voorraad goederen	€ 206.500	€ 160.000	€ 46.500				€ 46.500	
Brabantbank	- 75.800	- 21.300	- 54.500				- 54.500	
Debiteuren	- 153.000	- 138.500	- 14.500				- 14.500	
Kas	- 69.500	- 68.000	- 1.500				- 1.500	
Eigen vermogen		- 98.000		€ 98.000				€ 105.000
Crediteuren	- 53.000	- 65.000		- 12.000				- 12.000
Opbrengst verkopen		- 195.000		- 195.000		€ 195.000		
Inkoopprijs verkopen	- 160.000		- 160.000		€ 160.000			
Bedrijfskosten	- 28.000		- 28.000		- 28.000			
Nettowinst					- 7.000			
	€ 745.800	€ 745.800	€ 305.000	€ 305.000	€ 195.000	€ 195.000	€ 117.000	€ 117.000

b

Totaal van de bezittingen eind boekingsperiode	€	117.000
Totaal van de schulden eind boekingsperiode	-	12.000
	–	
Eigen vermogen eind boekingsperiode	€	105.000
Eigen vermogen begin boekingsperiode	€	98.000
Nettowinst boekingsperiode	-	7.000
	+	
Eigen vermogen eind boekingsperiode	€	105.000

c

Voorraad goederen

30/6	Telling	€	206.500	30/6	Telling	€	160.000
					Naar balans	-	46.500
		€	206.500			€	206.500
1/7	Balans	€	46.500				

Brabantbank

30/6	Telling	€	75.800	30/6	Telling	€	21.300
					Naar balans	-	54.500
		€	75.800			€	75.800
1/7	Balans	€	54.500				

Debiteuren

30/6	Telling	€	153.000	30/6	Telling	€	138.500
					Naar balans	-	14.500
		€	153.000			€	153.000
1/7	Balans	€	14.500				

Kas

30/6	Telling	€	69.500	30/6	Telling	€	68.000
					Naar balans	-	1.500
		€	69.500			€	69.500
1/7	Balans	€	1.500				

Eigen vermogen

30/6	*Naar balans*	€	105.000	30/6	Telling	€	98.000
					Nettowinst	-	7.000
		€	105.000			€	105.000
				1/7	Balans	€	105.000

Crediteuren

30/6	Telling	€ 53.000	30/6	Telling	€	65.000
	Naar balans	- 12.000				
		€ 65.000			€	65.000
			1/7	Balans	€	12.000

Opbrengst verkopen

30/6	*Naar w&v-rekening*	€ 195.000	30/6	Telling	€	195.000

Inkoopprijs verkopen

30/6	Telling	€ 160.000	30/6	*Naar w&v-rekening*	€	160.000

Bedrijfskosten

30/6	Telling	€ 28.000	30/6	*Naar w&v-rekening*	€	28.000

410 a

Nr.	Rekening	Saldibalans Debet	Saldibalans Credit	Winst-en-verliesrekening Debet	Winst-en-verliesrekening Credit	Balans Debet	Balans Credit
1	Kas	€ 4.200				€ 4.200	
2	Voorraad goederen	- 13.900				- 13.900	
3	Inkoopprijs verkopen	- 124.000		€ 124.000			
4	Opbrengst verkopen		€ 155.000		€ 155.000		
5	Debiteuren	- 9.700				- 9.700	
6	Inventaris	- 6.400				- 6.400	
7	Gebouw	- 232.000				- 232.000	
8	Crediteuren		- 14.200				€ 14.200
9	ING Bank	- 8.800				- 8.800	
10	Lonen	- 14.300		- 14.300			
11	Diverse kosten	- 5.900		- 5.900			
12	Eigen vermogen		- 250.000				- 260.800
	Nettowinst			- 10.800			
		€ 419.200	€ 419.200	€ 155.000	€ 155.000	€ 275.000	€ 275.000

b

Eigen vermogen

30/6	*Naar balans*	€ 260.800	30/6	Saldo	€ 250.000
				Nettowinst	- 10.800
		€ 260.800			€ 260.800

c

Opbrengst verkopen	€ 155.000
Inkoopprijs verkopen	- 124.000
Brutowinst	€ 31.000

d $\frac{€\ 31.000}{€\ 155.000}$ x 100% = 20% van de omzet.

e $\frac{€\ 31.000}{€\ 124.000}$ x 100% = 25% van de inkoopprijs.

411 a

Winst-en-verliesrekening over augustus 2013

Inkoopwaarde omzet	€ 56.200	Omzet	€ 84.300
Huurkosten	- 16.000	Nettoverlies	- 25.100
Loonkosten	- 21.800		
Overige bedrijfskosten	- 15.400		
	€ 109.400		€ 109.400

b

Eigen vermogen op 1 augustus 2013	€ 180.000
Nettoverlies	- 25.100
Eigen vermogen op 31 augustus 2013	€ 154.900

c

Debiteuren

31/8	Telling	€ 48.600	31/8	Telling	€ 35.100
				Naar balans	- 13.500
		€ 48.600			€ 48.600
1/9	Balans	€ 13.500			

Crediteuren

31/8	Telling	€ 39.500	31/8	Telling	€ 87.400
	Naar balans	- 47.900			
		€ 87.400			€ 87.400
			1/9	Balans	€ 47.900

Inkoopwaarde omzet

31/8	Telling	€ 56.200	31/8	*Naar w&v-rek.*	€ 56.200

Omzet

31/8	*Naar w&v-rek.*	€ 84.300	31/8	Telling	€ 84.300

Huurkosten

31/8	Telling	€ 16.000	31/8	*Naar w&v-rek.*	€ 16.000

Loonkosten

31/8	Telling	€ 21.800	31/8	*Naar w&v-rek.*	€ 21.800

Overige bedrijfskosten					
			31/8	*Naar*	
31/8	Telling	€ 15.400		*w&v-rek.*	€ 15.400

Eigen vermogen					
31/8	Verlies	€ 25.100	31/8	Telling	€ 180.000
	Naar				
	balans	- 154.900			
		€ 180.000			€ 180.000
			1/9	Balans	€ 154.900

d

Omzet		€ 84.300
Inkoopwaarde omzet		- 56.200
Brutowinst op verkopen		€ 28.100
Huurkosten	€ 16.000	
Loonkosten	- 21.800	
Overige bedrijfskosten	- 15.400	
Totale bedrijfskosten		- 53.200
Nettoverlies		€ 25.100

412 a

Voorraad goederen					
1/1	Balans	€ 82.000	jan.	Inkoopprijs van de verkopen	€ 50.000
jan.	Ingekocht op rekening	- 44.000			

Saldo = € 76.000 debet

Debiteuren					
1/1	Balans	€ 21.000	jan.	Per Rabobank ontvangen	€ 16.000
jan.	Verkocht op rekening	- 75.000		Per kas ontvangen	- 2.000

Saldo = € 78.000 debet

Rabobank

1/1	Balans	€	45.000	jan.	Betaald aan leveranciers	€	39.000
jan.	Ontvangen van afnemers	-	16.000		Betaald aan bedrijfskosten	-	12.000

Saldo = € 10.000 debet

Kas

1/1	Balans	€	7.000	jan.	Betaald aan leveranciers	€	4.000
jan.	Ontvangen van afnemers	-	2.000		Betaald aan bedrijfskosten	-	1.000

Saldo = € 4.000 debet

Crediteuren

jan.	Per Rabobank betaald	€	39.000	1/1	Balans	€	32.000
	Per kas betaald	-	4.000	jan.	Ingekocht op rekening	-	44.000

Saldo = € 33.000 credit

b De gevraagde controle laat een *voordelig* verschil zien bij de voorraad goederen en een *nadelig* verschil bij de kas.
Onderzocht moet worden waardoor deze afwijkingen zijn ontstaan.

413 a

Nr.	Rekening	Saldibalans Debet	Saldibalans Credit	Winst-en-verliesrekening Debet	Winst-en-verliesrekening Credit	Balans Debet	Balans Credit
1	Gebouw	€ 180.000				€ 180.000	
2	Magazijninventaris	- 16.400				- 16.400	
3	Winkelinventaris	- 28.800				- 28.800	
4	Voorraad gereedschap	- 49.000				- 49.000	
5	Voorraad ijzerwaren	- 24.000				- 24.000	
6	Debiteuren	- 26.600				- 26.600	
7	Kas	- 1.200				- 1.200	
8	Bank	- 12.000				- 12.000	
9	Eigen vermogen		€ 222.000				€ 226.600
10	5% Hypoth. lening		- 80.000				- 80.000
11	Crediteuren		- 31.400				- 31.400
12	Inkoopwaarde omzet gereedschap	- 249.200		€ 249.200			
13	Inkoopwaarde omzet ijzerwaren	- 222.000		- 222.000			
14	Omzet gereedschap		- 333.800		€ 333.800		
15	Omzet ijzerwaren		- 264.000		- 264.000		
16	Huurkosten magazijn	- 11.200		- 11.200			
17	Loonkosten	- 80.000		- 80.000			
18	Overige bedrijfskosten	- 30.800		- 30.800			
	Nettowinst			- 4.600			
		€ 931.200	€ 931.200	€ 597.800	€ 597.800	€ 338.000	€ 338.000

b 1 Brutowinst gereedschap = € 333.800 – € 249.200 = € 84.600.

Brutomarge = $\frac{€\ 84.600}{€\ 333.800}$ x 100% = 25,3% van de omzet.

2 Brutowinst ijzerwaren = € 264.000 – € 222.000 = € 42.000.

Brutomarge $\frac{€\ 42.000}{€\ 264.000}$ x 100% = 15,9% van de omzet.

c

Totaal van de bezittingen eind boekingsperiode	€	338.000
Totaal van de schulden eind boekingsperiode	-	111.400
	–	
Eigen vermogen eind boekingsperiode	€	226.600
Eigen vermogen begin boekingsperiode	€	222.000
Nettowinst boekingsperiode	-	4.600
	+	
Eigen vermogen eind boekingsperiode	€	226.600

d
- Controle van elders in de boekhouding vastgelegde cijfers (= administratieve correlatie).
- Controle op de 'bewaarders'.

Bij vraag c kwam de administratieve correlatie aan de orde.

e

Voorraden:	inventarisatie
Kas:	tellen kasgeld
Bank:	vergelijken met bankafschrift
5% Hypothecaire lening:	vergelijken met opgave hypotheekbank

f Het zodanig indelen van functies naar de aard van de activiteiten in een onderneming, dat belangentegenstellingen worden gecreëerd om daarmee te komen tot een betrouwbaar informatiesysteem. De te scheiden functies zijn:
- beschikken
- bewaren
- registreren
- controleren

g De belangentegenstelling ontbreekt in dit geval; meldingen van verschillende functionarissen kunnen niet meer met elkaar worden vergeleken.

414

a Een controleverslag is een geprint verslag van de ingevoerde gegevens in een bepaalde periode.

b Aan de hand van het controleverslag kunnen we controleren of de gegevens van de boekingsstukken correct zijn ingevoerd.

c Dat is afhankelijk van het type boekhoudsoftware. Bij het ene type worden de rekeningen bijgewerkt op het moment van invoeren. Bij het andere type worden de rekeningen pas bijgewerkt na een opdracht tot verwerken.

d Gebruikers maken zich aan het systeem bekend door in te loggen met de (unieke) combinatie van gebruikersnaam en wachtwoord. Hierdoor wordt het mogelijk aan elke gebruiker uitsluitend die bevoegdheden binnen het geautomatiseerde systeem te verstrekken die behoren bij de functie van de gebruiker.
De registrerende functie wordt voor het grootste deel overgenomen door het geautomatiseerde systeem.

5

De rangschikking van de rekeningen in het grootboek

501

a Een geheel van doelmatig gekozen en logisch geordende grootboekrekeningen.

b Het rekeningenstelsel moet worden afgestemd op de informatiebehoeften die in het betrokken bedrijf bestaan.

c 1 Moet afgestemd zijn op informatiebehoeften in het betrokken bedrijf.
  2 Systematische ordening; gelijksoortige rekeningen bij elkaar plaatsen.

d Rubriekcijfer – groepcijfer – specifieke cijfer van de rekening.

e Rubriek 8.

f 1 Informatiebehoeften van de leiding (op verantwoorde wijze sturen).
  2 Ondernemingsvorm (eenmanszaak, nv, enz.).
  3 Omvang van de onderneming.

502

Verzameling gelijksoortige rekeningen	Rubrieknummer	B of HEV
Vreemd vermogen op korte termijn	1	B
Voorraad handelsgoederen	7	B
Vaste kapitaalgoederen	0	B
Kosten	4	HEV
Vlottende activa (exclusief voorraden)	1	B
Schulden op lange termijn	0	B
Incidentele resultaten	9	HEV
Brutowinst op verkopen	8	HEV
Eigen vermogen	0	B

503

Balans per 1 januari 2013

Vaste kapitaalgoederen					0	*Eigen vermogen*			€ 940.000
0	Bedrijfsgebouw	€ 750.000							
0	Bedrijfsinventaris	- 390.000			*Vreemd vermogen lang*				
					0	Lening Tuijtelaars Sr.	€ 25.000		
			€ 1.140.000		0	Hypothecaire lening	- 323.000		
Vlottende kapitaalgoederen									
7	Voorraad goederen	€ 150.000							- 348.000
1	Debiteuren	- 90.000			*Vreemd vermogen kort*				
1	ING Bank	- 45.000			1	Crediteuren	€ 102.000		
1	Kas	- 15.000			1	Triodos Bank	- 50.000		
			- 300.000						- 152.000
			€ 1.440.000						€ 1.440.000

504 a

Nr.	Rekening	Saldibalans Debet	Saldibalans Credit	Winst-en-verliesrekening Debet	Winst-en-verliesrekening Credit	Balans Debet	Balans Credit
001	Gebouwen	€ 550.000				€ 550.000	
002	Inventaris	- 138.000				- 138.000	
040	Eigen vermogen		€ 371.000				€ 383.250
077	5,5% Hyp. lening o/g		- 370.000				- 370.000
100	Kas	- 13.100				- 13.100	
110	Rabobank	- 20.840				- 20.840	
120	ING Bank		- 7.800				- 7.800
130	Debiteuren	- 18.310				- 18.310	
140	Crediteuren		- 38.200				- 38.200
410	Loonkosten	- 23.600		€ 23.600			
450	Verkoopkosten	- 12.750		- 12.750			
470	Interestkosten	- 32.000		- 32.000			
490	Algemene kosten	- 12.200		- 12.200			
700	Voorraad schoenen	- 59.000				- 59.000	
800	Inkoopprijs verkopen	- 496.200		- 496.200			
840	Opbrengst verkopen		- 589.000		€ 589.000		
	Nettowinst			- 12.250			
		€ 1.376.000	€ 1.376.000	€ 589.000	€ 589.000	€ 799.250	€ 799.250

b 1

Balans per 31 juli 2013

Vaste kapitaalgoederen			*Eigen vermogen*		€ 383.250
Gebouwen	€ 550.000				
Inventaris	- 138.000		*Vreemd vermogen op lange termijn*		
			5,5% Hypothecaire lening o/g		- 370.000
		€ 688.000			
Vlottende kapitaalgoederen			*Vreemd vermogen op korte termijn*		
Voorraad schoenen	€ 59.000		Rabobank	€ 7.800	
Debiteuren	- 18.310		Crediteuren	- 38.200	
ING Bank	- 20.840				
Kas	- 13.100				
					- 46.000
		- 111.250			
		€ 799.250			€ 799.250

2

Winst-en-verliesrekening over juli 2013

Inkoopprijs verkopen	€ 496.200	Opbrengst verkopen	€ 589.000
Loonkosten	- 23.600		
Verkoopkosten	- 12.750		
Interestkosten	- 32.000		
Algemene kosten	- 12.200		
Nettowinst	- 12.250		
	€ 589.000		€ 589.000

c 1 *Verdichtingsschema voor de balans*

Grootboekrekening	Verdichting	Hoofdverdichting
Gebouwen	Onroerende zaken	Vaste kapitaalgoederen
Inventaris	Inventaris	Vaste kapitaalgoederen
Voorraad schoenen	Voorraden	Vlottende kapitaalgoederen
Debiteuren	Handelsvorderingen	Vlottende kapitaalgoederen
ING Bank	Liquide middelen	Vlottende kapitaalgoederen
Kas	Liquide middelen	Vlottende kapitaalgoederen
Eigen vermogen	Eigen vermogen	Eigen vermogen
5,5% Hyp. lening o/g	Schulden op lange termijn	Vreemd vermogen lang
Rabobank	Schulden op korte termijn	Vreemd vermogen kort
Crediteuren	Handelsschulden	Vreemd vermogen kort

2 *Verdichtingsschema voor de winst-en-verliesrekening*

Grootboekrekening	Verdichting	Hoofdverdichting
Opbrengst verkopen	Omzet	Opbrengsten
Inkoopprijs verkopen	Inkoopprijs omzet	Kosten
Loonkosten	Kosten	Kosten
Verkoopkosten	Kosten	Kosten
Interestkosten	Kosten	Kosten
Algemene kosten	Kosten	Kosten

NB Omdat het grootboekschema zeer beperkt van omvang is, komt het belang van het gebruik van (hoofd)verdichtingen bij de handelsonderneming van Jessica Broekhuys niet goed uit de verf.

d Het gebruik van een of meer subtotaalrekeningen ligt voor deze onderneming niet voor de hand. Wanneer sprake zou zijn van een grootboekschema waarin een groot aantal gelijksoortige rekeningen is opgenomen, bijvoorbeeld aparte voorraadrekeningen voor damesschoenen, herenschoenen, kinderschoenen, laarzen, pantoffels en onderhoudsartikelen, is het aan te raden om subtotaalrekeningen te gebruiken.

6

Journaliseren

601

a

I-2013023	700	Voorraad goederen	€ 1.800		
Aan	140	Crediteuren		€ 1.800	

b

V-2013040	130	Debiteuren	€ 2.300	
Aan	840	Opbrengst verkopen		€ 2.300
	+			
	800	Inkoopprijs verkopen	€ 1.800	
Aan	700	Voorraad goederen		€ 1.800

602

4/5	B-42		140	Crediteuren	€ 6.300	
		Aan	120	ING Bank		€ 6.300
6/5	V-130514		130	Debiteuren	€ 12.400	
		Aan	840	Opbrengst verkopen		€ 12.400
			+			
			800	Inkoopprijs verkopen	€ 8.800	
		Aan	700	Voorraad goederen		€ 8.800
10/5	B-43		440	Huurkosten	€ 1.200	
		Aan	120	ING Bank		€ 1.200
11/5	K-130531		002	Inventaris	€ 3.400	
		Aan	100	Kas		€ 3.400
14/5	I-130523		700	Voorraad goederen	€ 24.700	
		Aan	140	Crediteuren		€ 24.700
17/5	B-44		120	ING Bank	€ 7.200	
		Aan	130	Debiteuren		€ 7.200
19/5	K-130532		100	Kas	€ 8.700	
		Aan	840	Opbrengst verkopen		€ 8.700
			+			
			800	Inkoopprijs verkopen	€ 5.900	
		Aan	700	Voorraad goederen		€ 5.900

23/5	K-130533		490	Algemene kosten	€	800		
		Aan	100	Kas			€	800

29/5	B-45		410	Loonkosten	€	5.200		
		Aan	120	ING Bank			€	5.200

603

a

I-13319		700	Voorraad badjassen	€	22.000		
	Aan	140	Crediteuren			€	22.000
K-13331		100	Kas	€	12.900		
	Aan	840	Opbrengst verkochte badjassen			€	8.000
	Aan	850	Opbrengst verkochte badlakens			-	4.900
		+					
		800	Inkoopprijs verkochte badjassen	€	5.500		
		810	Inkoopprijs verkochte badlakens	-	2.800		
	Aan	700	Voorraad badjassen			€	5.500
	Aan	710	Voorraad badlakens			-	2.800
V-13326		130	Debiteuren	€	2.100		
	Aan	850	Opbrengst verkochte badlakens			€	2.100
		+					
		810	Inkoopprijs verkochte badlakens	€	1.200		
	Aan	710	Voorraad badlakens			€	1.200
B-12		140	Crediteuren	€	13.400		
	Aan	110	Bank			€	13.400
B-13		110	Bank	€	6.700		
	Aan	130	Debiteuren			€	6.700

b

700 Voorraad badjassen

1/3	Balans	€	8.800		K-13331	€	5.500
	I-13319	-	22.000	31/3	*Naar*		
					balans	-	25.300
		€	30.800			€	30.800
1/4	Balans	€	25.300				

710 Voorraad badlakens

1/3	Balans	€	10.000		K-13331	€	2.800
					V-13326	-	1.200
				31/3	*Naar*		
					balans	-	6.000
		€	10.000			€	10.000
1/4	Balans	€	6.000				

800 Inkoopprijs verkochte badjassen

	K-13331	€ 5.500	31/3	*Naar*		
				w&v-rek.	€	5.500
		€ 5.500			€	5.500

810 Inkoopprijs verkochte badlakens

	K-13331	€ 2.800	31/3	*Naar*		
	V-13326	- 1.200		*w&v-rek.*	€	4.000
		€ 4.000			€	4.000

840 Opbrengst verkochte badjassen

31/3	*Naar*			K-13331	€	8.000
	w&v-rek.	€ 8.000				
		€ 8.000			€	8.000

850 Opbrengst verkochte badlakens

31/3	*Naar*			K-13331	€	4.900
	w&v-rek.	€ 7.000		V-13326	-	2.100
		€ 7.000			€	7.000

604

Datum	Stuk		Rek.	Omschrijving		Debet		Credit
1/9	Balans		Tellingen		€	260.000	€	260.000
2/9	I-130961		700	Voorraad goederen	-	32.000		
		Aan	140	Crediteuren			-	32.000
7/9	K-130930		100	Kas	-	35.000		
		Aan	840	Opbrengst verkopen			-	35.000
			+					
			800	Inkoopprijs verkopen	-	23.000		
		Aan	700	Voorraad goederen			-	23.000
9/9	B-53		140	Crediteuren	-	14.400		
		Aan	110	Bank			-	14.400
14/9	ID-130906		002	Bedrijfsinventaris	-	13.300		
		Aan	140	Crediteuren			-	13.300
16/9	B-54		440	Huurkosten	-	4.200		
		Aan	110	Bank			-	4.200
25/9	B-55		410	Loonkosten	-	9.400		
		Aan	110	Bank			-	9.400
27/9	V-130976		130	Debiteuren	-	45.000		
		Aan	840	Opbrengst verkopen			-	45.000
			+					
			800	Inkoopprijs verkopen	-	30.000		
		Aan	700	Voorraad goederen			-	30.000
28/9	K-130931		490	Algemene kosten	-	6.600		
		Aan	100	Kas			-	6.600
30/9	B-56		110	Bank	-	200		
		Aan	440	Huurkosten			-	200
					€	473.100	€	473.100

605

1/4	Balans	Tellingen			€	114.000	€	114.000
4/4	K-13051		100	Kas	-	28.000		
		Aan	840	Opbrengst verkopen			-	28.000
			+					
			800	Inkoopprijs verkopen	-	20.000		
		Aan	700	Voorraad goederen			-	20.000
6/4	I-13019		700	Voorraad goederen	-	50.000		
		Aan	140	Crediteuren			-	50.000
11/4	B-23		110	Bank	-	25.000		
	K-13052	Aan	100	Kas			-	25.000
14/4	K-13053		490	Diverse bedrijfskosten	-	2.500		
		Aan	100	Kas			-	2.500
15/4	B-24		140	Crediteuren	-	15.000		
		Aan	110	Bank			-	15.000
20/4	V-13033		130	Debiteuren	-	20.000		
		Aan	840	Opbrengst verkopen			-	20.000
			+					
			800	Inkoopprijs verkopen	-	15.000		
		Aan	700	Voorraad goederen			-	15.000
22/4	K-13054		490	Diverse bedrijfskosten	-	4.000		
		Aan	100	Kas			-	4.000
27/4	V-13034		130	Debiteuren	-	22.400		
		Aan	840	Opbrengst verkopen			-	22.400
			+					
			800	Inkoopprijs verkopen	-	16.000		
		Aan	700	Voorraad goederen			-	16.000
28/4	B-25		110	Bank	-	10.000		
		Aan	130	Debiteuren			-	10.000
29/4	B-26		410	Loonkosten	-	6.000		
		Aan	110	Bank			-	6.000
					€	347.900	€	347.900

606

1/3	Balans	Tellingen			€	530.000	€	530.000
	I-13316		701	Citroën C5	-	66.000		
			702	Citroën C5 diesel	-	58.000		
		Aan	140	Crediteuren			-	124.000
2/3	K-13342		490	Algemene kosten*	-	280		
		Aan	100	Kas			-	280

* Of 450 Verkoopkosten

3/3	K-13343		100	Kas	-	33.000		
		Aan	840	Opbrengst verkopen				
				nieuwe auto's			-	33.000
			+					
			800	Inkoopprijs verkopen				
				nieuwe auto's	-	29.000		
		Aan	702	Citroën C5 diesel			-	29.000
4/3	K-13344		100	Kas	-	19.000		
		Aan	840	Opbrengst verkopen				
				nieuwe auto's			-	19.000
			+					
			800	Inkoopprijs verkopen				
				nieuwe auto's	-	17.000		
		Aan	700	Citroën C3			-	17.000
7/3	K-13345		140	Crediteuren	-	40.000		
		Aan	100	Kas			-	40.000
9/3	K-13346		710	Tweedehands auto's	-	12.000		
			100	Kas	-	51.000		
		Aan	840	Opbrengst verkopen				
				nieuwe auto's			-	63.000
			+					
			800	Inkoopprijs verkopen				
				nieuwe auto's	-	56.000		
		Aan	700	Citroën C3			-	34.000
		Aan	701	Citroën C5			-	22.000
10/3	K-13347		110	Bank	-	35.000		
	B-15	Aan	100	Kas			-	35.000
11/3	K-13348		490	Algemene kosten	-	570		
		Aan	100	Kas			-	570

14/3	K-13349		100	Kas	-	3.250		
		Aan	130	Debiteuren			-	3.250
15/3	K-13350		490	Algemene kosten*	-	300		
		Aan	100	Kas			-	300
* Of 450 Verkoopkosten								
16/3	V-13328		710	Tweedehands auto's	-	3.500		
			130	Debiteuren	-	21.500		
		Aan	840	Opbrengst verkopen				
				nieuwe auto's			-	25.000
			+					
			800	Inkoopprijs verkopen				
				nieuwe auto's	-	22.000		
		Aan	701	Citroën C5			-	22.000
17/3	K-13351		490	Algemene kosten	-	450		
		Aan	100	Kas			-	450
18/3	K-13352		100	Kas	-	7.000		
		Aan	845	Opbrengst verkopen				
				tweedehands auto's			-	7.000
			+					
			805	Inkoopprijs verkopen				
				tweedehands auto's	-	6.000		
		Aan	710	Tweedehands auto's			-	6.000
21/3	B-16		140	Crediteuren	-	20.000		
		Aan	110	Bank			-	20.000
22/3	I-13317		700	Citroën C3	-	34.000		
			701	Citroën C5	-	44.000		
			702	Citroën C5 diesel	-	29.000		
		Aan	140	Crediteuren			-	107.000
24/3	V-13329		130	Debiteuren	-	3.000		
		Aan	845	Opbrengst verkopen				
				tweedehands auto's			-	3.000
			+					
			805	Inkoopprijs verkopen				
				tweedehands auto's	-	3.500		
		Aan	710	Tweedehands auto's			-	3.500

25/3	K-13353	410	Loonkosten	- 3.400	
		Aan 100	Kas		- 3.400
28/3	B-17	110	Bank	- 4.000	
		Aan 130	Debiteuren		- 4.000
30/3	B-18	140	Crediteuren	- 25.000	
		Aan 110	Bank		- 25.000
31/3	K-13354	100	Kas	- 30.000	
	V-13330	130	Debiteuren	- 20.000	
		Aan 840	Opbrengst verkopen		
			nieuwe auto's		- 50.000
		+			
		800	Inkoopprijs verkopen		
			nieuwe auto's	- 44.000	
		Aan 701	Citroën C5		- 44.000
				€ 1.270.750	€ 1.270.750

607 Het juiste antwoord is *b*.
Het beginsaldo is bekend als eindsaldo van de vorige afrekening. Het factuurbedrag is door de software op te zoeken omdat dit bedrag bij het invoeren van de verkoopfactuur is ingetoetst. De vaste grootboekrekening (hier: *Bank*) is bekend omdat dit rekeningafschrift wordt ingevoerd in het scherm *Invoeren bankboekingen*.

608 a

Begin	Eind	Boek.stuk
€ 12.900	€ 6.940	48

Datum	**Rekening-nummer**	**Factuur**	**Bij**	**Af**
15/7	140	131375		€ 7.280
	440			- 2.100
	130	13251	€ 3.420	

b Door de administrateur zijn achtereenvolgens ingetoetst:
€ 6.940, 48, 15/7, 140, 131375, 440, € 2.100, 130 en 13251.
De overige grootheden zijn automatisch op het scherm verschenen.

c Na verwerking is in het grootboek geboekt op de rekening

140	Crediteuren	Debet	€	7.280
440	Huurkosten	Debet	€	2.100
130	Debiteuren	Credit	€	3.420
110	Rabobank	Credit	€	5.960

609 a De rekening *110 Bank* wordt gedebiteerd voor € 5.690.
De rekening *130 Debiteuren* wordt gecrediteerd voor € 13.870.
De rekening *140 Crediteuren* wordt gedebiteerd voor € 7.800.
De rekening *470 Algemene kosten* wordt gedebiteerd voor € 380.

b Het verschil (€ 5.690) tussen het beginsaldo (€ 5.300) en het eindsaldo (€ 10.990) wordt vergeleken met het verschil tussen de totalen van de kolom Bij (€ 8.000 + € 5.870) en de kolom Af (€ 7.800 + € 380). Als dit verschil niet overeenstemt, wordt een foutmelding gegeven totdat evenwicht is bereikt.
Bij het invoeren van de factuurnummers V-13168, V-13182 en I-13122 wordt het bedrag dat voorheen op elk van deze factuurnummers is geboekt, automatisch weergegeven.

7

Belastingen

701 a

	Zakelijke belasting	Persoonlijke belasting	Belasting waarbij onderneming incasseerder is voor de Belastingdienst
1 Inkomstenbelasting		X	
2 Omzetbelasting			X
3 Onroerendezaakbelasting woonhuis		X	
4 Motorrijtuigenbelasting bedrijfsauto	X		
5 Loonbelasting, ingehouden bij personeel			X
6 Waterschapslasten winkelpand	X		

b 1 De rekening Belastingkosten staat in rubriek 4.
2 De rekening Af te dragen loonheffingen staat in rubriek 1.

702

10/6	I-13614		700	Voorraad goederen	€	15.000		
			180	Te vorderen OB	-	3.150		
		Aan	140	Crediteuren			€	18.150
14/6	V-13666		130	Debiteuren	€	14.520		
		Aan	840	Opbrengst verkopen			€	12.000
		Aan	181	Te betalen OB			-	2.520
			+					
			800	Inkoopprijs verkopen	€	9.000		
		Aan	700	Voorraad goederen			€	9.000
19/6	B-44		442	Kosten gas, water en				
				elektra	€	400		
			180	Te vorderen OB	-	24		
		Aan	120	ING Bank			€	424
21/6	ID-1362		002	Inventaris	€	5.600		
			180	Te vorderen OB	-	1.176		
		Aan	140	Crediteuren			€	6.776

29/6	IB-1364		181	Te betalen OB	€	48.000		
		Aan	180	Te vorderen OB			€	40.000
		Aan	182	Af te dragen OB			-	8.000
30/6	B-45		182	Af te dragen OB	€	8.000		
		Aan	120	ING Bank			€	8.000
			120	ING Bank	€	14.520		
		Aan	130	Debiteuren			€	14.520

703

3/2	I-13008		700	Voorraad goederen	€	1.400		
			180	Te vorderen OB	-	294		
		Aan	140	Crediteuren			€	1.694
5/2	K-13015		100	Kas	€	1.282,60		
		Aan	840	Opbrengst verkopen			€	1.060
				100/121 x € 1.282,60				
		Aan	181	Te betalen OB			-	222,60
				21/121 x € 1.282,60				
			+					
			800	Inkoopprijs verkopen	€	580		
		Aan	700	Voorraad goederen			€	580
10/2	ID-13002		002	Inventaris	€	800		
			180	Te vorderen OB	-	168		
		Aan	140	Crediteuren			€	968
15/2	K-13016/		100	Kas	€	677,60		
	V-13003			€ 774,40 – € 96,80				
			130	Debiteuren	-	96,80		
		Aan	840	Opbrengst verkopen			€	640
				100/121 x € 774,40				
		Aan	181	Te betalen OB			-	134,40
				21/121 x € 774,40				
			+					
			800	Inkoopprijs verkopen	€	350		
		Aan	700	Voorraad goederen			€	350
23/2	KO-13006		490	Algemene kosten	€	400		
			180	Te vorderen OB	-	84		
		Aan	140	Crediteuren			€	484
28/2	KO-13007		490	Algemene kosten	€	100		
			180	Te vorderen OB	-	6		
		Aan	140	Crediteuren			€	106

704 a

13/9	I-139077		700	Voorraad goederen	€	700		
			180	Te vorderen OB	-	147		
		Aan	140	Crediteuren			€	847
18/9	V-139090		130	Debiteuren	€	220		
		Aan	840	Opbrengst verkopen			€	220
			+					
			800	Inkoopprijs verkopen	€	175		
		Aan	700	Voorraad goederen			€	175
29/9	K-139088		100	Kas	€	19.360		
		Aan	840	Opbrengst verkopen			€	16.000
		Aan	181	Te betalen OB			-	3.360
			+					
			800	Inkoopprijs verkopen	€	11.500		
		Aan	700	Voorraad goederen			€	11.500
30/9	IB-139009		181	Te betalen OB	€	12.600		
		Aan	180	Te vorderen OB			€	8.600
		Aan	182	Af te dragen OB			-	4.000

b OB- schuld aan de Belastingdienst, in dit geval over het 3e kwartaal.

705

1	130	Debiteuren	€	408		
Aan	840	Opbrengst fysiotherapiebehandelingen			€	408
2	008	Inventaris	€	3.146		
Aan	140	Crediteuren			€	3.146

706

1	100	Kas	€	96.800		
Aan	840	Opbrengst verkopen			€	80.000
		100/121 x € 96.800				
Aan	181	Te betalen OB			-	16.800
		21/121 x € 96.800				
	+					
	800	Inkoopprijs verkopen	€	32.000		
		40% van € 80.000				
Aan	700	Voorraad goederen			€	32.000

2 –

3	110	Bank	€	2.420		
Aan	840	Opbrengst verkopen			€	2.000
		100/121 x € 2.420				
Aan	181	Te betalen OB			-	420
		21/121 x € 2.420				
	+					
	800	Inkoopprijs verkopen	€	800		
		40% van € 2.000				
Aan	700	Voorraad goederen			€	800
4	700	Voorraad goederen	€	45.000		
		100/121 x € 54.450				
	180	Te vorderen OB	-	9.450		
		21/121 x € 54.450				
Aan	140	Crediteuren			€	54.450

707

a Alleen over de binnenlandse omzet en het privégebruik moet omzetbelasting worden betaald. Voor de 6% omzetbelasting is dit 6% van (€ 10.212,80 + € 300) = € 630,77.

b Het verschil is ontstaan door afrondingsverschillen. De omzet is waarschijnlijk behaald met een aantal partijen waarbij voor de factuur van elke partij omzetbelasting is berekend. In elk van die facturen kan in het bedrag aan omzetbelasting een afrondingsverschil voorkomen.

c Zie pagina 65.

d

	182	Te betalen OB 6%	€	630,21		
	183	Te betalen OB 21%	-	1.201,98		
	185	Af te dragen omzetbelasting	-	3.152		
Aan	180	Te vorderen OB 6%			€	1.381,62
Aan	181	Te vorderen OB 21%			-	3.600,44
Aan	981	Betalingsverschillen			-	2,13

Gegevens omzet en omzetbelasting

			Bedrag waarover omzetbelasting wordt berekend		Omzetbelasting	
1	**Door u verrichte binnenlandse leveringen/diensten**					
	Let op! *Rond af op hele euro's*					
1a	Leveringen/diensten belast met 21%	€	5.721	€	1.201	
1b	Leveringen/diensten belast met 6%	€	10.212	€	612	
1c	Leveringen/diensten belast met overige tarieven behalve 0%	€		€		
1d	Privégebruik	€	300	€	18	
1e	Leveringen/diensten belast met 0% of niet bij u belast	€				
2	**Aan u verrichte binnenlandse leveringen/diensten**					
2a	Leveringen/diensten waarbij de heffing van omzetbelasting naar u is verlegd	€		€		
3	**Door u verrichte leveringen naar het buitenland**					
3a	Leveringen naar landen buiten de EU (uitvoer)	€	71.995			
3b	Leveringen naar landen binnen de EU	€	30.140			
3c	Installatie/afstandsverkopen binnen de EU	€				
4	**Aan u verrichte leveringen vanuit het buitenland**					
4a	Leveringen uit landen buiten de EU (invoer)	€		€		
4b	Verwervingen van goederen uit landen binnen de EU	€		€		+
5	**Berekening van de omzetbelasting**					
5a	Verschuldigde omzetbelasting (rubrieken 1a t/m 4b)			€	1.831	
5b	Voorbelasting			€	4.983	−
5c	Subtotaal (rubriek 5a – 5b)			−/– €	3.152	
5d	Vermindering volgens de kleineondernemersregeling			€		
5e	Schatting vorige aangifte(n)			€		
5f	Schatting deze aangifte			€		+/–
5g	**Totaal**			−/– €	3.152	

708 a Kostenrekeningen, omzetrekeningen en neutrale rekeningen.

b 1 Er wordt 0,21 x € 356 = € 74,76 geboekt op de rekening *180 Te vorderen omzetbelasting 21%*.
2 Er wordt 6/106 x € 4.096 = € 231,85 geboekt op de rekening *182 Te vorderen omzetbelasting 6%*.
3 Er wordt geen omzetbelasting geboekt.

c 1 Er wordt 21/121 x € 490 = € 85,04 geboekt op de rekening *181 Te betalen omzetbelasting 21%*.
2 Er wordt 0,06 x € 5.675 = € 340,50 geboekt op de rekening *183 Te betalen omzetbelasting 6%*.
3 Er wordt 6/106 x € 6.233 = € 352,81 geboekt op de rekening *183 Te betalen omzetbelasting 6%*.

709 a *Boekingsstuk I-13008*

Invoeren inkoopboekingen

Datum	Boekingsstuk	Rekeningnummer	BTW-code	Bedrag	BTW-bedrag
3/2	I-13008	700	2	€ 1.694	

of
Invoeren inkoopboekingen

Datum	Boekingsstuk	Rekeningnummer	BTW-code	Bedrag	BTW-bedrag
3/2	I-13008	700	1	€ 1.400	

Boekingsstuk K-13015

Invoeren kasboekingen

Datum	Boekingsstuk	Rekeningnummer	BTW-code	Bedrag	BTW-bedrag
5/2	K-13015	840	2	€ 1.282,60	

Omdat Elise van Beers werkt met verkoopprijzen inclusief OB, is het niet logisch om bij deze post gebruik te maken van BTW-code 1.
De inkoopprijs van de contante verkopen wordt ingevoerd via het scherm *Invoeren overige boekingen*. Hiervoor is een apart boekingsstuk noodzakelijk.

Boekingsstuk ID-13002

Invoeren inkoopboekingen

Datum	Boekingsstuk	Rekeningnummer	BTW-code	Bedrag	BTW-bedrag
10/2	ID-13002	002	2	€ 968	

of
Invoeren inkoopboekingen

Datum	Boekingsstuk	Rekeningnummer	BTW-code	Bedrag	BTW-bedrag
10/2	ID-13002	002	1	€ 800	

b *700 Voorraad goederen* is een kostenrekening;
840 Opbrengst verkopen is een omzetrekening;
002 Inventaris is een kostenrekening.

c *Boekingsstuk I-13008*
Na het intoetsen verschijnt in de kolom BTW-bedrag automatisch het BTW-bedrag van € 294.
Na het verwerken wordt:
- € 1.400 gedebiteerd op de rekening *700 Voorraad goederen*;
- € 294 gedebiteerd op de rekening *180 Te vorderen OB*;
- € 1.694 gecrediteerd op de rekening *140 Crediteuren*.

Boekingsstuk K-13015
Na het intoetsen verschijnt in de kolom BTW-bedrag automatisch het BTW-bedrag van 21/121 x € 1.282,60 = € 222,60.
Na het verwerken wordt:
- € 1.282,60 gedebiteerd op de rekening *100 Kas*;
- € 1.060 gecrediteerd op de rekening *840 Opbrengst verkopen*;
- € 222,60 gecrediteerd op de rekening *181 Te betalen OB (hoog tarief)*.

Boekingsstuk ID-13002
Na het intoetsen verschijnt in de kolom BTW-bedrag automatisch het BTW-bedrag van € 168.
Na het verwerken wordt:
- € 800 gedebiteerd op de rekening *002 Inventaris*;
- € 168 gedebiteerd op de rekening *180 Te vorderen OB*;
- € 968 gecrediteerd op de rekening *140 Crediteuren*.

d Bij de controle door de Belastingdienst wordt gekeken naar de aansluiting tussen de hoogte van de omzet en de te betalen omzetbelasting. In geval van twee tariefgroepen (6% resp. 21%) die op afzonderlijke grootboekrekeningen (zowel omzetrekeningen als BTW-rekeningen) worden geadministreerd, kan deze aansluiting gemakkelijk worden gecontroleerd.

8

Inkoop- en verkoopretouren en kortingen

801

12/11	I-1301		700	Voorraad goederen	€	30.000		
			180	Te vorderen OB	-	6.300		
		Aan	140	Crediteuren			€	36.300
23/11	IC-1301		140	Crediteuren	€	1.452		
		Aan	700	Voorraad goederen			€	1.200
		Aan	180	Te vorderen OB			-	252
30/11	B-08		140	Crediteuren	€	34.848		
		Aan	120	ING Bank			€	34.848

802

4/9	I-130933		700	Voorraad goederen	€	3.600		
			180	Te vorderen OB	-	756		
		Aan	140	Crediteuren			€	4.356
7/9	IC-130904		140	Crediteuren	€	726		
		Aan	700	Voorraad goederen			€	600
		Aan	180	Te vorderen OB			-	126
15/9	I-130934		700	Voorraad goederen	€	7.200		
			180	Te vorderen OB	-	1.512		
		Aan	140	Crediteuren			€	8.712
24/9	B-56		140	Crediteuren	€	3.630		
		Aan	120	ING Bank			€	3.630
29/9	IC-130905		140	Crediteuren	€	242		
		Aan	700	Voorraad goederen			€	200
		Aan	180	Te vorderen OB			-	42

803

4/5	I-13065		700	Voorraad goederen	€	18.000		
			180	Te vorderen OB	-	3.780		
		Aan	140	Crediteuren			€	21.780
10/5	V-13089		130	Debiteuren	€	3.146		
		Aan	840	Opbrengst verkopen			€	2.600
		Aan	181	Te betalen OB			-	546
			+					
			800	Inkoopprijs verkopen	€	2.000		
		Aan	700	Voorraad goederen			€	2.000
15/5	IC-13004		140	Crediteuren	€	968		
		Aan	700	Voorraad goederen			€	800
		Aan	180	Te vorderen OB			-	168
20/5	B-13017		140	Crediteuren	€	13.552		
		Aan	110	Bank			€	13.552

804

28/4		140	Crediteuren	€	1.210		
	Aan	906	Ontvangen omzetbonussen			€	1.000
	Aan	180	Te vorderen OB			-	210

Als alle goederen uit één partij komen die op 28/4 nog aanwezig is, kan Kees de volgende journaalpost maken:

28/4		140	Crediteuren	€	1.210		
	Aan	700	Voorraad goederen			€	1.000
	Aan	180	Te vorderen OB			-	210

805

a	19/5		700	Voorraad goederen	€	15.200		
			180	Te vorderen OB	-	3.192		
		Aan	140	Crediteuren			€	18.392
b	25/5		140	Crediteuren	€	18.392		
		Aan	900	Ontvangen contantkortingen			€	304
				2% van € 15.200				
		Aan	110	Bank			-	18.088
	óf							
	10/6		140	Crediteuren	€	18.392		
		Aan	110	Bank			€	18.392
c	25/5		140	Crediteuren	€	18.392		
		Aan	900	Ontvangen contantkortingen			€	304
		Aan	180	Te vorderen OB			-	63,84
				21% van € 304				
		Aan	110	Bank			-	18.024,16

806 a

ELEKTROLUX BV
Hilversum

K. Verhoeff
Alkmaar

26 novembeer 2013

80 keukenmachines type Axel à € 75	€	6.000
160 keukenklokken type Rotha à € 25	-	4.000
120 mixers type Onkar à € 50	-	6.000
	€	16.000
rabat 25%	-	4.000
	€	12.000
kredietbeperkingstoeslag 2%	-	240
	€	12.240
OB 21%	-	2.570,40
	€	14.810,40

Bij betaling binnen 30 dagen kan de kredietbeperkingstoeslag worden afgetrokken.

b

	700	Voorraad goederen	€ 12.000	
	901	Kredietbeperkingstoeslag inkopen	- 240	
	180	Te vorderen OB	- 2.570,40	
Aan	140	Crediteuren		€ 14.810,40

c

3/12		140	Crediteuren	€ 14.810,40	
	Aan	901	Kredietbeperkingstoeslag		
			inkopen		€ 240
	Aan	110	Rabobank		- 14.570,40
28/1		140	Crediteuren	€ 14.810,40	
	Aan	110	Rabobank		€ 14.810,40

d

3/12		140	Crediteuren	€ 14.810,40	
	Aan	901	Kredietbeperkingstoeslag		
			inkopen		€ 240
	Aan	180	Te vorderen OB		- 50,40
			21% van € 240		
	Aan	110	Rabobank		- 14.520

807

2/5	I-13001		700	Voorraad koffiezetters	€ 28.000	
			180	Te vorderen OB	- 5.880	
		Aan	140	Crediteuren		€ 33.880
1/5	V-13001		130	Debiteuren	€ 30.492	
t/m	t/m	Aan	840	Opbrengst verkopen		€ 25.200
31/5	V-13050	Aan	181	Te betalen OB		- 5.292
			+			
			800	Inkoopprijs verkopen	€ 19.600	
		Aan	700	Voorraad koffiezetters		€ 19.600
12/5	VC-13001		840	Opbrengst verkopen	€ 900	
			181	Te betalen OB	- 189	
		Aan	130	Debiteuren		€ 1.089
			+			
			700	Voorraad koffiezetters	€ 700	
		Aan	800	Inkoopprijs verkopen		€ 700
20/5	VC-13002		840	Opbrengst verkopen	€ 50	
			181	Te betalen OB	- 10,50	
		Aan	130	Debiteuren		€ 60,50
28/5	B-21		442	Energiekosten	€ 200	
			180	Te vorderen OB	- 42	
		Aan	120	ING Bank		€ 242
31/5	IC-13001		140	Crediteuren	€ 847	
		Aan	700	Voorraad koffiezetters		€ 700
		Aan	180	Te vorderen OB		- 147

808 a

1		700	Voorraad goederen	€ 50.000	
		180	Te vorderen OB	- 10.500	
	Aan	140	Crediteuren		€ 60.500
2		130	Debiteuren	€ 96.800	
	Aan	840	Opbrengst verkopen		€ 80.000
	Aan	181	Te betalen OB		- 16.800
		+			
		800	Inkoopprijs verkopen	€ 65.000	
	Aan	700	Voorraad goederen		€ 65.000
3		140	Crediteuren	€ 1.210	
	Aan	700	Voorraad goederen		€ 1.000
	Aan	180	Te vorderen OB		- 210

4	840	Opbrengst verkopen	€	800		
	181	Te betalen OB	-	168		
Aan	130	Debiteuren			€	968
	+					
	700	Voorraad goederen	€	650		
Aan	800	Inkoopprijs verkopen			€	650

5	830	Kortingen bij verkoop	€	200		
	181	Te betalen OB	-	42		
Aan	130	Debiteuren			€	242

b

5	840	Opbrengst verkopen	€	200		
	181	Te betalen OB	-	42		
Aan	130	Debiteuren			€	242

809

a

	130	Debiteuren	€	10.648		
	830	Kortingen bij verkoop	-	2.200		
Aan	840	Opbrengst verkopen			€	11.000
Aan	181	Te betalen OB			-	1.848
	+					
	800	Inkoopprijs verkopen	€	6.180		
Aan	700	Voorraad gereedschappen			€	6.180

b

	110	Rabobank	€	10.541,52		
	801	Verstrekte contantkortingen	-	88		
	181	Te betalen OB	-	18,48		
		21% van € 88				
Aan	130	Debiteuren			€	10.648

c

	700	Voorraad goederen	€	8.800		
	180	Te vorderen OB	-	1.848		
Aan	140	Crediteuren			€	10.648

d

	140	Crediteuren	€	10.648		
Aan	900	Ontvangen contantkortingen			€	88
Aan	180	Te vorderen OB			-	18,48
Aan	110	Rabobank			-	10.541,52

810

Datum	Boekstuk		Rek.	Omschrijving		Debet		Credit
6/12	I-13048		700	Voorraad goederen	€	3.800		
			180	Te vorderen OB	-	798		
		Aan	140	Crediteuren			€	4.598
8/12	B-182		110	ABN AMRO Bank	€	6.110		
		Aan	130	Debiteuren			€	6.110
14/12	V-13094		130	Debiteuren	€	14.520		
		Aan	840	Opbrengst verkopen			€	12.000
		Aan	181	Te betalen OB			-	2.520
			+					
			800	Inkoopprijs verkopen	€	8.000		
		Aan	700	Voorraad goederen			€	8.000
15/12	B-183		140	Crediteuren	€	4.598		
		Aan	960	Ontvangen				
				contantkortingen			€	38
		Aan	110	ABN AMRO Bank			-	4.560
18/12	VC-13027		840	Opbrengst verkopen	€	600		
			181	Te betalen OB	-	126		
		Aan	130	Debiteuren			€	726
20/12	V-13095		130	Debiteuren	€	5.924,16		
			810	Kortingen bij verkoop	-	1.600		
		Aan	840	Opbrengst verkopen			€	6.400
		Aan	139	Kredietbeperkingstoeslag				
				bij verkoop			-	96
		Aan	181	Te betalen OB			-	1.028,16
			+					
			800	Inkoopprijs verkopen	€	3.000		
		Aan	700	Voorraad goederen			€	3.000
22/12	IC-13018		140	Crediteuren	€	242		
		Aan	700	Voorraad goederen			€	200
		Aan	180	Te vorderen OB			-	42
23/12	VC-13028		868	Verstrekte				
				omzetbonussen	€	1.000		
			181	Te betalen OB	-	210		
		Aan	130	Debiteuren			€	1.210

29/12	B-184		110	ABN AMRO Bank	€ 5.828,16		
			139	Kredietbeperkingstoeslag			
				bij verkoop	- 96		
		Aan	130	Debiteuren		€ 5.924,16	
30/12	K-130109		100	Kas	€ 69.820		
		Aan	840	Opbrengst verkopen		€ 59.500	
		Aan	181	Te betalen OB		- 10.320	
			+				
			800	Inkoopprijs verkopen	€ 40.000		
		Aan	700	Voorraad goederen		€ 40.000	
31/12	B-185		110	ABN AMRO Bank	€ 12.584		
		Aan	130	Debiteuren		€ 12.584	

811 a *Invoeren inkoopboekingen*

Datum	Boekingsstuk	Rekeningnummer	BTW-code	Bedrag	BTW-bedrag
4/9	I-43	700	1	€ 40.000	€ 8.400*
		901	1	€ 800	€ 168*

Na invoer van de BTW-code en het bedrag verschijnt het met een asterisk (*) aangeduide BTW-bedrag automatisch.

Invoeren verkoopboekingen

Datum	Boekingsstuk	Rekeningnummer	BTW-code	Bedrag	BTW-bedrag
5/9	V-87	840	1	€ 64.000	€ 13.440*
		830	1	−/− € 4.000	−/− € 840*

Invoeren overige boekingen

Datum	Boekingsstuk	Rekeningnummer	Debet	Credit
5/9	M-109	800	€ 40.000	
		700		€ 40.000

Invoeren bankboekingen

Begin	Eind	Boek.stuk
€ 88.000	€ 39.600	52

Datum	Rekeningnummer	Factuur	BTW-code	Bij	Af	BTW-bedrag
10/9	140	I-43	1		€ 49.368	
	901		1	€ 800		€ 168

Invoeren verkoopboekingen

Datum	Boekingsstuk	Rekeningnummer	BTW-code	Bedrag	BTW-bedrag
15/9	VC-26	831	1	–/– € 800	–/– € 168*

Invoeren inkoopboekingen

Datum	Boekingsstuk	Rekeningnummer	BTW-code	Bedrag	BTW-bedrag
20/9	IC-22	700	1	–/– € 1.600	–/– € 336*

Invoeren bankboekingen

Begin	Eind	Boek.stuk
€ 39.600	€ 111.474	53

Datum	Rekeningnummer	Factuur	BTW-code	Bij	Af	BTW-bedrag
23/9	130	V-87		€ 72.600		
	835		1		€ 600	–/– € 126

b *Invoeren bankboekingen*

Begin	Eind	Boek.stuk
€ 39.600	€ 112.200	53

Datum	Rekeningnummer	Factuur	Bij	Af
8/10	130	V-87	€ 72.600	

9

De grootboekrekening Privé

901

17/7	IB-1312		002	Inventaris	€	1.600		
		Aan	041	Privé			€	1.600
25/7	IB-1317		041	Privé	€	484		
		Aan	700	Voorraad goederen			€	400
		Aan	181	Te betalen OB			-	84

902

Het juiste antwoord is *d*.
Er mag geen OB worden teruggevorderd over een privé-inbreng. Een privéonttrekking van goederen moet worden geboekt tegen inkoopprijs, inclusief OB.

903

a

1	130	Debiteuren	€	2.178		
Aan	840	Opbrengst verkopen			€	1.800
Aan	181	Te betalen OB			-	378
	+					
	800	Inkoopprijs verkopen	€	1.350		
Aan	700	Voorraad goederen			€	1.350
2	041	Privé	€	500		
Aan	110	Bank			€	500
3	140	Crediteuren	€	484		
Aan	700	Voorraad goederen			€	400
Aan	180	Te vorderen OB			-	84
4	041	Privé	€	242		
Aan	700	Voorraad goederen			€	200
Aan	181	Te betalen OB			-	42
5	830	Kortingen bij verkoop	€	200		
	181	Te betalen OB	-	42		
Aan	130	Debiteuren			€	242
6	002	Inventaris	€	363		
Aan	041	Privé			€	363

b

041 Privé

Gegeven 2	€	500		Gegeven 6	€	363
Gegeven 4	-	242	31/7	*Naar Eigen vermogen*	-	379
	€	742			€	742

c Omzetbelasting veroorzaakt voor de onderneming géén kosten, behalve in het geval van vrijgestelde prestaties. Daarom staan de OB-rekeningen niet in de kostenrubriek 4, maar bij de financiële rekeningen in rubriek 1.

d Motorrijtuigenbelasting zaakauto's, onroerendezaakbelasting bedrijfspand.

904

3/9	IB-1304		041	Privé	€	242		
		Aan	700	Voorraad goederen			€	200
		Aan	183	Te betalen OB				
				privégebruik			-	42
5/9	B-6		041	Privé	€	580		
				1/4 x € 1.936 + € 96				
			490	Algemene kosten	-	1.200		
				100/121 x 3/4 x € 1.936				
			180	Te vorderen OB	-	252		
				21/121 x 3/4 x € 1.936				
		Aan	110	Bank			€	2.032
9/9	IC-1302		140	Crediteuren	€	1.210		
		Aan	700	Voorraad goederen			€	1.000
		Aan	180	Te vorderen OB			-	210
15/9	K-1311		100	Kas	€	968		
		Aan	840	Opbrengst verkopen			€	800
		Aan	181	Te betalen OB			-	168
			+					
			800	Inkoopprijs verkopen	€	560		
		Aan	700	Voorraad goederen			€	560
19/9	K-1312		830	Kortingen bij verkoop	€	100		
			181	Te betalen OB	-	21		
		Aan	100	Kas			€	121

22/9	B-7		041	Privé	€ 2.712	
			460	Belastingen	- 160	
		Aan	110	Bank		€ 2.872

905 a

		Saldibalans		Winst-en-verliesrekening		Balans	
Nr.	Rekening	Debet	Credit	Debet	Credit	Debet	Credit
001	Gebouw	€ 300.000				€ 300.000	
040	Eigen vermogen		€ 294.000				€ 266.300
041	Privé	- 37.700					
077	Hypothecaire lening o/g		- 150.000				- 150.000
100	Kas	- 1.100				- 1.100	
120	ING Bank	- 31.400				- 31.400	
130	Debiteuren	- 43.200				- 43.200	
140	Crediteuren		- 36.500				- 36.500
180	Te vorderen OB	- 14.100				- 14.100	
181	Te betalen OB		- 18.700				- 18.700
183	Te betalen OB privégebruik		- 800				- 800
410	Loonkosten	- 42.600		€ 42.600			
480	Huurkosten	- 12.000		- 12.000			
490	Algemene kosten	- 31.400		- 31.400			
700	Voorraad goederen	- 82.500				- 82.500	
800	Ink.waarde verkopen	- 540.000		- 540.000			
830	Kortingen bij verkoop	- 4.000		- 4.000			
840	Opbrengst verkopen		- 640.000		€ 640.000		
	Nettowinst			- 10.000			
		€ 1.140.000	€ 1.140.000	€ 640.000	€ 640.000	€ 472.300	€ 472.300

b

040 Eigen vermogen

31/12	*Van Privé*	€	37.700	31/12	Bedrag saldibalans	€	294.000
	Naar balans	-	266.300		Nettowinst	-	10.000
		€	304.000			€	304.000
				1/1	Balans	€	266.300

041 Privé

31/12	Bedrag saldibalans	€	37.700	31/12	*Naar Eigen vermogen*	€	37.700

906 a

Datum	Boekingsstuk	Rekeningnummer	Factuur	Debet	Credit
3/2	IB-13201	041		€ 484	
3/2	IB-13201	700			€ 400
3/2	IB-13201	181			€ 84

b In het invoerscherm *Invoeren overige boekingen* is de mogelijkheid tot het gebruik van BTW-codes niet opgenomen.

10

De kolommenbalans (II)

1001

a

Datum	Boekstuk		Rek.	Omschrijving		Debet		Credit
12/12	IB-12017		002	Inventaris	€	484		
		Aan	041	Privé			€	484
20/12	IB-12018		410	Loonkosten	€	484		
		Aan	700	Voorraad goederen			€	400
				100/150 x 100/121 x € 726				
		Aan	181	Te betalen OB			-	84
				21% x € 400				
27/12	VC-12012		830	Kortingen bij verkoop	€	200		
			181	Te betalen OB	-	42		
		Aan	130	Debiteuren			€	242
31/12	IB-12019		181	Te betalen OB	€	37.142		
				€ 37.100 + € 84 – € 42				
			182	Te betalen OB				
				privégebruik	-	900		
		Aan	180	Te vorderen OB			€	28.000
		Aan	185	Af te dragen OB			-	10.042

b

Nr.	Rekening	Oorspronkelijke saldibalans		Voorafgaande journaalposten		Gewijzigde saldibalans	
		Debet	Credit	Debet	Credit	Debet	Credit
002	Inventaris	€ 52.000		€ 484 (a)		€ 52.484	
041	Privé	- 31.000			€ 484 (a)	- 30.516	
130	Debiteuren	- 54.000			- 242 (c)	- 53.758	
180	Te vorderen OB	- 28.000			- 28.000 (d)		
181	Te betalen OB		€ 37.100	- 42 (c)	- 84 (b)		
				- 37.142 (d)			
183	Te betalen OB						
	privégebruik		- 900	- 900 (d)			
185	Af te dragen OB				- 10.042 (d)		€ 10.042
410	Loonkosten	- 14.000		- 484 (b)		- 14.484	
700	Voorraad goederen	- 70.000			- 400 (b)	- 69.600	
830	Kortingen bij verkoop	- 6.000		- 200 (c)		- 6.200	

1002 a

		Nr.	Rekening	Debet	Credit
1 B-55		077	Hypothecaire lening o/g	€ 12.500	
	Aan	110	ING Bank		€ 12.500
2 VC-14		830	Kortingen bij verkoop	€ 200	
		181	Te betalen OB	- 42	
	Aan	130	Debiteuren		€ 242
3 V-65		130	Debiteuren	€ 1.936	
	Aan	840	Opbrengst verkopen verf		€ 1.250
	Aan	841	Opbrengst verkopen		
			verfbenodigdheden		- 350
	Aan	181	Te betalen OB		- 336
		+			
		800	Inkoopprijs verkopen verf	€ 980	
		801	Inkoopprijs verkopen		
			verfbenodigdheden	- 189	
	Aan	700	Voorraad verf		€ 980
	Aan	701	Voorraad verfbenodigdheden		- 189
4 IB-11		800	Inkoopprijs verkopen verf	€ 110.000	
		801	Inkoopprijs verkopen		
			verfbenodigdheden	- 38.500	
	Aan	700	Voorraad verf		€ 110.000
	Aan	701	Voorraad verfbenodigdheden		- 38.500

5	IB-12	181	Te betalen OB	€ 294	
			€ 336 – € 42		
		Aan 182	Af te dragen OB		€ 294

b

		Oorspronkelijke saldibalans		Voorafgaande journaalposten		Gewijzigde saldibalans	
Nr.	Rekening	Debet	Credit	Debet	Credit	Debet	Credit
077	Hyp. lening o/g		€ 125.000	€ 12.500 (1)			€ 112.500
110	ING Bank	€ 25.400			€ 12.500 (1)	€ 12.900	
130	Debiteuren	- 18.700		- 1.936 (3)	- 242 (2)	- 20.394	
182	Af te dragen OB		- 23.600		- 294 (5)		- 23.894
700	Voorraad verf	- 155.900			- 980 (3)	- 44.920	
					- 110.000 (4)		
701	Voorraad						
	verfbenodigdheden	- 72.300			- 189 (3)	- 33.611	
					- 38.500 (4)		
800	Inkoopprijs verk. verf	- 270.000		- 980 (3)		- 380.980	
				- 110.000 (4)			
801	Inkoopprijs verkopen						
	verfbenodigdheden	- 49.400		- 189 (3)		- 88.089	
				- 38.500 (4)			
830	Kortingen bij verkoop	- 35.800		- 200 (2)		- 36.000	
840	Opbrengst verk. verf		- 540.000		- 1.250 (3)		- 541.250
841	Opbrengst verkopen						
	verfbenodigdheden		- 87.500		- 350 (3)		- 87.850

1003 a

1	041	Privé	€ 484	
	Aan 700	Voorraad goederen		€ 400
	Aan 182	Te betalen OB privégebruik		- 84
2	100	Kas	€ 300	
	Aan 041	Privé		€ 300

3

Rekening nr.	naam	Had			-Is			=Correctie		
140	Crediteuren	D	€	1.210				D	€	1.210
110	Bank	C	-	1.210	D	€	1.210	C	-	2.420
130	Debiteuren				C	-	1.210	D	-	1.210

	140	Crediteuren	€	1.210		
	130	Debiteuren	-	1.210		
Aan	110	Bank			€	2.420

4	830	Kortingen bij verkoop	€	200		
Aan	840	Opbrengst verkopen			€	200

5

Rekening nr.	naam	Had			-Is			=Correctie		
100	Kas	D	€	820	D	€	280	D	€	540
130	Debiteuren	C	-	820	C	-	280	C	-	540

	100	Kas	€	540		
Aan	130	Debiteuren			€	540

6

Rekening nr.	naam	Had			-Is			=Correctie		
490	Algemene kosten	D	€	600	D	€	800	C	€	200
180	Te vorderen OB	D	-	126	D	-	168	C	-	42
041	Privé	D	-	242				D	-	242
110	Bank	C	-	968	C	-	968			

	041	Privé	€	242		
Aan	490	Algemene kosten			€	200
Aan	180	Te vorderen OB			-	42

7 Te vorderen OB € 12.600 – € 42 = € 12.558
Te betalen OB € 21.600
Te betalen OB privégebruik € 1.100 + € 84 = € 1.184

	181	Te betalen OB	€	21.600		
	182	Te betalen OB privégebruik	-	1.184		
Aan	180	Te vorderen OB			€	12.558
Aan	185	Af te dragen OB			-	10.226

b

Nr.	Rekening	Oorspronkelijke saldibalans Debet	Oorspronkelijke saldibalans Credit	Voorafgaande journaalposten Debet	Voorafgaande journaalposten Credit	Gewijzigde saldibalans Debet	Gewijzigde saldibalans Credit	Winst-en-verlies-rekening Debet	Winst-en-verlies-rekening Credit	Balans Debet	Balans Credit
041	Privé	€ 5.800		€ 484 (1)	€ 300 (2)	€ 6.226					
				- 242 (6)							
100	Kas	- 800		- 300 (2)		- 1.640				€ 1.640	
				- 540 (5)							
110	Bank		€ 1.600		- 2.420 (3)		€ 4.020				€ 4.020
130	Debiteuren	- 8.600		- 1.210 (3)	- 540 (5)	- 9.270				- 9.270	
140	Crediteuren		- 9.300	- 1.210 (3)			- 8.090				- 8.090
180	Te vorderen OB	- 12.600			- 42 (6)						
					- 12.558 (7)						
181	Te betalen OB		- 21.600	- 21.600 (7)							
182	Te betalen OB										
	privégebruik		- 1.100	- 1.184 (7)	- 84 (1)						
185	Af te dragen OB				- 10.226 (7)		- 10.226				- 10.226
490	Algemene kosten	- 27.800			200 (6)	- 27.600		€ 27.600			
700	Voorraad goederen	- 76.500			- 400 (1)	- 76.100				- 76.100	
800	Inkoopprijs verkopen	- 145.500				- 145.500		- 145.500			
830	Kortingen bij verkoop	- 12.000		- 200 (4)		- 12.200		- 12.200			
840	Opbrengst verkopen		- 216.400		- 200 (4)		- 216.600		€ 216.600		

1004 1

Rekening nr.	naam	Had	−Is	=Correctie
130	Debiteuren	D € 2.904.000	D € 2.904.000	
830	Kortingen bij verkoop	D - 800.000		D € 800.000
840	Opbrengst verkopen	C - 3.200.000		C - 3.200.000
181	Te betalen OB	C - 504.000	C - 504.000	
800	Inkoopprijs verkopen	D - 1.100.000		D - 1.100.000
700	Voorraad goederen	C - 1.100.000	C - 1.100.000	
850	Brutowinst op verkopen		C - 1.300.000	D - 1.300.000

		830	Kortingen bij verkoop	€ 800.000	
		800	Inkoopprijs verkopen	- 1.100.000	
		850	Brutowinst op verkopen	- 1.300.000	
	Aan	840	Opbrengst verkopen		€ 3.200.000
2		440	Huurkosten	€ 2.200	
	Aan	490	Algemene kosten		€ 2.200
3		002	Inventaris	€ 800	
	Aan	041	Privé		€ 800

4

Rekening nr.	naam	Had	−Is	=Correctie
830	Kortingen bij verkoop	D € 400		D € 400
181	Te betalen OB	D - 84		D - 84
130	Debiteuren	C - 484		C - 484
140	Crediteuren		D € 484	C - 484
700	Voorraad goederen		C - 400	D - 400
180	Te vorderen OB		C - 84	D - 84

	830	Kortingen bij verkoop	€ 400	
	181	Te betalen OB	- 84	
Aan	130	Debiteuren		€ 484
	700	Voorraad goederen	€ 400	
	180	Te vorderen OB	- 84	
Aan	140	Crediteuren		€ 484

5

Rekening nr.	naam	Had		−Is		=Correctie	
041	Privé	D €	968			D €	968
140	Crediteuren	C -	968	C €	968		
490	Algemene kosten			D -	800	C -	800
180	Te vorderen OB			D -	168	C -	168

	041	Privé	€	968		
Aan	490	Algemene kosten			€	800
Aan	180	Te vorderen OB			-	168

1005 *Kasverschil*

	480	Kasverschillen	€	40		
Aan	100	Kas			€	40

Voorraadverschil

	700	Voorraad goederen	€	700		
Aan	481	Voorraadverschillen			€	700

1006 a

1	100	Kas	€	968		
Aan	840	Opbrengst verkopen			€	800
Aan	181	Te betalen OB			-	168
	+					
	800	Inkoopprijs verkopen	€	520		
Aan	700	Voorraad goederen			€	520
2	700	Voorraad goederen	€	200		
	181	Te betalen OB	-	42		
Aan	041	Privé			€	242
3	100	Kas	€	100		
Aan	041	Privé			€	100

b 1 Kas volgens boekhouding

€ 4.850 D + € 968 D + € 100 D =	€	5.918
Werkelijk aanwezig	-	5.848
Kastekort	€	70

2 Voorraad goederen volgens boekhouding:

€ 36.750 D – € 520 C + € 200 D =	€	36.430
Werkelijk aanwezig	-	36.400
Voorraadtekort	€	30

c

	480	Kasverschillen	€	70		
Aan	100	Kas			€	70
	481	Voorraadverschillen	€	30		
Aan	700	Voorraad goederen			€	30

1007 a

	841	Opbrengst verkochte wandbedekking	€	5.000		
	800	Inkoopprijs verkochte plavuizen	-	3.000		
	701	Voorraad wandbedekking	-	3.000		
Aan	840	Opbrengst verkochte plavuizen			€	5.000
Aan	801	Inkoopprijs verkochte wandbedekking			-	3.000
Aan	700	Voorraad plavuizen			-	3.000
	076	6% Lening L. Vasalis	€	4.000		
Aan	120	ING Bank			€	4.000
	448	Onderhoudskosten loods	€	4.200		
Aan	490	Overige bedrijfskosten			€	4.200
	802	Inkoopprijs verkochte open haarden	€	2.500		
Aan	842	Opbrengst verkochte open haarden			€	2.000
Aan	702	Voorraad open haarden			-	500

b

Nr. Rekening	Oorspronkelijke saldibalans		Voorafgaande journaalposten		Gewijzigde saldibalans		Winst-en-verlies-rekening		Balans	
	Debet	Credit	Debet	Credit	Debet	Credit	Debet	Credit	Debet	Credit
001 Verkooploods	€ 450.000				€ 450.000				€ 450.000	
002 Inventaris	- 125.000				- 125.000				- 125.000	
040 Eigen vermogen		€ 425.000				€ 425.000				€ 474.500
076 6% Lening Vasalis		- 40.000	€ 4.000			- 36.000				- 36.000
077 5% Hyp. lening o/g		- 160.000				- 160.000				- 160.000
100 Kas	- 4.000				- 4.000				- 4.000	
120 ING Bank	- 38.000			€ 4.000	- 34.000				- 34.000	
130 Debiteuren	- 56.000				- 56.000				- 56.000	
140 Crediteuren		- 62.000				- 62.000				- 62.000
182 Af te dragen OB		- 40.000				- 40.000				- 40.000
410 Lonen en salarissen	- 88.000				- 88.000		€ 88.000			
448 Onderhoudskosten loods	- 14.000		- 4.200		- 18.200		- 18.200			
490 Overige bedrijfskosten	- 33.000			- 4.200	- 28.800		- 28.800			
700 Voorraad plavuizen	- 35.000			- 3.000	- 32.000				- 32.000	
701 Voorr. wandbedekking	- 47.000		- 3.000		- 50.000				- 50.000	
702 Voorraad open haarden	- 22.000			- 500	- 21.500				- 21.500	
800 Inkoopprijs verkochte										
plavuizen	- 150.000		- 3.000		- 153.000		- 153.000			
801 Inkoopprijs verkochte										
wandbedekking	- 200.000			- 3.000	- 197.000		- 197.000			
802 Inkoopprijs verkochte										
open haarden	- 84.000		- 2.500		- 86.500		- 86.500			
840 Opbrengst verkochte										
plavuizen		- 262.000		- 5.000		- 267.000		€ 267.000		
841 Opbrengst verkochte										
wandbedekking		- 277.000	- 5.000			- 272.000		- 272.000		
842 Opbrengst verkochte										
open haarden		- 80.000		- 2.000		- 82.000		- 82.000		
Nettowinst							- 49.500			
	€ 1.346.000	€ 1.346.000	€ 21.700	€ 21.700	€ 1.344.000	€ 1.344.000	€ 621.000	€ 621.000	€ 772.500	€ 772.500

1008 a

	002	Inventaris	€	2.200		
Aan	480	Algemene kosten			€	2.200
	041	Privé	€	700		
Aan	100	Kas			€	700
	076	6% Lening	€	2.000		
Aan	110	Bank			€	2.000
	181	Te betalen OB	€	12.600		
Aan	180	Te vorderen OB			€	9.300
Aan	182	Af te dragen OB			-	3.300
	850	Brutowinst op verkopen	€	400		
	800	Inkoopprijs omzet	-	2.600		
Aan	840	Omzet			€	3.000

b

Nr. Rekening	Oorspronkelijke saldibalans		Voorafgaande journaalposten		Gewijzigde saldibalans		Winst-en-verlies-rekening		Balans	
	Debet	Credit	Debet	Credit	Debet	Credit	Debet	Credit	Debet	Credit
002 Inventaris	€ 163.000		€ 2.200		€ 165.200				€ 165.200	
040 Eigen vermogen		€ 200.000				€ 200.000				€ 201.300
041 Privé	- 3.200		- 700		- 3.900					
076 6% Lening		- 31.400	- 2.000			- 29.400				- 29.400
100 Kas	- 2.700			€ 700	- 2.000				- 2.000	
110 Bank	- 18.400			- 2.000	- 16.400				- 16.400	
130 Debiteuren	- 24.500				- 24.500				- 24.500	
140 Crediteuren		- 22.300				- 22.300				- 22.300
180 Te vorderen OB	- 9.300			- 9.300						
181 Te betalen OB		- 12.600	- 12.600							
182 Af te dragen OB				- 3.300		- 3.300				- 3.300
410 Loonkosten	- 5.700				- 5.700		€ 5.700			
440 Huurkosten	- 4.400				- 4.400		- 4.400			
480 Algemene kosten	- 2.200			- 2.200						
700 Voorraad goederen	- 48.200				- 48.200				- 48.200	
800 Inkoopprijs omzet	- 53.400		- 2.600		- 56.000		- 56.000			
840 Omzet		- 68.300		- 3.000		- 71.300		€ 71.300		
850 BW op verkopen		- 400	- 400							
Nettowinst							- 5.200			
	€ 335.000	€ 335.000	€ 20.500	€ 20.500	€ 326.300	€ 326.300	€ 71.300	€ 71.300	€ 256.300	€ 256.300

1009 Het juiste antwoord is *c*.

1010

a
- Bepaalde gegevens kunnen vergeten zijn.
- Er kunnen na afloop van de periode kas- of voorraadverschillen zijn vastgesteld.

b Correcties in verband met verkeerde boekingen komen in een geautomatiseerde boekhouding minder voor, doordat de invoer met allerlei beveiligingen tegen invoerfouten is omgeven.

c
- Zolang er nog geen verwerking heeft plaatsgevonden of indien een programma ook na verwerking wijzigingen accepteert, kunnen de oorspronkelijke gegevens worden overschreven. Hierna kan verwerking plaatsvinden.
- Als de verwerking al heeft plaatsgevonden en het programma na verwerking geen wijzigingen accepteert, moet de verkeerde post worden teruggeboekt. Hierna kan invoer van de correcte post plaatsvinden.

11

Het ordenen van financiële feiten

1101 a

Kasboek

Debet Datum	Nr. kasstuk	Rekening nr.	naam	Bedrag	Credit Datum	Nr. kasstuk	Rekening nr.	naam	Bedrag
1/4			Saldo	€ 3.270	4/4	K-13018	490	Algemene kosten	€ 800
22/4	K-13020	130	Debiteuren	- 9.400			180	Te vorderen OB	- 168
					13/4	K-13019	490	Algemene kosten	- 600
							180	Te vorderen OB	- 126
					26/4	K-13021	041	Privé	- 500
					28/4	K-13022	410	Loonkosten	- 3.280
					30/4			Saldo	- 7.196
				€ 12.670					€ 12.670

Bankboek

Debet Datum	Nr. afschrift	Rekening nr.	naam	Bedrag	Credit Datum	Nr. afschrift	Rekening nr.	naam	Bedrag
5/4	B-13028	130	Debiteuren	€ 7.820	1/4			Saldo	€ 13.710
12/4	B-13029	130	Debiteuren	- 16.520	15/4	B-13030	140	Crediteuren	- 8.900
18/4	B-13031	076	Leningen o/g	- 20.000	19/4	B-13032	460	Belastingen	- 470
					25/4	B-13033	140	Crediteuren	- 10.000
					29/4	B-13034	077	Hypoth. lening	- 1.000
					30/4			Saldo	- 10.260
				€ 44.340					€ 44.340

Inkoopboek

Datum	Nr. factuur	Naam en woonplaats van de leverancier	Totaal	Goederen	OB
7/4	I-13037	Linhors BV	€ 30.250	€ 25.000	€ 5.250
21/4	I-13038	HyperCard BV	- 42.350	- 35.000	- 7.350
			€ 72.600	€ 60.000	€ 12.600

Verkoopboek

Datum	Nr. factuur	Naam en woonplaats van de afnemer	Totaal	Opbrengst verkopen	OB	Inkoopprijs verkopen
6/4	V-13089	Felix Beisiegel	€ 14.520	€ 12.000	€ 2.520	€ 9.600
14/4	V-13090	Rob van Dijk	- 9.680	- 8.000	- 1.680	- 6.400
20/4	V-13091	Arnold Coomans	- 10.890	- 9.000	- 1.890	- 7.200
27/4	V-13092	Rob van Dijk	- 5.566	- 4.600	- 966	- 3.600
29/4	VC-13017	Rob van Dijk	-/- - 484	-/- - 400	-/- - 84	-/- - 320
			€ 40.172	€ 33.200	€ 6.972	€ 26.480

Memoriaal

Datum	Nummer boekingsstuk	Omschrijving	Bedrag
17/4	M-13004	Voor privé uit de zaak genomen diverse goederen	€ 400
		Omzetbelasting	- 84
			€ 484

b

Kasboek,		100	Kas	€	9.400		
debet	Aan	130	Debiteuren			€	9.400
Kasboek,		490	Algemene kosten	€	1.400		
credit		180	Te vorderen OB	-	294		
		041	Privé	-	500		
		410	Loonkosten	-	3.280		
	Aan	100	Kas			€	5.474
Bankboek,		110	Bank	€	44.340		
debet	Aan	130	Debiteuren			€	24.340
	Aan	076	Leningen o/g			-	20.000
Bankboek,		140	Crediteuren	€	18.900		
credit		460	Belastingen	-	470		
		077	Hypothecaire lening	-	1.000		
	Aan	110	Bank			€	20.370
Inkoopboek		700	Voorraad goederen	€	60.000		
		180	Te vorderen OB	-	12.600		
	Aan	140	Crediteuren			€	72.600
Verkoopboek		130	Debiteuren	€	40.172		
	Aan	840	Opbrengst verkopen			€	33.200
	Aan	181	Te betalen OB			-	6.972
		+					
		800	Inkoopprijs verkopen	€	26.480		
	Aan	700	Voorraad goederen			€	26.480
Memoriaal		041	Privé	€	484		
	Aan	700	Voorraad goederen			€	400
	Aan	181	Te betalen OB			-	84

1102 a

Debet **Kasboek** *Credit*

Datum	Nr. kasstuk	Rekening nr.	Rekening naam		Bedrag	Datum	Nr. kasstuk	Rekening nr.	Rekening naam		Bedrag
1/7			Saldo	€	17.180	2/7	K-2013038	140	Crediteuren	€	7.100
21/7	K-2013040	130	Debiteuren	-	3.600	7/7	K-2013039	002	Inventaris	-	600
22/7	K-2013041	130	Debiteuren	-	17.200			180	Te vorderen OB	-	126
						22/7	K-2013041	140	Crediteuren	-	20.400
						26/7	K-2013042	490	Algemene kosten	-	1.400
								180	Te vorderen OB	-	294
						30/7	K-2013043	440	Huurkosten	-	1.900
							K-2013044	041	Privé	-	1.100
						31/7	K-2013045	480	Kasverschillen	-	170
									Saldo	-	4.890
				€	37.980					€	37.980

Inkoopboek

Datum	Nr. factuur	Naam en woonplaats van de leverancier		Totaal		Goederen		OB
17/7	I-2013019	Cristofori BV, Haarlem	€	21.780	€	18.000	€	3.780
27/7	I-2013020	Dexion BV, Amsterdam	-	10.890	-	9.000	-	1.890
			€	32.670	€	27.000	€	5.670

Verkoopboek

Datum	Nr. factuur	Naam en woonplaats van de afnemer		Totaal		Opbrengst verkopen		OB		Inkoopprijs verkopen
4/7	V-2013051	P. Spronk, Delft	€	10.648	€	8.800	€	1.848	€	4.400
10/7	VC-2013014	P. Spronk, Delft	−/− -	1.452	−/− -	1.200	−/− -	252	−/− -	600
24/7	V-2013052	M. Mulder, Wassenaar	-	7.744	-	6.400	-	1.344	-	3.200
28/7	VC-2013015	M. Mulder, Wassenaar	−/− -	968	−/− -	800	−/− -	168	−/− -	400
29/7	V-2013053	L. Westdorp, Bleiswijk	-	13.310	-	11.000	-	2.310	-	5.500
			€	29.282	€	24.200	€	5.082	€	12.100

b

Kasboek,		100	Kas	€	20.800		
debet	Aan	130	Debiteuren			€	20.800
Kasboek,		140	Crediteuren	€	27.500		
credit		002	Inventaris	-	600		
		180	Te vorderen OB	-	420		
		490	Algemene kosten	-	1.400		
		440	Huurkosten	-	1.900		
		041	Privé	-	1.100		
		480	Kasverschillen	-	170		
	Aan	100	Kas			€	33.090
Inkoopboek		700	Voorraad goederen	€	27.000		
		180	Te vorderen OB	-	5.670		
	Aan	140	Crediteuren			€	32.670
Verkoopboek		130	Debiteuren	€	29.282		
	Aan	840	Opbrengst verkopen			€	24.200
	Aan	181	Te betalen OB			-	5.082
		+					
		800	Inkoopprijs verkopen	€	12.100		
	Aan	700	Voorraad goederen			€	12.100

1103 a

Kasboek

Debet

Datum	Nr. kasstuk	Rekening nr.	Rekening naam		Bedrag
1/9			Saldo	€	7.500
24/9	K-13095	130	Debiteuren	-	1.750
30/9	K-13097	480	Kasverschillen	-	10
				€	9.260

Credit

Datum	Nr. kasstuk	Rekening nr.	Rekening naam		Bedrag
3/9	K-13092	140	Crediteuren	€	3.500
8/9	K-13093	490	Algemene kosten	-	400
		180	Te vorderen OB	-	84
23/9	K-13094	041	Privé	-	1.640
30/9	K-13096	041	Privé	-	500
			Saldo	-	3.136
				€	9.260

Inkoopboek

Datum	Nr. factuur	Naam en woonplaats van de leverancier		Totaal		Goederen		OB
12/9	I-13031	Kahla BV	€	4.840	€	4.000	€	840
22/9	IC-13005	Kahla BV	-/- -	726	-/- -	600	-/- -	126
			€	4.114	€	3.400	€	714

Verkoopboek

Datum	Nr. factuur	Naam en woonplaats van de afnemer		Totaal		Opbrengst verkopen		Kortingen bij verkoop		OB		Inkoopprijs verkopen
5/9	V-13074	Petra Jansen	€	6.050	€	5.000			€	1.050	€	3.000
10/9	VC-13007	Petra Jansen	-/- -	242	-/- -	200			-/- -	42	-/- -	120
27/9	V-13075	Ingrid Bertens	-	3.630	-	3.000			-	630	-	2.000
29/9	VC-13008	Ingrid Bertens	-/- -	242			-/- -	200	-/- -	42		
			€	9.196	€	7.800	-/- €	200	€	1.596	€	4.880

Memoriaal				
Datum	Nummer boekingsstuk	Omschrijving	Bedrag	
15/9	M-13018	Voor privé uit de zaak genomen		
		5 kg goed PP/2,5 à € 40 =	€	200
		Omzetbelasting	-	42
			€	242

b

Kasboek,		100	Kas	€	1.760		
debet	Aan	130	Debiteuren			€	1.750
	Aan	480	Kasverschillen			-	10
Kasboek,		140	Crediteuren	€	3.500		
credit		490	Algemene kosten	-	400		
		180	Te vorderen OB	-	84		
		041	Privé	-	2.140		
	Aan	100	Kas			€	6.124
Inkoopboek		700	Voorraad goederen	€	3.400		
		180	Te vorderen OB	-	714		
	Aan	140	Crediteuren			€	4.114
Verkoopboek		130	Debiteuren	€	9.196		
		830	Kortingen bij verkoop	-	200		
	Aan	840	Opbrengst verkopen			€	7.800
	Aan	181	Te betalen OB			-	1.596
		+					
		800	Inkoopprijs verkopen	€	4.880		
	Aan	700	Voorraad goederen			€	4.880
Memoriaal		041	Privé	€	242		
	Aan	700	Voorraad goederen			€	200
	Aan	181	Te betalen OB			-	42

1104 a 60% van (€ 18.000 + € 19.600) = € 22.560.

b

Kasboek

Datum	Nr. kasstuk	Rekening nr.	Rekening naam	Bedrag	Datum	Nr. kasstuk	Rekening nr.	Rekening naam	Bedrag
Debet									*Credit*
1/4			Saldo	€ 6.500	17/4	K-33	129	Kruisposten	€ 20.000
15/4	K-32	840	Opbrengst		20/4	K-35	490	Diverse kosten	- 3.400
			verkopen	- 18.000			180	Te vorderen OB	- 714
		181	Te betalen OB	- 3.780	28/4	K-37	129	Kruisposten	- 25.000
20/4	K-34	130	Debiteuren	- 2.400	30/4	K-38	480	Kasverschillen	- 50
27/4	K-36	840	Opbrengst					Saldo	- 5.232
			verkopen	- 19.600					
		181	Te betalen OB	- 4.116					
				€ 54.396					€ 54.396

Rabobankboek

Datum	Nr. afschrift	Rekening nr.	Rekening naam	Bedrag	Datum	Nr. afschrift	Rekening nr.	Rekening naam	Bedrag
Debet									*Credit*
5/4	B-17	130	Debiteuren	€ 8.400	1/4			Saldo	€ 12.700
14/4	B-19	041	Privé	- 15.000	12/4	B-18	182	Af te dragen OB	- 18.700
19/4	B-20	130	Debiteuren	- 12.000	24/4	B-21	410	Loonkosten	- 3.170
					30/4			Saldo	- 830
				€ 35.400					€ 35.400

Debet				ING Bankboek					Credit
Datum	Nr. afrekening	Rekening nr.	naam	Bedrag	Datum	Nr. afrekening	Rekening nr.	naam	Bedrag
1/4			Saldo	€ 14.200	4/4	B-22	440	Huurkosten	€ 2.100
7/4	B-24	900	Ontvangen contantkortingen	- 50	5/4	B-23	490	Diverse kosten	- 400
							180	Te vorderen OB	- 84
							041	Privé	- 242
		130	Debiteuren	- 7.800	7/4	B-24	140	Crediteuren	- 3.600
21/4	B-25	129	Kruisposten	- 20.000	21/4	B-25	140	Crediteuren	- 11.760
							041	Privé	- 860
					26/4	B-26	041	Privé	- 500
					30/4			Saldo	- 22.504
				€ 42.050					€ 42.050

Memoriaal

Datum	Nummer boekingsstuk	Omschrijving	Bedrag
28/4	M-6	Privéverbruik goederen	€ 400
		Omzetbelasting	- 84
		Totaal	€ 484
29/4	M-7	Inkoopprijs verkopen april (zie antwoord vraag **a**)	€ 22.560

c

Kasboek,		100	Kas	€ 47.896	
debet	Aan	840	Opbrengst verkopen		€ 37.600
	Aan	181	Te betalen OB		- 7.896
	Aan	130	Debiteuren		- 2.400
Kasboek,		129	Kruisposten	€ 45.000	
credit		490	Diverse kosten	- 3.400	
		180	Te vorderen OB	- 714	
		480	Kasverschillen	- 50	
	Aan	100	Kas		€ 49.164

Rabobankboek,		110	Rabobank	€	35.400		
debet	Aan	130	Debiteuren			€	20.400
	Aan	041	Privé			-	15.000

Rabobankboek,		182	Af te dragen OB	€	18.700		
credit		410	Loonkosten	-	3.170		
	Aan	110	Rabobank			€	21.870

ING Bankboek,		120	ING Bank	€	27.850		
debet	Aan	900	Ontvangen contantkortingen			€	50
	Aan	130	Debiteuren			-	7.800
	Aan	129	Kruisposten			-	20.000

ING Bankboek,		440	Huurkosten	€	2.100		
credit		490	Diverse kosten	-	400		
		180	Te vorderen OB	-	84		
		041	Privé	-	1.602		
		140	Crediteuren	-	15.360		
	Aan	120	ING Bank			€	19.546

Memoriaal		041	Privé	€	484		
	Aan	700	Voorraad goederen			€	400
	Aan	181	Te betalen OB			-	84
		800	Inkoopprijs verkopen	€	22.560		
	Aan	700	Voorraad goederen			€	22.560

1105 a

Debet **Kasboek** *Credit*

Datum	Nr. kasstuk	Rekening nr.	naam		Bedrag	Datum	Nr. kasstuk	Rekening nr.	naam		Bedrag
1/6			Saldo	€	13.200	3/6	K-13025	129	Kruisposten	€	10.000
15/6	K-13028	840	Opbrengst			4/6	K-13026	490	Algemene kosten	-	400
			verkopen	-	21.000			180	Te vorderen OB	-	84
		181	Te betalen OB	-	4.410	12/6	K-13027	041	Privé	-	600
25/6	K-13029	130	Debiteuren	-	2.350	15/6	K-13028	129	Kruisposten	-	21.500
29/6	K-13030	129	Kruisposten	-	5.000	25/6	K-13029	835	Verstrekte		
30/6	K-13031	840	Opbrengst						contantkortingen	-	40
			verkopen	-	24.000	30/6	K-13031	129	Kruisposten	-	24.875
		181	Te betalen OB	-	5.040				Saldo	-	17.501
				€	75.000					€	75.000

Debet			**Bankboek**						*Credit*
Datum	Nr. afschrift	Rekening nr.	naam	Bedrag	Datum	Nr. afschrift	Rekening nr.	naam	Bedrag
5/6	B-13014	130	Debiteuren	€ 2.178	1/6			Saldo	€ 24.100
		129	Kruisposten	- 10.000	8/6	B-13015	460	Belastingen	- 430
19/6	B-13016	129	Kruisposten	- 20.400			440	Huurkosten	- 350
22/6	B-13017	129	Kruisposten	- 1.100	22/6	B-13017	003	Auto's	- 14.000
28/6	B-13018	900	Ontvangen				180	Te vorderen OB	- 2.940
			contantkortingen	- 60			490	Algemene kosten	- 55
30/6			Saldo	- 12.837	28/6	B-13018	140	Crediteuren	- 4.700
				€ 46.575					€ 46.575

b

Kasboek,		100	Kas	€ 61.800	
debet	Aan	840	Opbrengst verkopen		€ 45.000
	Aan	181	Te betalen OB		- 9.450
	Aan	130	Debiteuren		- 2.350
	Aan	129	Kruisposten		- 5.000
Kasboek,		129	Kruisposten	€ 56.375	
credit		490	Algemene kosten	- 400	
		180	Te vorderen OB	- 84	
		041	Privé	- 600	
		835	Verstrekte contantkortingen	- 40	
	Aan	100	Kas		€ 57.499
Bankboek,		110	Bank	€ 33.738	
debet	Aan	130	Debiteuren		€ 2.178
	Aan	129	Kruisposten		- 31.500
	Aan	900	Ontvangen contantkortingen		- 60
Bankboek,		460	Belastingen	€ 430	
credit		440	Huurkosten	- 350	
		003	Auto's	- 14.000	
		180	Te vorderen OB	- 2.940	
		490	Algemene kosten	- 55	
		140	Crediteuren	- 4.700	
	Aan	110	Bank		€ 22.475

c Munten en bankbiljetten

€ 13.200 – € 10.000 – € 484 – € 600
+ € 3.910 + € 2.310 + € 5.000 + € 4.165 = € 17.501

1106 a *Invoeren verkoopboekingen*

Datum	Boekingsstuk	Rekeningnr.	BTW-code		Bedrag		BTW-bedrag
5/10	V-13074	840	1		€ 4.400		€ 924 *
5/10	V-13074	830	1	−/−	€ 500	−/−	€ 105 *
5/10	V-13074	139	1		€ 100		€ 21 *
10/10	VC-13007	830	1	−/−	€ 400	−/−	€ 84 *
12/10	VC-13008	840	1	−/−	€ 440	−/−	€ 92,40*
12/10	VC-13008	830	1		€ 50		€ 10,50*
12/10	VC-13008	139	1	−/−	€ 10	−/−	€ 2,10*
14/10	V-13075	840	1		€ 3.800		€ 798 *
14/10	V-13075	841	3		€ 2.200		€ 132 *
19/10	V-13076	841	3		€ 4.700		€ 282 *
19/10	V-13076	139	3		€ 300		€ 18 *
23/10	V-13077	840	1		€ 6.000		€ 1.260 *
23/10	V-13077	841	3		€ 4.000		€ 240 *
23/10	V-13077	830	1	−/−	€ 600	−/−	€ 126 *
23/10	V-13077	830	3	−/−	€ 400	−/−	€ 24 *
28/10	VC-13009	840	1	−/−	€ 1.000	−/−	€ 210 *
28/10	VC-13009	830	1		€ 100		€ 21 *

b *Invoeren bankboekingen*

Begin	Eind
€ 18.100	€ 15.339,23

Datum	Boekings-stuk	Rekening-nummer	Factuur	BTW-code	Bij	Af	BTW-bedrag
15/10	B-59	140	I-13038			€ 4.114 *	
15/10	B-59	900		2	€ 82,28		€ 14,28*
15/10	B-59	490		1		€ 400	€ 84 *
15/10	B-59	130	V-13070		€ 5.082 *		
15/10	B-59	835		2		€ 127,05	€ 22,05*
15/10	B-59	184				€ 3.200	

c *Invoeren bankboekingen*

Begin	Eind
€ 15.339 ,23	€ 17.722,23

Datum	Boekings-stuk	Rekening-nummer	Factuur	BTW-code	Bij	Af	BTW-bedrag
31/10	B-60	460				€ 1.400	
31/10	B-60	490		2		€ 2.178	€ 378*
31/10	B-60	410				€ 3.300	
31/10	B-60	130	V-13077		€ 10.350*		
31/10	B-60	130	VC-13009			€ 1.089*	

1107 a 1 *Memoriaalstuk M-13015*

Verkocht zijn van:

• staande lamp Cassandra		
10 + 14 + 15 + 18 = 57 stuks;		
totale inkoopprijs 57 x € 270 =	€	15.390
• hanglamp Bellista		
15 + 27 + 5 + 30 = 77 stuks;		
totale inkoopprijs 77 x € 210 =	-	16.170
• bureaulamp Sandrina		
10 − 4 + 42 + 10 + 50 = 108 stuks;		
totale inkoopprijs 108 x € 175 =	-	18.900
Inkoopprijs omzet december 2013	€	50.460

2 *Kasstuk K-13063*

Bankbiljetten en munten:

per 31 december 2013			€	9.200
2/12	kasstuk K-13058		-	6.000
		–		
			€	3.200
8/12	kasstuk K-13059		-	968
		–		
			€	2.232
15/12	kasstuk K-13060: € 26.015 – € 14.132,80 =		-	11.882,20
		+		
			€	14.114,20
18/12	kasstuk K-13061		-	10.000
		–		
			€	4.114,20
30/12	kasstuk K-13062: € 30.818,70 – € 17.326,10 =		-	13.492,60
		+		
per 31 december 2013 zou aanwezig moeten zijn			€	17.606,80
per 31 december 2013 is aanwezig			-	17.506,80
		–		
Kasverschil per 31 december 2013		Nadelig	€	100

3 *Memoriaalstuk M-13016*

		Staande lamp Cassandra	Hanglamp Bellista	Bureaulamp Sandrina
Voorraad per 1 december 2013		80 stuks	120 stuks	140 stuks
4/12	Kopieverkoopfactuur V-13145	10 stuks	15 stuks	10 stuks
		–	–	–
		70 stuks	105 stuks	130 stuks
11/12	Kopieverkoopcreditnota VC-13009			4 stuks
				+
				134 stuks
13/12	Inkoopfactuur I-13047			60 stuks
				+
				194 stuks
15/12	Kasstuk K-13060	14 stuks	27 stuks	42 stuks
		–	–	–
		56 stuks	78 stuks	152 stuks
20/12	Inkoopcreditnota IC-13006			6 stuks
				–
				146 stuks
21/12	Memoriaalstuk M-13014			4 stuks
				–
				142 stuks
23/12	Kopieverkoopfactuur V-13146	15 stuks	5 stuks	10 stuks
		–	–	–
		41 stuks	73 stuks	132 stuks
24/12	Inkoopfactuur I-13048	40 stuks	40 stuks	
		+	+	
		81 stuks	113 stuks	
30/12	Kasstuk K-13062	18 stuks	30 stuks	50 stuks
		–	–	–
Voorraad die per 31 december 2013 aanwezig zou moeten zijn		63 stuks	83 stuks	82 stuks
Per 31 december 2013 werkelijk aanwezig		63 stuks	84 stuks	78 stuks
		–	+ 1 stuk	–/– 4 stuks
Voorraadverschil per 31 december 2013				
4 x € 175 – 1 x € 210 =			Nadelig	€ 490

b *Invoeren inkoopboekingen*

Datum	Boekingsstuk	Rekeningnummer	BTW-code	Bedrag	BTW-bedrag
13/12	I-13047	702	2	€ 12.705	€ 2.205 *
20/12	IC-13006	702	2	−/− € 1.270,50	−/− € 220,50*
24/12	I-13048	700	1	€ 10.800	€ 2.268 *
24/12	I-13048	701	1	€ 8.400	€ 1.764 *

Invoeren verkoopboekingen

Datum	Boekingsstuk	Rekeningnummer	BTW-code	Bedrag	BTW-bedrag
4/12	V-13145	840	1	€ 3.400	€ 714 *
4/12	V-13145	841	1	€ 4.050	€ 850,50*
4/12	V-13145	842	1	€ 2.250	€ 472,50*
11/12	VC-13009	842	2	−/− € 1.089	−/− € 189 *
23/12	V-13146	840	1	€ 5.100	€ 1.071 *
23/12	V-13146	841	1	€ 1.350	€ 283,50*
23/12	V-13146	842	1	€ 2.250	€ 472,50*
23/12	V-13146	830	1	−/− € 700	−/− € 147 *

Invoeren kasboekingen

Begin	Eind
€ 9.200	€ 17.506,80

Datum	Boekings-stuk	Rekening-nummer	Factuur	BTW-code	Bij	Af	BTW-bedrag
2/12	K-13058	129				€ 6.000	
8/12	K-13059	470		2		€ 968	€ 168 *
15/12	K-13060	840		2	€ 5.759,60		€ 999,60*
15/12	K-13060	841		2	€ 8.820,90		€ 1.530,90*
15/12	K-13060	842		2	€ 11.434,50		€ 1.984,50*
15/12	K-13060	129				€ 14.132,80	
18/12	K-13061	129				€ 10.000	
30/12	K-13062	840		2	€ 7.405,20		€ 1.285,20*
30/12	K-13062	841		2	€ 9.801		€ 1.701 *
30/12	K-13062	842		2	€ 13.612,50		€ 2.362,50*
30/12	K-13062	129				€ 17.326,10	
31/12	K-13063	480				€ 100	

Invoeren bankboekingen

Begin	Eind
⁻/– € 15.340	€ 910,80

Datum	Boekings-stuk	Rekening-nummer	Factuur	BTW-code	Bij	Af	BTW-bedrag
7/12	B-13081	140	I-13045			€ 7.744*	
7/12	B-13081	900			€ 84		
7/12	B-13081	440				€ 3.400	
7/12	B-13081	129			€ 6.000		
17/12	B-13082	182				€ 5.700	
17/12	B-13082	129			€ 14.132,80		
22/12	B-13083	140	I-13035			~~€ 6.534*~~	
						€ 6.500	
22/12	B-13083	130	V-13130		€ 2.178 *		
22/12	B-13083	130	V-13141		€ 8.470 *		
22/12	B-13083	129			€ 10.000		
27/12	B-13084	410				€ 5.500	
27/12	B-13084	041				€ 1.820	
27/12	B-13084	130	V-13126		€ 6.050 *		

Invoeren memoriaalboekingen

Datum	Boekingsstuk	Rekeningnummer	Debet	Credit
21/12	M-13014	041	€ 847	
21/12	M-13014	702		€ 700
21/12	M-13014	181		€ 147
31/12	M-13015	800	€ 50.460	
31/12	M-13015	700		€ 15.390
31/12	M-13015	701		€ 16.170
31/12	M-13015	702		€ 18.900
31/12	M-13016	701	€ 210	
31/12	M-13016	481	€ 490	
31/12	M-13016	702		€ 700

c De rekening *129 Kruisposten* ziet er op 31 december 2013 als volgt uit:

129 Kruisposten

2/12	K-13058	€	6.000	7/12	B-13081	€	6.000
15/12	K-13060	-	14.132,80	17/12	B-13082	-	14.132,80
18/12	K-13061	-	10.000	22/12	B-13083	-	10.000
30/12	K-13062	-	17.326,10				

Het saldo is dus: debet € 17.326,10.

12

Subadministraties

1201 a

John Backbier, Ulvenhout

Datum	Omschrijving	Debet		Credit		Saldo	
1/2	Saldo					€	2.178
3/2	B-8			€	2.178	-	–
21/2	V-13027	€	1.210			-	1.210

Karin Markgraaf, Tilburg

Datum	Omschrijving	Debet		Credit		Saldo	
1/2	Saldo					€	968
4/2	V-13023	€	484			-	1.452
11/2	K-13034			€	968	-	484
15/2	V-13025	-	242			-	726
23/2	K-13040			-	484	-	242
28/2	K-13047			-	242	-	–

Rutger Masselink, Zundert

Datum	Omschrijving	Debet		Credit		Saldo	
1/2	Saldo					€	4.114
8/2	V-13024	€	4.840			-	8.954
17/2	B-997			€	4.114	-	4.840
25/2	B-10			-	4.840	-	–

Nico Tillemans, Roosendaal

Datum	Omschrijving	Debet		Credit	Saldo	
16/2	V-13026	€	2.662		€	2.662
24/2	V-13028	-	1.936		-	4.598

b

Saldilijst debiteuren per 28 februari 2013

Naam en woonplaats van de afnemer	Saldi	
John Backbier, Ulvenhout	€	1.210
Karin Markgraaf, Tilburg	-	–
Rutger Masselink, Zundert	-	–
Nico Tillemans, Roosendaal	-	4.598
	€	5.808

1202 a

3/1	V-13001		130	Debiteuren	€	13.794		
			810	Verleende kortingen				
				in verband met verkopen	-	600		
		Aan	850	Opbrengst verkopen			€	12.000
		Aan	181	Te betalen OB			-	2.394
			+					
			800	Inkoopprijs verkopen	€	6.600		
		Aan	700	Voorraad goederen			€	6.600
5/1	VC-1301		810	Verleende kortingen				
				in verband met verkopen	€	600		
			181	Te betalen OB	-	126		
		Aan	130	Debiteuren			€	726
7/1	B-13001		110	Bank	€	13.310		
		Aan	130	Debiteuren			€	13.310
10/1	B-13002		110	Bank	€	8.874		
			820	Verleende				
				betalingskortingen	-	80		
		Aan	130	Debiteuren			€	8.954

13/1	V-13002		130	Debiteuren	€	9.196		
			810	Verleende kortingen				
				in verband met verkopen	-	400		
		Aan	850	Opbrengst verkopen			€	8.000
		Aan	181	Te betalen OB			-	1.596
			+					
			800	Inkoopprijs verkopen	€	4.400		
		Aan	700	Voorraad goederen			€	4.400
18/1	VC-1302		850	Opbrengst verkopen	€	4.000		
			181	Te betalen OB	-	798		
		Aan	130	Debiteuren			€	4.598
		Aan	810	Verleende kortingen				
				in verband met verkopen			-	200
			+					
			700	Voorraad goederen	€	2.200		
		Aan	800	Inkoopprijs verkopen			€	2.200
23/1	B-13003		110	Bank	€	4.840		
		Aan	130	Debiteuren			€	4.840
26/1	V-13003		130	Debiteuren	€	19.602		
			810	Verleende kortingen				
				in verband met verkopen	-	1.800		
		Aan	850	Opbrengst verkopen			€	18.000
		Aan	181	Te betalen OB			-	3.402
			+					
			800	Inkoopprijs verkopen	€	9.900		
		Aan	700	Voorraad goederen			€	9.900
30/1	B-13004		110	Bank	€	9.106		
			820	Verleende				
				betalingskortingen	-	90		
		Aan	130	Debiteuren			€	9.196

b 1

130 Debiteuren

1/1	Balans	€	38.720	5/1	VC-1301	€	726
3/1	V-13001	-	13.794	7/1	B-13001	-	13.310
13/1	V-13002	-	9.196	10/1	B-13002	-	8.954
26/1	V-13003	-	19.602	18/1	VC-1302	-	4.598
				23/1	B-13003	-	4.840
				30/1	B-13004	-	9.196

2

Nr.	Rekening	Proefbalans Debet	Proefbalans Credit	Saldibalans Debet	Saldibalans Credit
130	Debiteuren	€ 81.312	€ 41.624	€ 39.688	

c 1

Flos van Drunen, Heemstede

Datum	Omschrijving	Debet	Credit	Saldo
1/1	Saldo			€ 16.940
5/1	VC-1301		€ 726	- 16.214
10/1	B-13002		- 8.954	- 7.260
26/1	V-13003	€ 19.602		- 26.862

Karelse BV, Bloemendaal

Datum	Omschrijving	Debet	Credit	Saldo
1/1	Saldo			€ 13.310
3/1	V-13001	€ 13.794		- 27.104
7/1	B-13001		€ 13.310	- 13.794
18/1	VC-1302		- 4.598	- 9.196
30/1	B-13004		- 9.196	- –

Firma Groot Licht, Haarlem

Datum	Omschrijving	Debet	Credit	Saldo
1/1	Saldo			€ 8.470
13/1	V-13002	€ 9.196		- 17.666
23/1	B-13003		€ 4.840	- 12.826

2

Saldilijst debiteuren per 31 januari 2013

Naam en woonplaats van de afnemer		Saldi
Flos van Drunen, Heemstede	€	26.862
Karelse BV, Bloemendaal	-	–
Firma Groot Licht, Haarlem	-	12.826
	€	39.688

1203 a *Debiteurenadministratie*

1301 G. de Jong, Fijnaart

Datum	Omschrijving		Debet		Credit		Saldo
1/3	Saldo					€	968
17/3	B-15			€	968	-	–

1302 U. Maris, Willemstad

Datum	Omschrijving		Debet		Credit		Saldo
1/3	Saldo					€	1.694
7/3	B-13			€	800	-	894
27/3	B-16			-	894	-	–
29/3	V-13015	€	242			-	242

1303 J. Mus, Fijnaart

Datum	Omschrijving		Debet		Credit		Saldo
9/3	V-13013	€	1.210			€	1.210
21/3	V-13014	-	726			-	1.936
24/3	VC-13004			€	94	-	1.842

b *Crediteurenadministratie*

1401 Groothandel Goossens, Breda

Datum	Omschrijving	Debet		Credit		Saldo	
1/3	Saldo					€	5.566
3/3	B-12	€	1.694			-	3.872
13/3	B-14	-	3.872			-	–
15/3	I-13008			€	1.936	-	1.936
20/3	IC-13002	-	242			-	1.694

1402 Schaaf BV, Amsterdam

Datum	Omschrijving	Debet		Credit		Saldo	
1/3	Saldo					€	2.420
5/3	I-13007			€	3.630	-	6.050
7/3	B-13	€	2.420			-	3.630
17/3	B-15	-	2.500			-	1.130

c

Saldilijst debiteuren per 31 maart 2013

Nr.	Naam en woonplaats van de afnemer	Saldi	
1301	G. de Jong, Fijnaart	€	–
1302	U. Maris, Willemstad	-	242
1303	J. Mus, Fijnaart	-	1.842
		€	2.084

Saldilijst crediteuren per 31 maart 2013

Nr.	Naam en woonplaats van de leverancier	Saldi	
1401	Groothandel Goossens, Breda	€	1.694
1402	Schaaf BV, Amsterdam	-	1.130
		€	2.824

1204 a *Debiteurenadministratie*

Garage Stroom BV, Gouda

Datum	Omschrijving	Debet	Credit	Saldo
1/3	Saldo			€ 1.936
28/3	V-13008	€ 2.964,50		- 4.900,50

Quickservice Flits, Woerden

Datum	Omschrijving	Debet	Credit	Saldo
1/3	Saldo			€ 968
2/3	B-13005		€ 484	- 484

Garage Snel, Utrecht

Datum	Omschrijving	Debet	Credit	Saldo
5/3	V-13007	€ 2.178		€ 2.178
15/3	VC-13002		€ 290,40	- 1.887,60

Crediteurenadministratie

Accu-import Pool BV, Rotterdam

Datum	Omschrijving	Debet	Credit	Saldo
1/3	Saldo			€ 4.114
8/3	I-13004		€ 1.089	- 5.203
19/3	IC-13004	€ 54,45		- 5.148,55

B. Zuurmond en Zn., Den Haag

Datum	Omschrijving	Debet	Credit	Saldo
1/3	Saldo			€ 5.808
22/3	B-13006	€ 3.630		- 2.178
26/3	I-13005		€ 2.904	- 5.082
31/3	IC-13005	- 290,40		- 4.791,60

Voorraadadministratie

Accu Start R 10					**Inkoopprijs per stuk € 30**
Datum	Nr. boek.stuk	Ontvangen van Afgegeven aan	Ontvangen	Afgegeven	Voorraad
1/3		Voorraad			60
5/3	V-13007	Garage Snel		30	30
8/3	I-13004	Accu-import Pool BV	30		60
28/3	V-13008	Garage Stroom		20	40

Accu Start T15					**Inkoopprijs per stuk € 35**
Datum	Nr. boek.stuk	Ontvangen van Afgegeven aan	Ontvangen	Afgegeven	Voorraad
1/3		Voorraad			40
12/3	K-13010	Contant verkocht		4	36
28/3	V-13008	Garage Stroom		20	16

Accu Start P 30					**Inkoopprijs per stuk € 50**
Datum	Nr. boek.stuk	Ontvangen van Afgegeven aan	Ontvangen	Afgegeven	Voorraad
1/3		Voorraad			50
5/3	V-13007	Garage Snel		10	40
15/3	VC-13002	Garage Snel	4		44

Accu Start U 45					**Inkoopprijs per stuk € 60**
Datum	Nr. boek.stuk	Ontvangen van Afgegeven aan	Ontvangen	Afgegeven	Voorraad
26/3	I-13005	B. Zuurmond en Zn.	40		40
28/3	V-13008	Garage Stroom		10	30
31/3	IC-13005	B. Zuurmond en Zn.		4	26

b 1

Saldilijst debiteuren per 31 maart 2013

Naam en woonplaats van de afnemer		Saldi
Garage Stroom BV, Gouda	€	4.900,50
Quickservice Flits, Woerden	-	484
Garage Snel, Utrecht	-	1.887,60
	€	7.272,10

2

Saldilijst crediteuren per 31 maart 2013

Naam en woonplaats van de leverancier		Saldi
Accu-import Pool BV, Rotterdam	€	5.148,55
B. Zuurmond en Zn., Den Haag	-	4.791,60
	€	9.940,15

c

Voorraadlijst accu's per 31 maart 2013

Artikel	Aantal		Prijs		Bedrag
Start R 10	40	€	30	€	1.200
Start T 15	16	-	35	-	560
Start P 30	44	-	50	-	2.200
Start U 45	26	-	60	-	1.560
				€	5.520

1205 Het juiste antwoord is *c*.

1206 a *Invoeren inkoopboekingen*

Datum	Boekingsstuk	Crediteur	Rekeningnr.	BTW-code	Bedrag	BTW-bedrag
11/9	I-130109	1400	700	2	€ 3.872	€ 672*
25/9	I-130110	1440	700	2	€ 3.146	€ 546*
25/9	I-130111	1400	701	2	€ 7.260	€ 1.260*
30/9	IC-130026	1440	700	2	-/- € 968	-/- € 168*

Invoeren verkoopboekingen

Datum	Boekingsstuk	Debiteur	Rekeningr.	BTW-code	Bedrag	BTW-bedrag
2/9	V-130304	1380	840	1	€ 1.400	€ 294 *
2/9	V-130304	1380	841	1	€ 1.400	€ 294 *
21/9	V-130305	1310	840	1	€ 2.080	€ 436,80*
21/9	V-130305	1310	841	1	€ 2.800	€ 588 *
21/9	V-130305	1310	810	1	-/- € 80	-/- € 16,80*

Invoeren kasboekingen

Begin	Eind
€ 9.850	€ 2.408

Datum	Boekingsstuk	Rekeningnummer	Debiteur/ Crediteur	Factuur	BTW-code	Bij	Af	BTW-bedrag
11/9	K-130080	140	1400	I-130096			€ 726*	
11/9	K-130080	140	1400	I-130098			€ 1.936*	
11/9	K-130080	140	1400	I-130109			€ 3.872*	
11/9	K-130080	900				€ 60		
23/9	K-130081	700			2		€ 968	€ 168*

Invoeren bankboekingen

Begin	Eind
€ 4.700	€ 2.038

Datum	Boekingsstuk	Rekeningnummer	Debiteur/ Crediteur	Factuur	BTW-code	Bij	Af	BTW-bedrag
5/9	B-98	130	1300	V-130280		€ 484*		
5/9	B-98	130	1300	V-130288		€ 968*		
17/9	B-99	140	1440	I-130106			€ 5.808*	
29/9	B-100	130	1310	V-130285		€ 1.694*		

Invoeren overige boekingen

Datum	Boekingsstuk	Debiteur/ Crediteur	Rekeningnummer	Debet	Credit
27/9	M-130018		041	€ 242	
27/9	M-130018		701		€ 200
27/9	M-130018		181		€ 42
30/9	M-130019		800	€ 3.110[1]	
30/9	M-130019		801	€ 3.000[2]	
30/9	M-130019		700		€ 3.110
30/9	M-130019		701		€ 3.000

1 (40 + 60) x € 8 + (60 + 60) x € 8 + (50 + 100) x € 9
2 (100 + 200) x € 10

b Automatische reconciliatie is mogelijk bij de bankmutaties van 5/9, 17/9 en 29/9.

c Deze controle is niet zinvol wanneer de software adequaat functioneert. In de software moet een controlemechanisme zijn opgenomen die dergelijke fouten voorkomt en die bewaakt in hoeverre er onregelmatigheden hebben plaatsgehad. Deze onregelmatigheden worden door de software gemeld in de vorm van een foutboodschap op het scherm en een vermelding in het logboekbestand.

13

De boekhouding van de handelsonderneming met behulp van de computer

1301

a Inschakeling van de computer betekent werkbesparing (gegevens hoeven maar éénmaal te worden ingetoetst), waarna allerlei routinematige zaken door de computer worden overgenomen. In het computerprogramma kunnen allerlei controles worden opgenomen, zodat het eindresultaat betrouwbaarder kan zijn dan bij de handboekhouding.

b Het gebruik van de computer is vooral interessant voor die financiële feiten die zowel in een dagboek als in één of meer subadministraties moeten worden verwerkt.

c Van een inkoop op rekening moeten gegevens worden opgenomen in:
- het dagboek inkoopboek;
- de subadministraties: crediteurenadministratie en voorraadadministratie.

Van een verkoop op rekening moeten gegevens worden opgenomen in:
- het dagboek verkoopboek;
- de subadministraties: debiteurenadministratie en voorraadadministratie.

d Hardware betekent computerapparatuur (computer, beeldscherm, printer, modem, enz.); software betekent programmatuur (zoals bijvoorbeeld Exact, AccountView, Word, Excel en besturingsprogramma's).

e Een standaard boekhoudpakket is boekhoudsoftware die geheel volgens de ideeën van de fabrikant is samengesteld. Er wordt geen rekening gehouden met specifieke eisen van de klant.

1302

a Stamgegevens zijn min of meer vaste gegevens als naam- en adresgegevens van klanten en leveranciers, tarieven van de omzetbelasting, enz.. Deze gegevens moeten wel regelmatig worden bijgewerkt en gecontroleerd; we spreken dan van 'onderhoud stamgegevens'.

b Voordat alle grootboekrekeningen kunnen worden aangelegd, moeten hoofdverdichtingen en verdichtingen (categorieën), BTW-grootboekrekeningen en BTW-codes worden aangelegd.

c Onderhoud van stamgegevens is het aanpassen van de min of meer vaste gegevens in verband met wijzigingen. Door dit onderhoud blijven de stamgegevens 'up to date'.

d Een backup is een 'kopie'. Het belang van een kopie van bijvoorbeeld de ingevoerde en gecontroleerde gegevens is dat de invoer van de gegevens niet opnieuw hoeft plaats te vinden als bijvoorbeeld de verwerking is mislukt.

e Kort weergegeven bestaat de boekingsgang bij gebruik van een boekhoudpakket uit:
- Invoeren
- Controle
- Verwerken
- Controle of alles is verwerkt.

f Een vaste grootboekrekening is een grootboekrekening die kenmerkend is voor een bepaald invoerscherm. Bij invoer van de gegevens van elk financieel feit in het betrokken scherm wordt de vaste grootboekrekening automatisch bijgewerkt.

g

Invoerscherm	**Vaste grootboekrekening**
Invoeren inkoopboekingen (op rekening)	Crediteuren
Invoeren verkoopboekingen (op rekening)	Debiteuren
Invoeren kasboekingen	Kas
Invoeren bankboekingen	Bank

h De betekenis van een controleverslag verschilt naar gelang het boekhoudprogramma de ingevoerde gegevens al of niet automatisch direct verwerkt.
Bij directe verwerking is het controleverslag een verslag van de ingevoerde en verwerkte gegevens. Het verslag wordt gemaakt om te controleren of zowel de invoer als de verwerking juist is verlopen.
Bij programma's die niet direct verwerken, komen twee controleverslagen voor. Het eerste controleverslag is een verslag van de ingevoerde gegevens van financiële feiten. Het verslag wordt gemaakt om de invoer te controleren voordat tot verwerking van de gegevens wordt overgegaan.
Het tweede controleverslag is een verslag van de verwerking van de ingevoerde gegevens van financiële feiten. Het verslag wordt gemaakt om te controleren of de verwerking van de ingevoerde gegevens correct heeft plaatsgevonden.

i Reconciliatie is afstemming van bij elkaar horende boekingsfeiten, zoals de afstemming van een ontvangst per bank van een debiteur met de eerdere facturering aan die debiteur.

j Het interactieve karakter is aanwezig omdat de gebruiker van deze (digitale) informatie kan bepalen welke detailinformatie hij wel of niet wil zien, door het aanklikken van bepaalde selectiemogelijkheden. De gebruiker kan vanuit de balans doorklikken naar de onderliggende transacties. Dit doorklikken noemen we ook wel 'drilling down'.

k Onder ERP verstaan we Enterprise Resource Planning. Het is een computerprogramma waarmee een onderneming (enterprise) de diverse productiemiddelen (resources) optimaal kan beheersen (planning).

1303 1 *Invoeren inkoopboekingen*

Datum	Boekingsstuk	Crediteur	Rekening-nummer	BTW-code		Bedrag		BTW-bedrag
3/4	821	1420	705	1		€ 9.700		€ 2.037 *
3/4	821	1420	700	1		€ 3.000		€ 630 *
3/4	821	1420	900	1	−/−	€ 110		€ 23,10*
6/4	822	1410	700	1	−/−	€ 600	−/−	€ 126 *
of	*822*	*1410*	*700*	*2*	−/−	*€ 726*	−/−	*€ 126* *

* In de uitwerking van deze opgave verschijnen alle bedragen waar een * bij staat, automatisch op het scherm.

2 *Invoeren verkoopboekingen*

Datum	Boekingsstuk	Debiteur	Rekening-nummer	BTW-code		Bedrag		BTW-bedrag
5/4	50125	1319	845	1		€ 5.850		€ 1.228,50*
5/4	50125	1319	840	1		€ 1.650		€ 346,50*
5/4	50125	1319	830	1	−/−	€ 300	−/−	€ 63 *
7/4	215	1314	845	2	−/−	€ 1.331	−/−	€ 231 *
of	*215*	*1314*	*845*	*1*	−/−	*€ 1.100*	−/−	*€ 231* *

3 *Invoeren kasboekingen*

Begin	Eind
€ 2.618	€ 5.019,37

Datum	Boekings-stuk	Rekening-nummer	Debiteur/ Crediteur	Factuur	BTW-code	Bij	Af	BTW-bedrag
5/4	64	450			2		€ 60,50	€ 10,50*
5/4	64	450			2		€ 4,84	€ 0,84*
5/4	64	450			0		€ 2,54	
7/4	65	845			2	€ 8.651,86		€ 1.501,56*
7/4	65	840			2	€ 514,25		€ 89,25*
7/4	65	129			0		€ 6.696,86	

4 *Invoeren bankboekingen*

Begin	Eind
€ 2.187	⁻/₋ € 6.112

Datum	Boekings-stuk	Rekening-nummer	Debiteur/ Crediteur	Factuur	BTW-code	Bij	Af	BTW-bedrag
2/4	127	130	1314	50116		€ 6.292*		
2/4	127	130	1314	210			€ 363*	
2/4	127	130	1327	50113		€ 470*		
2/4	127	076					€ 5.000	
2/4	127	471					€ 1.080	
2/4	127	041					€ 850	
4/4	128	130	1337	50120		€ 968*		
4/4	128	410					€ 6.800	
4/4	128	140	1414	318			€ 1.936*	

5 *Invoeren overige boekingen*

Datum	Boekingsstuk	Rekening-nummer	Debiteur/ Crediteur	Factuur	Debet	Credit
5/4	181	805			€ 4.450	
5/4	181	800			€ 1.200	
5/4	181	705				€ 4.450
5/4	181	700				€ 1.200
7/4	182	705			€ 800	
7/4	182	805				€ 800
7/4	183	805			€ 5.300	
7/4	183	800			€ 300	
7/4	183	705				€ 5.300
7/4	183	700				€ 300

14

De permanence in de voorraad en in de brutowinst op verkopen

1401 a

1/1		Voorraad	30.000 kg		partij I	à € 0,50	= €	15.000
3/1	I-1301	Ontvangen	30.000 kg		partij II	à € 0,54	= -	16.200
			60.000 kg				€	31.200
8/1	V-1301	Afgegeven	7.000 kg	uit	partij I	à € 0,50	= -	3.500 ←
			53.000 kg				€	27.700
18/1	V-1302	Afgegeven	3.000 kg	uit	partij I	à € 0,50	= -	1.500 ←
			50.000 kg				€	26.200
29/1	I-1302	Ontvangen	20.000 kg		partij III	à € 0,60	= -	12.000
			70.000 kg				€	38.200
30/1	V-1303	Afgegeven	24.000 kg	20.000 kg uit	partij I	à € 0,50 +		
				4.000 kg uit	partij II	à € 0,54	= -	12.160 ←
31/1		Voorraad	46.000 kg	nl. 26.000 kg uit	partij II	à € 0,54 +		
				20.000 kg uit	partij III	à € 0,60	= €	26.040

b

31/1	Totale inkopen		700	Voorraad goederen	€ 28.200		
			180	Te vorderen OB	- 1.692		
		Aan	140	Crediteuren		€	29.892
31/1	Totale verkopen		130	Debiteuren	€ 25.864		
		Aan	840	Opbrengst verkopen		€	24.400
		Aan	181	Te betalen OB		-	1.464
			+				
			800	Inkoopprijs verkopen	€ 17.160		
				€ 3.500 + € 1.500 + € 12.160			
		Aan	700	Voorraad goederen		€	17.160

1402 a

1/3		Voorraad	170 dozen		partij I	à € 100	= €	17.000	
2/3	V-130091	Afgegeven	40 dozen	uit	partij I	à € 100	= -	4.000	←
			130 dozen				€	13.000	
4/3	I-130088	Ontvangen	150 dozen		partij II	à € 90	= -	13.500	
			280 dozen				€	26.500	
9/3	V-130092	Afgegeven	90 dozen	uit	partij I	à € 100	= -	9.000	←
			190 dozen				€	17.500	
25/3	V-130093	Afgegeven	70 dozen	40 dozen uit	partij I	à € 100 +			
				30 dozen uit	partij II	à € 90	= -	6.700	←
			120 dozen				€	10.800	
27/3	I-130089	Ontvangen	400 dozen		partij III	à € 85	= -	34.000	
			520 dozen				€	44.800	
31/3	V-130094	Afgegeven	50 dozen	uit	partij II	à € 90	= -	4.500	←
31/3		Voorraad	470 dozen	nl. 70 dozen uit	partij II	à € 90 +			
				400 dozen uit	partij III	à € 85	= €	40.300	

b

31/3	Totale inkopen		700	Voorraad goederen	€	47.500		
				€ 13.500 + € 34.000				
			180	Te vorderen OB	-	2.850		
		Aan	140	Crediteuren			€	50.350
31/3	Totale verkopen		130	Debiteuren	€	28.885		
		Aan	840	Opbrengst verkopen			€	27.250
				40 x € 110 + 90 x € 110 +				
				70 x € 110 + 50 x € 105				
		Aan	181	Te betalen OB			-	1.635
			+					
			800	Inkoopprijs verkopen	€	24.200		
				€ 4.000 + € 9.000 + € 6.700 + € 4.500				
		Aan	700	Voorraad goederen			€	24.200

c € 27.250 – € 24.200 = € 3.050.

d Voorraadverschil is 470 – 467 dozen = 3 dozen tekort à € 90 (partij II) = € 270.

481	Voorraadverschillen	€ 270	
Aan 700	Voorraad goederen		€ 270

1403 a

1	840	Opbrengst verkopen	€ 2.600	
	181	Te betalen OB	- 546	
	Aan 130	Debiteuren		€ 3.146
	+			
	700	Voorraad goederen	€ 2.000	
	Aan 800	Inkoopprijs verkopen		€ 2.000
2	481	Voorraadverschillen	€ 900	
	Aan 700	Voorraad goederen		€ 900

b

		Gewijzigde saldibalans		Winst-en-verliesrekening		Balans	
Nr.	Rekening	Debet	Credit	Debet	Credit	Debet	Credit
481	Voorraadverschillen	€ 2.000		€ 2.000			
700	Voorraad goederen	- 75.000				€ 75.000	
800	Inkoopprijs verkopen	- 98.000		- 98.000			
840	Opbrengst verkopen		€ 122.400		€ 122.400		

c In het memoriaal en de voorraadadministratie.

1404 a

Inkoopboek	700	Voorraad goederen	€ 108.500	
	720	Prijsverschillen bij inkoop	- 2.500	
	180	Te vorderen OB	- 23.310	
	Aan 140	Crediteuren		€ 134.310
Retour-	140	Crediteuren	€ 3.146	
inkoopboek	Aan 700	Voorraad goederen		€ 2.500
	Aan 180	Te vorderen OB		- 546
	Aan 720	Prijsverschillen bij inkoop		- 100
Verkoopboek	130	Debiteuren	€ 142.780	
	Aan 840	Opbrengst verkopen		€ 118.000
	Aan 181	Te betalen OB		- 24.780
	+			
	800	Inkoopprijs verkopen	€ 97.000	
	Aan 700	Voorraad goederen		€ 97.000

Retour-		840	Opbrengst verkopen	€	1.200		
verkoopboek		181	Te betalen OB	-	252		
	Aan	130	Debiteuren			€	1.452
		+					
		700	Voorraad goederen	€	1.000		
	Aan	800	Inkoopprijs verkopen			€	1.000
Memoriaal		481	Voorraadverschillen	€	485		
	Aan	700	Voorraad goederen			€	485

b (€ 118.000 – € 1.200) – (€ 97.000 – € 1.000) = € 116.800 – € 96.000 = € 20.800.

1405 a

	950	Resultaat prijsverschillen	€	1.950		
Aan	720	Prijsverschillen bij inkoop			€	1.950

b

		Gewijzigde saldibalans				**Winst-en-verliesrekening**				**Balans**			
Nr.	Rekening	Debet		Credit		Debet		Credit		Debet		Credit	
481	Voorraadverschillen	€	325			€	325						
700	Voorraad goederen	-	80.350							€	80.350		
720	Prijsverschillen bij inkoop			€	2.350							€	2.350
950	Resultaat prijsverschillen	-	1.950			-	1.950						

481 Voorraadverschillen

31/12	Saldo	€	325	31/12	*Naar w&v-rekening*	€	325

700 Voorraad goederen

31/12	Saldo	€	80.350	31/12	*Naar balans*	€	80.350

720 Prijsverschillen bij inkoop

31/12	*Naar balans*	€	2.350	31/12	Saldo	€	400
	(€ 80.350 – € 78.000)				*Naar rekening 950*	-	1.950
		€	2.350			€	2.350

950 Resultaat prijsverschillen

31/12	*Van rekening 720*	€	1.950	31/12	*Naar w&v-rekening*	€	1.950

1406

	481	Voorraadverschillen	€	225		
Aan	700	Voorraad goederen			€	225
	720	Prijsverschillen bij inkoop	€	1.275		
Aan	950	Resultaat prijsverschillen			€	1.275

		Gewijzigde saldibalans				Winst-en-verliesrekening				Balans			
Nr.	Rekening	Debet		Credit		Debet		Credit		Debet		Credit	
481	Voorraadverschillen	€	550			€	550						
700	Voorraad goederen	-	80.125							€	80.125		
720	Prijsverschillen bij inkoop	-	875							-	875		
950	Resultaat prijsverschillen			€	1.275			€	1.275				

481 Voorraadverschillen

31/12	Saldo	€	325	31/12	*Naar w&v-rekening*	€	550
	Van rekening 700	-	225				
		€	550			€	550

700 Voorraad goederen

31/12	Saldo	€	80.350	31/12	*Naar rekening 481*	€	225
					Naar balans	-	80.125
		€	80.350			€	80.350

720 Prijsverschillen bij inkoop

31/12	*Naar rekening 950*	€	1.275	31/12	Saldo	€	400
					Naar balans	-	875
					(€ 81.000 – € 80.125)		
		€	1.275			€	1.275

950 Resultaat prijsverschillen

31/12	*Naar w&v-rekening*	€	1.275	31/12	*Van rekening 720*	€	1.275

1407 a

	041	Privé	€	2.420		
Aan	700	Voorraad goederen A			€	2.000
Aan	181	Te betalen OB			-	420
	481	Voorraadverschillen	€	200		
	705	Voorraad goederen B	-	100		
Aan	700	Voorraad goederen A			€	300
	720	Prijsverschillen bij inkoop	€	2.400		
Aan	950	Resultaat prijsverschillen			€	2.400

b

Nr.	Rekening	Saldibalans* Debet		Saldibalans* Credit		Winst-en-verliesrekening Debet		Winst-en-verliesrekening Credit		Balans Debet		Balans Credit	
481	Voorraadverschillen	€	1.200			€	1.400						
		-	**200**										
700	Voorraad goederen A	-	61.000	€	**2.000**					€	58.700		
				-	**300**								
705	Voorraad goederen B	-	78.500							-	78.600		
		-	**100**										
720	Prijsverschillen bij inkoop	-	**2.400**	-	4.700							€	2.300
950	Resultaat prijsverschillen			-	**2.400**			€	2.400				

* Met toevoeging van de voorafgaande journaalposten.

481 Voorraadverschillen

31/12	Saldo	€	1.200	31/12	*Naar w&v-rekening*	€	1.400
	Vjp 2	-	200				
		€	1.400			€	1.400

700 Voorraad goederen A

31/12	Saldo	€	61.000	31/12	Vjp 1	€	2.000
					Vjp 2	-	300
					Naar balans	-	58.700
		€	61.000			€	61.000

705 Voorraad goederen B

31/12	Saldo	€	78.500	31/12	*Naar balans*	€	78.600
	Vjp 2	-	100				
		€	78.600			€	78.600

720 Prijsverschillen bij inkoop

31/12	*Naar balans*	€	2.300	31/12	Saldo	€	4.700
	(€ 58.700 + € 78.600) –						
	(€ 56.000 + € 79.000)						
	Vjp 3 (Naar rekening 950)	-	2.400				
		€	4.700			€	4.700

950 Resultaat prijsverschillen

31/12	*Naar w&v-rekening*	€	2.400	31/12	*Vjp 3 (Van rekening 720)*	€	2.400

1408 a

	710	Voorraad Ibiza Silver	€	250		
	910	Resultaat voorraadverschillen	-	150		
Aan	700	Voorraad Royal Crown			€	400
	720	Prijsverschillen bij inkoop	€	450		
		€ 79.000 – (€ 73.350 + € 5.200)				
Aan	920	Resultaat prijsverschillen			€	450

b

		Gewijzigde saldibalans		Winst-en-verliesrekening		Balans	
Nr.	Rekening	Debet	Credit	Debet	Credit	Debet	Credit
700	Voorraad Royal Crown	€ 37.600				€ 37.600	
710	Voorraad Ibiza Silver	- 35.750				- 35.750	
720	Prijsverschillen bij inkoop	- 5.650				- 5.650	
910	Resultaat voorraadverschillen	- 850		€ 850			
920	Resultaat prijsverschillen		€ 450		€ 450		

700 Voorraad Royal Crown

31/12	Saldo	€	38.000	31/12	Vjp 1	€	400
					Naar balans	-	37.600
		€	38.000			€	38.000

710 Voorraad Ibiza Silver

31/12	Saldo	€	35.500	31/12	*Naar balans*	€	35.750
	Vjp 1	-	250				
		€	35.750			€	35.750

720 Prijsverschillen bij inkoop

31/12	Saldo	€	5.200	31/12	*Naar balans*	€	5.650
	Vjp 2 (Naar rekening 920)	-	450		(€ 79.000 – € 73.350)		
		€	5.650			€	5.650

910 Resultaat voorraadverschillen

31/12	Saldo	€	700	31/12	*Naar w&v-rekening*	€	850
	Vjp 1	-	150				
		€	850			€	850

920 Resultaat prijsverschillen

31/12	*Naar w&v-rekening*	€	450	31/12	*Vjp 2 (Van rekening 720)*	€	450

c

	700	Voorraad Royal Crown	€	3.760		
		376 x (€ 110 – € 100)				
	710	Voorraad Ibiza Silver	-	3.575		
		286 x (€ 137,50 – € 125)				
Aan	720	Prijsverschillen bij inkoop			€	7.335

d In de kop van beide voorraadkaarten moet de VVP worden gewijzigd.

1409 a

1

	700	Voorraad goederen	€	400		
	800	VVP omzet	-	1.800		
Aan	850	Omzet			€	2.200

2

	700	Voorraad goederen	€	326		
Aan	041	Privé			€	242
Aan	186	Te betalen OB			-	84

3 Administratieve voorraad tegen VVP

€ 72.431 + € 400 + € 326 =		€	73.157
Werkelijke voorraad tegen VVP		-	72.500
Voorraadverschil	Nadelig	€	657

	910	Resultaat voorraadverschillen	€	657		
Aan	700	Voorraad goederen			€	657
	+					
	710	Prijsverschillen bij inkoop	€	2.100		
		€ 73.800 – (€ 72.500 – € 800)				
Aan	920	Resultaat prijsverschillen bij inkoop			€	2.100

b

Nr.	Rekening	Gewijzigde saldibalans Debet		Gewijzigde saldibalans Credit		Winst-en-verliesrekening Debet		Winst-en-verliesrekening Credit		Balans Debet		Balans Credit	
041	Privé	€	10.720										
130	Debiteuren	-	45.700							€	45.700		
186	Te betalen OB			€	13.184							€	13.184
700	Voorraad goederen	-	72.500							-	72.500		
710	Prijsverschillen bij inkoop	-	1.300							-	1.300		
800	VVP omzet	-	81.800			€	81.800						
810	Verleende korting bij verkoop	-	4.400			-	4.400						
850	Omzet			-	122.200			€	122.200				
910	Resultaat voorraadverschillen	-	207			-	207						
920	Resultaat prijsverschillen			-	2.100			-	2.100				

700 Voorraad goederen

Datum	Omschrijving		Bedrag	Datum	Omschrijving		Bedrag
31/12	Saldo	€	72.431	31/12	Vjp 3	€	657
	Vjp 1	-	400		*Naar balans*	-	72.500
	Vjp 2	-	326				
		€	73.157			€	73.157

710 Prijsverschillen bij inkoop

Datum	Omschrijving		Bedrag	Datum	Omschrijving		Bedrag
31/12	*Vjp 3 (Naar rekening 920)*	€	2.100	31/12	Saldo	€	800
					Naar balans	-	1.300
					(€ 73.800– € 72.500)		
		€	2.100			€	2.100

910 Resultaat voorraadverschillen

31/12	Vjp 3	€	657	31/12	Saldo	€	450
					Naar w&v-rekening	-	207
		€	657			€	657

920 Resultaat prijsverschillen

31/12	*Naar w&v-rekening*	€	2.100	31/12	*Vjp 3 (Van rekening 710)*	€	2.100

c

	700	Voorraad goederen	€	2.500		
		€ 75.000 – € 72.500				
Aan	710	Prijsverschillen bij inkoop			€	2.500

1410 a

Balans per 1 januari 2013

Vaste activa					**Eigen vermogen**			€	200.000
Winkelpand	€	480.000			**Vreemd vermogen lang**				
Inventaris	-	84.000			6% Hypothecaire lening	€	330.000		
			€	564.000	5% Lening Rabobank	-	38.000		
Vlottende activa								-	368.000
Voorraad goederen	€	32.986			**Vreemd vermogen kort**				
Debiteuren	-	8.000			Crediteuren	€	25.000		
Vooruitbetaalde bedragen	-	6.300			Nog te betalen bedragen	-	16.500		
Rabobank	-	1.500			ING Bank	-	3.436		
Kas	-	150							
			-	48.936				-	44.936
			€	612.936				€	612.936

b

		Voorraad goederen					
1/1	Balans	€	32.986	2/1	Verkoop Jansen BV	€	16.800
4/1	Inkoop overige artikelen	-	12.325	11/1	Verkoop Indra BV	-	16.300
8/1	Inkoop landbouwproducten	-	9.889	13/1	Privé	-	105
16/1	Inkoop bouwmaterialen	-	19.500	18/1	Verkoop Poolse winkel	-	15.000
24/1	Inkoop overige artikelen	-	7.625	20/1	Verkoop Formido BV	-	6.900
28/1	Inkoop landbouwproducten	-	8.189	30/1	Retourgezonden	-	668
29/1	Retourontvangen	-	668	31/1	Verkoop Bejo BV	-	9.300
				31/1	Privé	-	85
				31/1	Voorraadtekort	-	109
				31/1	Balans	-	25.915
		€	91.182			€	91.182
1/2	Balans	€	25.915				

c

Landbouwproducten

Datum	Omschrijving	Bij		Af		Saldo	
1/1	Saldo					€	8.312
8/1	Inkoop	€	9.889			-	18.201
11/1	Verkoop Indra BV			€	16.300	-	1.901
13/1	Privé			-	105	-	1.796
28/1	Inkoop	-	8.189			-	9.985
31/1	Verkoop Bejo BV			-	9.300	-	685
31/1	Privé			-	85	-	600
31/1	Voorraadtekort			-	10	-	590

Bouwmaterialen

Datum	Omschrijving	Bij		Af		Saldo	
1/1	Saldo					€	18.687
2/1	Verkoop Jansen BV			€	16.800	-	1.887
16/1	Inkoop	€	19.500			-	21.387
20/1	Verkoop Formido BV			-	6.900	-	14.487
29/1	Retourontvangen	-	668			-	15.155
30/1	Retourgezonden			-	668	-	14.487
31/1	Voorraadoverschot	-	3			-	14.490

Overige artikelen

Datum	Omschrijving	Bij	Af	Saldo
1/1	Saldo			€ 5.987
4/1	Inkoop	€ 12.325		- 18.312
18/1	Verkoop Poolse winkel		€ 15.000	- 3.312
24/1	Inkoop	- 7.625		- 10.937
31/1	Voorraadtekort		- 102	- 10.835

d Subadministratie:

Landbouwproducten	€ 590
Bouwmaterialen	- 14.490
Overige artikelen	- 10.835
	- 25.915

Dit is gelijk aan het balansbedrag van de grootboekrekening *Voorraad goederen* per 31 januari 2013.

1411

Datum	Boekings-stuk	Debiteur/ Crediteur	Factuur	Rekeningnummer	Debet	Credit
31-12-2013	M-2013056	481			€ 400	
31-12-2013	M-2013056	700				€ 400
31-12-2013	M-2013057	700			€ 2.760	
31-12-2013	M-2013057	710				€ 2.760
31-12-2013	M-2013058	920			€ 1.800	
31-12-2013	M-2013058	710				€ 1.800

15

Administratie van de voorraad tegen verkoopprijzen

1501

1		700	Voorraad goederen	€ 290.400		
		180	Te vorderen OB	- 25.200		
	Aan	140	Crediteuren		€	145.200
	Aan	701	Ongerealiseerde winst			
			begrepen in voorraad goederen		-	120.000
	Aan	702	OB begrepen in voorraad goederen		-	50.400
2		100	Kas	€ 242.000		
	Aan	840	Opbrengst verkopen		€	200.000
	Aan	181	Te betalen OB		-	42.000
		+				
		800	Inkoopprijs verkopen	€ 100.000		
		701	Ongerealiseerde winst			
			begrepen in voorraad goederen	- 100.000		
		702	OB begrepen in voorraad goederen	- 42.000		
	Aan	700	Voorraad goederen		€	242.000

1502

a

700 Voorraad goederen	Debet	€	60.500
701 Ongerealiseerde winst in voorraad goederen	Credit	-	20.000
702 Omzetbelasting in voorraad goederen	Credit	-	10.500

b

2		700	Voorraad goederen	€ 121.000		
		180	Te vorderen OB	- 12.600		
	Aan	140	Crediteuren		€	72.600
	Aan	701	Ongerealiseerde winst			
			in voorraad goederen		-	40.000
	Aan	702	Omzetbelasting in voorraad goederen		-	21.000
3		130	Debiteuren	€ 108.900		
	Aan	850	Omzet		€	90.000
	Aan	181	Te betalen OB		-	18.900
		+				
		800	Inkoopprijs omzet	€ 54.000		
		701	Ongerealiseerde winst			
			in voorraad goederen	- 36.000		
		702	Omzetbelasting in voorraad goederen	- 18.900		
	Aan	700	Voorraad goederen		€	108.900

4		850	Omzet	€	3.000		
		181	Te betalen OB	-	630		
	Aan	130	Debiteuren			€	3.630
		+					
		700	Voorraad goederen	€	3.630		
	Aan	800	Inkoopprijs omzet			€	1.800
	Aan	701	Ongerealiseerde winst				
			in voorraad goederen			-	1.200
	Aan	702	Omzetbelasting in voorraad goederen			-	630

c

700 Voorraad goederen

1/3	Balans	€	60.500		3	€	108.900
	2	-	121.000	31/3	*Naar balans*	-	76.230
	4	-	3.630				
		€	185.130			€	185.130

701 Ongerealiseerde winst in voorraad goederen

	3	€	36.000	1/3	Balans	€	20.000
31/3	*Naar balans*	-	25.200		2	-	40.000
					4	-	1.200
		€	61.200			€	61.200

702 Omzetbelasting in voorraad goederen

	3	€	18.900	1/3	Balans	€	10.500
31/3	*Naar balans*	-	13.230		2	-	21.000
					4	-	630
		€	32.130			€	32.130

800 Inkoopprijs omzet

	3	€ 54.000		4	€	1.800
			31/3	*Naar w&v-rekening*	-	52.200
		€ 54.000			€	54.000

850 Omzet

	4	€ 3.000		3	€	90.000
31/3	*Naar w&v-rekening*	- 87.000				
		€ 90.000			€	90.000

d

Saldo rekening	700	Voorraad goederen	Debet	€	76.230
Saldo rekening	702	Omzetbelasting in voorraad goederen 21/121 x € 76.230 =	Credit	€	13.230
Saldo rekening	701	Ongerealiseerde winst in voorraad goederen 40% van (€ 76.230 – € 13.230) =	Credit	€	25.200

Deze bedragen komen overeen met de saldi op de betrokken rekeningen bij de uitwerking van vraag c.

1503 **a**

700	Voorraad artikelgroep A	Debet	€	96.800
705	Ongerealiseerde winst + OB voorraad artikelgroep A	Credit	€	40.800
710	Voorraad artikelgroep B	Debet	€	72.600
715	Ongerealiseerde winst + OB voorraad artikelgroep B	Credit	€	24.600

b

1		700	Voorraad artikelgroep A	€ 145.200		
		710	Voorraad artikelgroep B	- 90.750		
		180	Te vorderen OB	- 30.240		
	Aan	140	Crediteuren		€	174.240
	Aan	705	Ongerealiseerde winst + OB voorraad artikelgroep A		-	61.200
	Aan	715	Ongerealiseerde winst + OB voorraad artikelgroep B		-	30.750

2	100	Kas	€	220.220		
Aan	850	Opbrengst verkopen artikelgroep A			€	110.000
Aan	860	Opbrengst verkopen artikelgroep B			-	72.000
Aan	181	Te betalen OB			-	38.220
	+					
	800	Inkoopprijs verkopen artikelgroep A	€	77.000		
	705	Ongerealiseerde winst +				
		OB voorraad artikelgroep A	-	56.100		
Aan	700	Voorraad artikelgroep A			€	133.100
	+					
	810	Inkoopprijs verkopen artikelgroep B	€	57.600		
	715	Ongerealiseerde winst +				
		OB voorraad artikelgroep B	-	29.520		
Aan	710	Voorraad artikelgroep B			€	87.120

c

700 Voorraad artikelgroep A

1/1	Balans	€	96.800		2 (kasboek)	€	133.100
	1 (inkoopboek)	-	145.200	31/1	*Naar balans*	-	108.900
		€	242.000			€	242.000
1/2	Balans	€	108.900				

705 Ongerealiseerde winst + OB voorraad artikelgroep A

	2 (kasboek)	€	56.100	1/1	Balans	€	40.800
31/1	*Naar balans*	-	45.900		1 (inkoopboek)	-	61.200
		€	102.000			€	102.000
				1/2	Balans	€	45.900

1504 a

1	700	Winkelvoorraad	€	217.800		
	180	Te vorderen OB	-	31.500		
Aan	160	Crediteuren			€	181.500
Aan	710	Winst + OB in winkelvoorraad			-	67.800

2	100	Kas	€ 203.280		
Aan	850	Omzet		€	168.000
Aan	185	Te betalen OB		-	35.280
	+				
	800	Inkoopprijs omzet	€ 140.000		
	710	Winst + OB in winkelvoorraad	- 63.280		
Aan	700	Winkelvoorraad		€	203.280

b

700 Winkelvoorraad

1/1	Balans	€	87.120		Contante verkopen	€	203.280
	Inkopen op rekening	-	217.800	31/1	*Naar balans*	-	101.640
		€	304.920			€	304.920

710 Winst + OB in winkelvoorraad

	Contante verkopen	€	63.280	1/1	Balans	€	27.120
31/1	*Naar balans*	-	31.640		Inkopen op rekening	-	67.800
		€	94.920			€	94.920

1505 Het juiste antwoord is *d*.

Het bedrag van de ingekochte goederen tegen verkoopprijs is als volgt te berekenen:
Inkoopprijs exclusief 21% OB is 100/121 x € 166.600 = € 140.000.
De bijbehorende verkoopprijs exclusief OB is dan
100/80 x € 140.000 = € 175.000.
Inclusief OB is de verkoopprijs 121/100 x € 175.000 = € 211.750.

De eindvoorraad tegen verkoopprijs inclusief OB bedraagt:
€ 544.500 + € 211.750 – € 338.800 = € 417.450.

1506

1	740	Voorraden afdeling M	€ 54.450		
	180	Te vorderen OB	- 7.770		
Aan	140	Crediteuren		€	44.770
Aan	741	Winst + OB in voorraden afdeling M		-	17.450

2	100	Kas	€	60.500		
Aan	841	Omzet afdeling M			€	50.000
Aan	185	Te betalen OB			-	10.500
	+					
	840	Inkoopprijs verkopen afdeling M	€	42.500		
	741	Winst + OB in voorraden afdeling M	-	18.000		
Aan	740	Voorraden afdeling M			€	60.500
3	440	Voorraadverschillen afdeling M	€	1.700		
	741	Winst + OB in voorraden afdeling M	-	720		
Aan	740	Voorraden afdeling M			€	2.420
		€ 30.250 + € 54.450 – € 60.500 – € 26.620				

1507 a

1	700	Voorraad centraal magazijn	€	58.000		
	180	Te vorderen OB	-	12.180		
Aan	140	Crediteuren			€	70.180
2	705	Voorraad groothandelsafdeling	€	40.000		
	710	Winkelvoorraad	-	13.000		
Aan	700	Voorraad centraal magazijn			€	50.000
Aan	711	Ongerealiseerde winst + OB winkelvoorraad			-	3.000
3	130	Debiteuren	€	58.080		
	810	Kortingen groothandelsafdeling	-	2.000		
Aan	840	Opbrengst verkopen				
		groothandelsafdeling			€	50.000
Aan	181	Te betalen OB			-	10.080
	+					
	800	Inkoopprijs verkopen				
		groothandelsafdeling	€	40.000		
Aan	705	Voorraad groothandelsafdeling			€	40.000
4	100	Kas	€	10.890		
Aan	845	Opbrengst winkelverkopen			€	9.000
Aan	181	Te betalen OB			-	1.890
	+					
	805	Inkoopprijs winkelverkopen	€	8.376,92		
	711	Ongerealiseerde winst + OB winkelvoorraad	-	2.513,08		
Aan	710	Winkelvoorraad			€	10.890
5	710	Winkelvoorraad	€	2.600		
Aan	705	Voorraad groothandelsafdeling			€	2.000
Aan	711	Ongerealiseerde winst + OB winkelvoorraad			-	600

b

	481	Voorraadverschillen	€	800		
	711	Ongerealiseerde winst + OB winkelvoorraad	-	240		
Aan	710	Winkelvoorraad			€	1.040

1508 a

2	700	Voorraad goederen	€	72.600		
	180	Te vorderen OB	-	10.080		
Aan	140	Crediteuren			€	58.080
Aan	710	Ongerealiseerde winst + OB			-	24.600
3	100	Kas	€	79.860		
	830	Kortingen bij verkoop	-	4.000		
Aan	840	Opbrengst verkopen			€	70.000
Aan	181	Te betalen OB			-	13.860
		€ 14.700 – € 840				
	+					
	800	Inkoopprijs verkopen	€	56.000		
	710	Ongerealiseerde winst + OB	-	28.700		
Aan	700	Voorraad goederen			€	84.700

b Voorraadverschil: (€ 24.200 + € 72.600 – € 84.700) – € 10.890 = € 1.210 (nadelig).

	481	Voorraadverschillen	€	800		
	710	Ongerealiseerde winst + OB	-	410		
Aan	700	Voorraad goederen			€	1.210

1509

1	700	Voorraad goederen	€	36.300		
	180	Te vorderen OB	-	5.250		
Aan	140	Crediteuren			€	30.250
Aan	710	Winst en OB in voorraden			-	11.300
2	100	Kas	€	48.400		
Aan	840	Opbrengst verkopen			€	40.000
Aan	181	Te betalen OB			-	8.400
3	800	Inkoopprijs verkopen	€	33.880		
	710	Winst en OB in voorraden	-	14.520		
Aan	700	Voorraad goederen			€	48.400
4	481	Voorraadverschillen	€	168		
	710	Winst en OB in voorraden	-	72		
Aan	700	Voorraad goederen			€	240

5	041	Privé	€	1.694		
	710	Winst en OB in voorraden	-	600		
Aan	700	Voorraad goederen			€	2.000
Aan	183	Te betalen OB privégebruik			-	294

6	490	Algemene kosten	€	2.904		
Aan	100	Kas			€	2.420
Aan	110	Bank			-	484

7	180	Te vorderen OB	€	504		
Aan	490	Algemene kosten			€	504

1510

1	700	Voorraad wijnen	€	5.379.66		
	710	Voorraad overige dranken	-	632,35		
	430	Transportkosten	-	15		
	150	Te vorderen omzetbelasting	-	805,77		
Aan	145	Import NV			€	4.642,77
Aan	750	Ongerealiseerde winst en omzetbelasting			-	2.190,01

2	420	Aanmaakkosten passen	€	1.120		
	150	Te vorderen omzetbelasting	-	235,20		
Aan	140	Crediteuren			€	1.355,20

3	140	Crediteuren	€	435,60		
	750	Ongerealiseerde winst en omzetbelasting	-	206,28		
Aan	710	Voorraad overige dranken			€	566,28
Aan	150	Te vorderen omzetbelasting			-	75,60

4	100	Kas	€	2.240		
Aan	160	Te betalen omzetbelasting			€	388,76
Aan	890	Opbrengst klantenpassen			-	1.851,24

5	100	Kas	€	2.585,74		
	180	Pinpasbetalingen	-	4.612,55		
	870	Kortingen klantenpassen	-	123,53		
	890	Kortingen acties	-	76,47		
Aan	160	Te betalen omzetbelasting			€	1.249,29
Aan	850	Opbrengst verkopen wijnen			-	3.731
Aan	860	Opbrengst verkopen overige dranken			-	2.418

	800	Inkoopprijs verkopen wijnen	€	2.870		
	810	Inkoopprijs verkopen overige dranken	-	1.860		
	750	Ongerealiseerde winst en omzetbelasting	-	2.710,29		
Aan	700	Voorraad wijnen			€	4.514,51
Aan	710	Voorraad overige dranken			-	2.925,78

6	910	Diverse baten en lasten	€	84		
	750	Ongerealiseerde winst en omzetbelasting	-	45,95		
Aan	700	Voorraad wijnen			€	129,95

1511 *Invoeren inkoopboekingen*

Datum	Boekingsstuk	Crediteur	Rekeningnr.	BTW-code	Bedrag	BTW-bedrag
1/6	I-130021	14012	700	1	€ 29.040	€ 6.098,40*
1/6	I-130021	14012	701	1	−/− € 9.000	−/− € 1.890 *
1/6	I-130021	14012	702	1	−/− € 5.040	−/− € 1.058,40*

Invoeren verkoopboekingen

Datum	Boekingsstuk	Debiteur	Rekeningnr.	BTW-code	Bedrag	BTW-bedrag
6/6	V-130118	13095	840	2	€ 2904	€ 504*

Invoeren overige boekingen

Datum	Boekings-stuk	Debiteur/ Crediteur	Factuur	Rekeningnummer	Debet	Credit
3/6	M-130166			800	€ 2.000	
3/6	M-130166			701	€ 1.200	
3/6	M-130166			702	€ 672	
3/6	M-130166			700		€ 3.872
7/6	M-130167			700	€ 968	
7/6	M-130167			701		€ 300
7/6	M-130167			702		€ 168
7/6	M-130167			800		€ 500

16

De ontvangst/afgifte van goederen en facturen op verschillende tijdstippen

1601

a

1	710	Nog te ontvangen goederen	€	96.000		
	180	Te vorderen OB	-	20.160		
Aan	140	Crediteuren			€	116.160
2	700	Voorraad goederen	€	124.000		
Aan	710	Nog te ontvangen goederen			€	122.600
Aan	720	Prijsverschillen bij inkoop			-	1.400
3	130	Debiteuren	€	174.240		
Aan	840	Opbrengst verkopen			€	144.000
Aan	181	Te betalen OB			-	30.240
	+					
	800	Inkoopprijs verkopen	€	120.000		
Aan	700	Voorraad goederen			€	120.000
4	840	Opbrengst verkopen	€	7.200		
	181	Te betalen OB	-	1.512		
Aan	130	Debiteuren			€	8.712
	+					
	700	Voorraad goederen	€	6.000		
Aan	800	Inkoopprijs verkopen			€	6.000

b € 43.400 + € 96.000 – € 122.600 = € 16.800 Debet.

c 700 Voorraad goederen.

1602

a

1	710	Nog te ontvangen goederen	€	214.000		
	180	Te vorderen OB	-	44.100		
Aan	140	Crediteuren			€	254.100
Aan	720	Prijsverschillen bij inkoop			-	4.000
2	700	Voorraad goederen	€	196.000		
Aan	710	Nog te ontvangen goederen			€	196.000
3	130	Debiteuren	€	314.600		
Aan	840	Opbrengst verkopen			€	260.000
Aan	181	Te betalen OB			-	54.600

4		800	Inkoopprijs verkopen	€	200.000		
	Aan	700	Voorraad goederen			€	200.000

b Het saldo op rekening *710 Nog te ontvangen goederen* moet gelijk zijn aan de telling van de VVP-waarde van de ontvangen inkoopfacturen, waarvan de goederen nog niet binnengekomen zijn.

1603

a

1		700	Voorraad goederen	€	208.000		
	Aan	145	Nog te ontvangen facturen			€	208.000
2		145	Nog te ontvangen facturen	€	224.000		
		180	Te vorderen OB	-	46.200		
	Aan	140	Crediteuren			€	266.200
	Aan	720	Prijsverschillen bij inkoop			-	4.000
3		130	Debiteuren	€	333.960		
	Aan	840	Opbrengst verkopen			€	276.000
	Aan	181	Te betalen OB			-	57.960
4		800	Inkoopprijs verkopen	€	216.000		
	Aan	700	Voorraad goederen			€	216.000

b € 31.400 + € 208.000 – € 224.000 = € 15.400 Credit.

c 140 Crediteuren.

1604

a

1		710	Nog te ontvangen goederen	€	380.000		
		180	Te vorderen OB	-	79.800		
	Aan	140	Crediteuren			€	459.800
2		700	Voorraad goederen	€	352.000		
	Aan	145	Nog te ontvangen facturen			€	352.000
3		130	Debiteuren	€	544.500		
	Aan	840	Opbrengst verkopen			€	450.000
	Aan	181	Te betalen OB			-	94.500
4		800	Inkoopprijs verkopen	€	376.000		
	Aan	700	Voorraad goederen			€	376.000
5		145	Nog te ontvangen facturen	€	320.000		
	Aan	710	Nog te ontvangen goederen			€	312.000
	Aan	720	Prijsverschillen bij inkoop			-	8.000

b 145: Totaal van de magazijnontvangsten, waarvan nog geen inkoopfacturen zijn ontvangen.
720: Totaal van de inkoopfacturen, waarvan nog geen magazijnontvangsten aanwezig zijn.

1605 a

1		710	Nog te ontvangen goederen	€	160.000		
		180	Te vorderen OB	-	33.600		
	Aan	140	Crediteuren			€	193.600
2		130	Debiteuren	€	363.000		
	Aan	840	Opbrengst verkopen			€	300.000
	Aan	181	Te betalen OB			-	63.000
		+					
		800	Inkoopprijs verkopen	€	240.000		
	Aan	700	Voorraad goederen			€	240.000
3		700	Voorraad goederen	€	85.000		
	Aan	145	Nog te ontvangen facturen			€	85.000
4		145	Nog te ontvangen facturen	€	159.000		
	Aan	710	Nog te ontvangen goederen			€	154.000
	Aan	720	Prijsverschillen bij inkoop			-	5.000

b

145 Nog te ontvangen facturen

31/1	Afstemregister	€	159.000	1/1	Balans	€	114.000
	Naar balans	-	40.000	31/1	Register ontvangen goederen	-	85.000
		€	199.000			€	199.000
				1/2	Balans	€	40.000

710 Nog te ontvangen goederen

1/1	Balans	€	48.000	31/1	Afstemregister	€	154.000
31/1	Register ontvangen facturen	-	160.000		*Naar balans*	-	54.000
		€	208.000			€	208.000
1/2	Balans	€	54.000				

1606 Het juiste antwoord is *a*.

1607

a

1		710	Nog te ontvangen goederen	€	60.000		
		720	Prijsverschillen bij inkoop	-	2.000		
		180	Te vorderen OB	-	13.020		
	Aan	140	Crediteuren			€	75.020
2		700	Voorraad goederen	€	66.000		
	Aan	710	Nog te ontvangen goederen			€	66.000
3		130	Debiteuren	€	96.800		
	Aan	840	Opbrengst verkopen			€	80.000
	Aan	181	Te betalen OB			-	16.800
		+					
		800	Inkoopprijs verkopen	€	55.000		
	Aan	735	Nog af te leveren goederen			€	55.000
4		735	Nog af te leveren goederen	€	63.000		
	Aan	700	Voorraad goederen			€	63.000
5		110	Bank	€	73.000		
		910	Verleende contantkortingen	-	3.000		
	Aan	130	Debiteuren			€	76.000

b € 80.000 – € 55.000 = € 25.000.

c

710 Nog te ontvangen goederen

1/1	Balans	€	34.000	31/1	Magazijnontvangstenboek	€	66.000
31/1	Inkoopboek	-	60.000		*Naar balans*	-	28.000
		€	94.000			€	94.000
1/2	Balans	€	28.000				

735 Nog af te leveren goederen

31/1	Magazijnafgifteboek	€	63.000	1/1	Balans	€	45.000
	Naar balans	-	37.000	31/1	Verkoopboek	-	55.000
		€	100.000			€	100.000
				1/2	Balans	€	37.000

1608 a

1	130	Debiteuren	€	278.300		
Aan	850	Omzet minisets			€	176.000
Aan	855	Omzet microsets			-	54.000
Aan	181	Te betalen OB			-	48.300
	+					
	800	Inkoopprijs omzet minisets	€	110.000		
	805	Inkoopprijs omzet microsets	-	36.000		
Aan	710	Af te leveren minisets			€	110.000
Aan	715	Af te leveren microsets			-	36.000
2	100	Kas	€	101.640		
Aan	850	Omzet minisets			€	48.000
Aan	855	Omzet microsets			-	36.000
Aan	181	Te betalen OB			-	17.640
	+					
	800	Inkoopprijs omzet minisets	€	30.000		
	805	Inkoopprijs omzet microsets	-	24.000		
Aan	710	Af te leveren minisets			€	30.000
Aan	715	Af te leveren microsets			-	24.000
3	710	Af te leveren minisets	€	120.000		
	715	Af te leveren microsets	-	48.000		
Aan	700	Voorraad minisets			€	120.000
Aan	705	Voorraad microsets			-	48.000
4	750	Nog te ontvangen minisets	€	100.000		
	755	Nog te ontvangen microsets	-	60.000		
	180	Te vorderen OB	-	33.600		
Aan	140	Crediteuren			€	193.600
5	700	Voorraad minisets	€	75.000		
	705	Voorraad microsets	-	60.000		
Aan	145	Nog te ontvangen facturen			€	135.000

6		145	Nog te ontvangen facturen	€	170.000		
	Aan	750	Nog te ontvangen minisets			€	95.000
	Aan	755	Nog te ontvangen microsets			-	75.000

b Binnengekomen facturen voor minisets die nog niet zijn ontvangen.

1609 a

1		700	Voorraad keukenmachines	€	40.000		
		180	Te vorderen OB	-	8.400		
	Aan	140	Crediteuren			€	48.400
2		135	Afgeleverde keukenmachines	€	56.000		
	Aan	700	Voorraad keukenmachines			€	56.000
3		130	Debiteuren	€	87.120		
	Aan	840	Omzet			€	72.000
	Aan	181	Te betalen OB			-	15.120
		+					
		800	Inkoopprijs omzet	€	48.000		
	Aan	135	Afgeleverde keukenmachines			€	48.000
4		700	Voorraad keukenmachines	€	8.000		
	Aan	135	Afgeleverde keukenmachines			€	8.000
5		840	Omzet	€	12.000		
		181	Te betalen OB	-	2.520		
	Aan	130	Debiteuren			€	14.520
		+					
		135	Afgeleverde keukenmachines	€	8.000		
	Aan	800	Inkoopprijs omzet			€	8.000

b

		Saldibalans		**Winst-en-verliesrekening**		**Balans**	
Nr.	Rekening	Debet	Credit	Debet	Credit	Debet	Credit
135	Afgeleverde keukenmachines	€ 8.000				€ 8.000	
700	Voorraad keukenmachines	- 24.000				- 24.000	
800	Inkoopprijs omzet	- 40.000		€ 40.000			
840	Omzet		€ 60.000		€ 60.000		

c € 60.000 – € 40.000 = € 20.000.

1610

1		710	Nog te ontvangen goederen	€	80.000		
		180	Te vorderen OB	-	16.800		
	Aan	140	Crediteuren			€	96.800
2		700	Voorraad goederen	€	82.500		
	Aan	145	Nog te ontvangen facturen			€	82.500
3		130	Debiteuren	€	205.700		
	Aan	840	Opbrengst verkopen			€	170.000
	Aan	181	Te betalen OB			-	35.700
		+					
		800	Inkoopprijs verkopen	€	130.000		
	Aan	735	Af te leveren goederen			€	130.000
4		135	Afgeleverde goederen	€	110.000		
	Aan	700	Voorraad goederen			€	110.000
5		145	Nog te ontvangen facturen	€	79.000		
	Aan	710	Nog te ontvangen goederen			€	75.500
	Aan	720	Prijsverschillen bij inkoop			-	3.500
6		735	Af te leveren goederen	€	125.000		
	Aan	135	Afgeleverde goederen			€	125.000

1611

1		710	Gefactureerde nog niet ontvangen goederen	€	80.000		
		180	Te vorderen OB	-	17.220		
		720	Prijsverschillen bij inkoop	-	2.000		
	Aan	165	Crediteuren			€	99.220
2		700	Voorraad goederen	€	84.200		
	Aan	710	Gefactureerde nog niet ontvangen goederen			€	84.200
3		130	Afgeleverde goederen	€	86.000		
	Aan	700	Voorraad goederen			€	86.000
4		135	Debiteuren	€	130.680		
	Aan	850	Opbrengst verkopen			€	108.000
	Aan	185	Te betalen OB			-	22.680
		+					
		800	Inkoopwaarde verkopen	€	92.000		
	Aan	730	Af te leveren goederen			€	92.000

5		730	Af te leveren goederen	€	92.900		
			€ 14.500 + € 92.000 – € 13.600				
	Aan	130	Afgeleverde goederen			€	92.900
			€ 24.300 + € 86.000 – € 17.400				

1612 Het juiste antwoord is *b*.

1613

1		141	Nog te ontvangen facturen	€	43.400		
		150	Te vorderen omzetbelasting	-	8.505		
	Aan	140	Crediteuren			€	49.005
	Aan	520	Opslag indirecte inkoopkosten			-	2.170
	Aan	720	Prijsverschillen tenten			-	730
2		710	Voorraad verhuurtenten	€	43.400		
	Aan	141	Nog te ontvangen facturen			€	43.400
3		720	Prijsverschillen tenten	€	450		
		150	Te vorderen omzetbelasting	-	94,50		
	Aan	140	Crediteuren			€	544,50
4		700	Voorraad verkooptenten	€	11.688,60		
	Aan	760	Opslag winst en omzetbelasting				
			verkooptenten			€	4.788,60
	Aan	141	Nog te ontvangen facturen			-	6.900
5		420	Verzendkosten	€	600		
		150	Te vorderen omzetbelasting	-	126		
	Aan	140	Crediteuren			€	726
6		130	Debiteuren	€	1.452		
	Aan	810	Opbrengst verhuurtenten			€	1.200
	Aan	151	Te betalen omzetbelasting			-	252
7		100	Kas	€	3.896,20		
	Aan	750	Te verzenden tenten			€	3.896,20
		760	Opslag winst en omzetbelasting				
			verkooptenten	€	1.596,20		
	Aan	151	Te betalen omzetbelasting			€	676,20
	Aan	810	Gerealiseerde winst verkooptenten			-	920
		100	Kas	€	272,25		
	Aan	850	Opbrengst verzendkosten			€	225
	Aan	151	Te betalen omzetbelasting			-	47,25

8	750	Te verzenden tenten	€ 3.831,80	
Aan	700	Voorraad verkooptenten		€ 3.831,80

9	720	Prijsverschillen tenten	€ 145,45	
	910	Diverse baten en lasten	- 20	
	150	Te vorderen omzetbelasting	- 30,55	
Aan	100	Kas		€ 196

10	710	Voorraad verhuurtenten	€ 2.280	
	700	Voorraad verkooptenten	- 1.299,48	
Aan	760	Opslag winst en omzetbelasting verkooptenten		€ 519,48
Aan	720	Prijsverschillen tenten		- 3.060

1614 *Invoeren inkoopboekingen*

Datum	Boekingsstuk	Crediteur	Rekeningnr.	BTW-code	Bedrag	BTW-bedrag
3/5	I-130044	14071	710	2	€ 18.150	€ 3.150*
18/5	IC-130002	14083	710	2	−/− € 1.210	−/− € 210*
25/5	I-130045	14083	710	2	€ 4.235	€ 735*

Invoeren magazijnontvangsten

Datum	Boekingsstuk	Debiteur/ Crediteur	Factuur	Rekeningnummer	Debet	Credit
11/5	M-130052			700	€ 17.000	
11/5	M-130052			145		€ 17.000
20/5	M-130053			700	€ 2.000	
20/5	M-130053			145		€ 2.000
24/5	M-130054			145	−/− € 1.500	
24/5	M-130054			700		−/− € 1.500

Invoeren magazijnafstemmingen

Datum	Boekingsstuk	Debiteur/ Crediteur	Factuur	Rekeningnummer	Debet	Credit
31/5	M-130005			145	€ 14.500	
31/5	M-130005			720	€ 500	
31/5	M-130005			710		€ 15.000

1615 *Invoeren inkoopboekingen*

Datum	Boekingsstuk	Crediteur	Rekeningnr.	BTW-code	Bedrag	BTW-bedrag
31/1	1	1402	700	2	€ 48.400	€ 8.400*

Invoeren verkoopboekingen

Datum	Boekingsstuk	Debiteur	Rekeningnr.	BTW-code	Bedrag	BTW-bedrag
31/1	3	1302	840	1	€ 48.000	€ 10.080*
31/1	3	1305	840	1	€ 24.000	€ 5.040*
31/1	3		800		−/− € 48.000	
31/1	3		135		€ 48.000	
31/1	5	1302	840	2	−/− € 14.520	−/− € 2.520*
31/1	5		800		€ 8.000	
31/1	5		135		−/− € 8.000	

Invoeren magazijnafgiften

Datum	Boekingsstuk	Debiteur/ Crediteur	Factuur	Rekeningnummer	Debet	Credit
31/1	2			135	€ 56.000	
31/1	2			700		€ 56.000
31/1	4			700	€ 8.000	
31/1	4			135		€ 8.000

17

De permanence in de kosten en de baten

1701

1	190	Vooruitbetaalde bedragen	€	8.600		
Aan	110	Bank			€	8.600
2	441	Assurantiekosten	€	2.200		
Aan	190	Vooruitbetaalde bedragen			€	2.200
3	442	Onderhoudskosten	€	350		
Aan	193	Nog te betalen bedragen			€	350
4	193	Nog te betalen bedragen	€	4.200		
	180	Te vorderen OB	-	882		
Aan	110	Bank			€	5.082

1702

1	460	Belastingen	€	175		
Aan	190	Vooruitbetaalde motorrijtuigenbelasting			€	175
2	440	Huurkosten	€	125		
Aan	191	Vooruitbetaalde huur			€	125
3	441	Assurantiekosten	€	375		
		1/12 x (€ 1.800 + € 2.700)				
Aan	192	Vooruitbetaalde assurantiepremies			€	375
	192	Vooruitbetaalde assurantiepremies	€	20.700		
Aan	120	ING Bank			€	20.700
4	442	Energiekosten	€	2.650		
Aan	194	Te betalen facturen energiebedrijf			€	2.650
	194	Te betalen facturen energiebedrijf	€	2.900		
Aan	120	ING Bank			€	2.900

1703 a 1 *Januari*

	190	Vooruitbetaalde bedragen	€ 24.000	
Aan	110	Bank		€ 24.000

	440	Huurkosten	€ 8.000	
Aan	190	Vooruitbetaalde bedragen		€ 8.000

Februari

	440	Huurkosten	€ 8.000	
Aan	190	Vooruitbetaalde bedragen		€ 8.000

Maart

	440	Huurkosten	€ 8.000	
Aan	190	Vooruitbetaalde bedragen		€ 8.000

2 *Januari*

	440	Huurkosten	€ 2.000	
Aan	193	Nog te betalen bedragen		€ 2.000

Februari

	440	Huurkosten	€ 2.000	
Aan	193	Nog te betalen bedragen		€ 2.000

Maart

	440	Huurkosten	€ 2.000	
Aan	193	Nog te betalen bedragen		€ 2.000

	193	Nog te betalen bedragen	€ 6.000	
Aan	110	Bank		€ 6.000

b In januari *vervalt* de journaalpost:

	190	Vooruitbetaalde bedragen	€ 24.000	
Aan	110	Bank		€ 24.000

In maart *wordt toegevoegd* de journaalpost:

	190	Vooruitbetaalde bedragen	€ 24.000	
Aan	110	Bank		€ 24.000

(betreft de huur voor het *tweede* kwartaal)

1704 a *Juli 2013*

–

Augustus 2013

	190	Vooruitbetaalde bedragen	€ 198.000	
Aan	120	ING Bank		€ 198.000

September 2013

–

b *Juli 2013*

	440	Huurkosten	€ 60.000	
Aan	190	Vooruitbetaalde bedragen		€ 60.000

Augustus 2013

	440	Huurkosten	€ 66.000	
Aan	190	Vooruitbetaalde bedragen		€ 66.000

September 2013

	440	Huurkosten	€ 66.000	
Aan	190	Vooruitbetaalde bedragen		€ 66.000

c *Juli 2013*

–

Augustus 2013

	193	Nog te betalen bedragen	€ 28.000	
Aan	120	ING Bank		€ 28.000

September 2013

	193	Nog te betalen bedragen	€ 38.500	
Aan	120	ING Bank		€ 38.500

d *Juli 2013*

	440	Huurkosten	€ 28.000	
Aan	193	Nog te betalen bedragen		€ 28.000

Augustus 2013

	440	Huurkosten	€ 38.500	
Aan	193	Nog te betalen bedragen		€ 38.500

September 2013

	440	Huurkosten	€ 57.750	
Aan	193	Nog te betalen bedragen		€ 57.750

1705 a 1 *April 2013*

	195	Vooruitbetaalde schoonmaakkosten	€ 13.200	
Aan	110	Bank		€ 13.200

2 *Mei 2013*

	445	Schoonmaakkosten	€ 2.200	
Aan	195	Vooruitbetaalde schoonmaakkosten		€ 2.200

3 *Oktober 2013*

	445	Schoonmaakkosten	€	2.200		
Aan	195	Vooruitbetaalde schoonmaakkosten			€	2.200
	+					
	195	Vooruitbetaalde schoonmaakkosten	€	13.200		
Aan	110	Bank			€	13.200

b

195 Vooruitbetaalde schoonmaakkosten

30/4	€	13.200	31/5	€	2.200
31/10	-	13.200	30/6	-	2.200
			31/7	-	2.200
			31/8	-	2.200
			30/9	-	2.200
			31/10	-	2.200
			30/11	-	2.200
			31/12	-	2.200
			31/12 *Naar*		
			balans	-	8.800
	€	26.400		€	26.400

445 Schoonmaakkosten

31/5	€	2.200	31/12 *Naar*		
30/6	-	2.200	*w&v-rekening*	€	17.600
31/7	-	2.200			
31/8	-	2.200			
30/9	-	2.200			
31/10	-	2.200			
30/11	-	2.200			
31/12	-	2.200			
	€	17.600		€	17.600

c 1 *April 2014*

	445	Schoonmaakkosten	€	2.200		
Aan	195	Vooruitbetaalde schoonmaakkosten			€	2.200
	+					
	195	Vooruitbetaalde schoonmaakkosten	€	14.400		
Aan	110	Bank			€	14.400

2 *Mei 2014*

	445	Schoonmaakkosten	€	2.400		
Aan	195	Vooruitbetaalde schoonmaakkosten			€	2.400

3 *Oktober 2014*

	445	Schoonmaakkosten	€	2.400		
Aan	195	Vooruitbetaalde schoonmaakkosten			€	2.400
	+					
	195	Vooruitbetaalde schoonmaakkosten	€	14.400		
Aan	110	Bank			€	14.400

d

195 Vooruitbetaalde schoonmaakkosten						445 Schoonmaakkosten					
1/1 *Balans*	€	8.800	31/1	€	2.200	31/1	€	2.200	31/12 *Naar*		
30/4	-	14.400	28/2	-	2.200	28/2	-	2.200	*w&v-rekening*	€	28.000
31/10	-	14.400	31/3	-	2.200	31/3	-	2.200			
			30/4	-	2.200	30/4	-	2.200			
			31/5	-	2.400	31/5	-	2.400			
			30/6	-	2.400	30/6	-	2.400			
			31/7	-	2.400	31/7	-	2.400			
			31/8	-	2.400	31/8	-	2.400			
			30/9	-	2.400	30/9	-	2.400			
			31/10	-	2.400	31/10	-	2.400			
			30/11	-	2.400	30/11	-	2.400			
			31/12	-	2.400	31/12	-	2.400			
			31/12 *Naar*								
			balans	-	9.600						
	€	37.600		€	37.600		€	28.000		€	28.000

1706

a

1		191	Vooruitontvangen bedragen	€ 950	
	Aan	960	Huuropbrengst		€ 950
2		191	Vooruitontvangen bedragen	€ 950	
	Aan	960	Huuropbrengst		€ 950
		120	ING Bank	€ 2.850	
	Aan	191	Vooruitontvangen bedragen		€ 2.850

b

1		440	Huurkosten	€ 950	
	Aan	190	Vooruitbetaalde bedragen		€ 950
2		440	Huurkosten	€ 950	
	Aan	190	Vooruitbetaalde bedragen		€ 950
		190	Vooruitbetaalde bedragen	€ 2.850	
	Aan	120	ING Bank		€ 2.850

1707 a

1 *Per 1/4 en 1/10*

	110	Bank	€	30.000		
Aan	191	Vooruitontvangen bedragen			€	30.000

Per het einde van het 1e, 2e, 3e en 4e kwartaal

	191	Vooruitontvangen bedragen	€	15.000		
Aan	980	Huuropbrengst			€	15.000

2 *Per 28/2, 31/5, 31/8 en 30/11*

	110	Bank	€	2.400		
Aan	192	Nog te ontvangen bedragen			€	2.400

Per het einde van het 1e, 2e, 3e en 4e kwartaal

	192	Nog te ontvangen bedragen	€	2.400		
Aan	980	Huuropbrengst			€	2.400

b

191 Vooruitontvangen bedragen

31/3		€	15.000	1/1	Balans	€	15.000
30/6		-	15.000	1/4		-	30.000
30/9		-	15.000	1/10		-	30.000
31/12		-	15.000				
31/12	*Naar balans*	-	15.000				
		€	75.000			€	75.000
				1/1	Balans	€	15.000

192 Nog te ontvangen bedragen

1/1	Balans	€	800	28/2		€	2.400
31/3		-	2.400	31/5		-	2.400
30/6		-	2.400	31/8		-	2.400
30/9		-	2.400	30/11		-	2.400
31/12		-	2.400	31/12	*Naar balans*	-	800
		€	10.400			€	10.400
1/1	Balans	€	800				

980 Huuropbrengst						
31/12	*Naar w&v-rekening*	€	69.600	31/3	€	17.400
				30/6	-	17.400
				30/9	-	17.400
				31/12	-	17.400
		€	69.600		€	69.600

1708 a

1		195	Nog te ontvangen bedragen	€ 1.100		
	Aan	855	Opbrengst cursussen Furore		€	1.100
2		195	Nog te ontvangen bedragen	€ 1.200		
	Aan	855	Opbrengst cursussen Furore		€	1.200
		+				
		110	Bank	€ 4.800		
	Aan	195	Nog te ontvangen bedragen		€	4.800

b

195 Nog te ontvangen bedragen

2013							
30/9	Memoriaal	€	1.100	30/11	Bankboek	€	3.300
31/10	Memoriaal	-	1.100	31/12	*Naar balans*	-	1.100
30/11	Memoriaal	-	1.100				
31/12	Memoriaal	-	1.100				
		€	4.400			€	4.400
2014							
1/1	Balans	€	1.100	28/2	Bankboek	€	3.300
31/1	Memoriaal	-	1.100	31/5	Bankboek	-	3.300
28/2	Memoriaal	-	1.100	31/8	Bankboek	-	3.300
31/3	Memoriaal	-	1.100	31/12	Bankboek	-	4.800
30/4	Memoriaal	-	1.100				
31/5	Memoriaal	-	1.100				
30/6	Memoriaal	-	1.100				
31/7	Memoriaal	-	1.100				
31/8	Memoriaal	-	1.100				
30/9	Memoriaal	-	1.200				
31/10	Memoriaal	-	1.200				
30/11	Memoriaal	-	1.200				
31/12	Memoriaal	-	1.200				
		€	14.700			€	14.700

855 Opbrengst cursussen Furore

2013							
31/12	*Naar w&v-rekening*	€	4.400	30/9	Memoriaal	€	1.100
				31/10	Memoriaal	-	1.100
				30/11	Memoriaal	-	1.100
				31/12	Memoriaal	-	1.100
		€	4.400			€	4.400
2014							
31/12	*Naar w&v-rekening*	€	13.600	31/1	Memoriaal	€	1.100
				28/2	Memoriaal	-	1.100
				31/3	Memoriaal	-	1.100
				30/4	Memoriaal	-	1.100
				31/5	Memoriaal	-	1.100
				30/6	Memoriaal	-	1.100
				31/7	Memoriaal	-	1.100
				31/8	Memoriaal	-	1.100
				30/9	Memoriaal	-	1.200
				31/10	Memoriaal	-	1.200
				30/11	Memoriaal	-	1.200
				31/12	Memoriaal	-	1.200
		€	13.600			€	13.600

1709 a

1		445	Assurantiekosten	€	800		
	Aan	190	Vooruitbetaalde bedragen			€	800
2		460	Interestkosten	€	600		
	Aan	192	Nog te betalen bedragen			€	600
3		191	Vooruitontvangen bedragen	€	1.100		
	Aan	960	Huuropbrengst			€	1.100
4		193	Nog te ontvangen bedragen	€	100		
	Aan	961	Interestopbrengst			€	100

b

Nr.	Rekening	W&V-rekening Debet	Credit	Balans Debet	Credit
001	Bedrijfspand			€ 300.000	
020	4,8% Lening u/g			- 25.000	
040	Eigen vermogen				€ 328.900*
041	Privé				
077	6% Hypothecaire lening o/g				- 120.000
100	Kas			- 6.800	
110	Bank			- 24.300	
130	Debiteuren			- 33.000	
140	Crediteuren				- 14.200
180	Te vorderen OB			- 25.400	
181	Te betalen OB				- 32.700
190	Vooruitbetaalde bedragen			- 3.200	
191	Vooruitontvangen bedragen				- 3.300
192	Nog te betalen bedragen				- 3.000
193	Nog te ontvangen bedragen			- 400	
410	Loonkosten	€ 30.400			
445	Assurantiekosten	- 9.200			
460	Interestkosten	- 7.200			
480	Overige kosten	- 15.400			
700	Voorraad goederen			- 84.000	
800	Inkoopprijs verkopen	- 600.000			
840	Opbrengst verkopen		€ 670.000		
960	Huuropbrengst		- 8.800		
961	Interestopbrengst		- 1.200		
	Nettowinst	- 17.800			
		€ 680.000	€ 680.000	€ 502.100	€ 502.100

* € 327.500 + € 17.800 (Nettowinst) – € 16.400 (Saldo rekening *041 Privé*)

1710

1		160	Te ontvangen cursusgelden	€ 24.750	
	Aan	170	Vooruitberekende cursusgelden		€ 24.750
		100	Kas	€ 3.000	
	Aan	140	Inschrijfgelden		€ 3.000
2		180	Vervallen termijnen	€ 12.375	
	Aan	820	Opbrengst stijldansen jeugdigen		€ 3.625
	Aan	821	Opbrengst stijldansen volwassenen		- 4.375
	Aan	822	Opbrengst streetdance		- 4.375
		170	Vooruitberekende cursusgelden	€ 12.375	
	Aan	160	Te ontvangen cursusgelden		€ 12.375
3		130	Kruisposten	€ 4.775	
		100	Kas	- 700	
		140	Inschrijfgelden	- 1.800	
	Aan	180	Vervallen termijnen		€ 7.275
4		120	Rabobank	€ 4.775	
	Aan	130	Kruisposten		€ 4.775
5		830	Niet te innen cursusgelden	€ 157,50	
		140	Inschrijfgelden	- 60	
	Aan	180	Vervallen termijnen		€ 217,50
		170	Vooruitberekende cursusgelden	€ 217,50	
	Aan	160	Te ontvangen cursusgelden		€ 217,50
6		440	Onderhoudskosten	€ 87,50	
	Aan	180	Vervallen termijnen		€ 87,50
		170	Vooruitberekende cursusgelden	€ 87,50	
	Aan	160	Te ontvangen cursusgelden		€ 87,50
7		830	Niet te innen cursusgelden	€ 175	
	Aan	180	Vervallen termijnen		€ 175

1711 a Een vaste boeking is een boeking waarvan de te debiteren en crediteren rekeningen en de daarbijbehorende bedragen zijn vastgelegd in een apart bestand.

b
- Het bespaart tijd doordat niet telkens weer dezelfde gegevens hoeven te worden ingevoerd.
- Het geeft een lagere kans op fouten, als de boeking tenminste juist in het bestand zit!

c
1 Er is vooruitbetaald voor assurantiepremie. Uit het bedrag (€ 4.800) is af te leiden dat dit een betaling voor vier maanden is. Deze boeking komt dus hooguit drie maal per jaar voor. Het is aannemelijk dat de premie jaarlijks verandert. Er kan een vaste boeking worden gemaakt maar erg veel tijdsbesparing levert dit niet op.
2 De assurantiekosten worden maandelijks voor hetzelfde bedrag geboekt. Per jaar komt deze post 12 keer voor. Dit is een geschikte post voor een vaste boeking.
3 Het betreft hier een maandelijkse post met hetzelfde bedrag. Ook deze is geschikt voor een vaste boeking.
4 De journaalpost op zich komt regelmatig terug maar het bedrag is telkens anders. Dan is het de vraag of een vaste boeking veel tijdsbesparing oplevert. Het is wel aan te raden het bedrag van een vaste boeking op € 0 te houden; dit voorkomt dat per ongeluk het 'oude' bedrag blijft staan. Een € 0 post wordt veel sneller als fout in de controlelijst opgemerkt.

18

Boekingen in verband met personeelskosten, interestkosten en interestbaten

1801

1	410	Loonkosten	€	51.280		
Aan	150	Af te dragen loonheffingen			€	17.980
Aan	154	Te betalen pensioenpremies			-	2.700
Aan	110	Bank			-	30.600
2	150	Af te dragen loonheffingen	€	85.200		
	154	Te betalen pensioenpremies	-	29.700		
Aan	110	Bank			€	114.900
3*a*	412	Sociale lasten	€	10.256		
Aan	150	Af te dragen loonheffingen			€	10.256
b	413	Kosten pensioenen	€	7.692		
Aan	154	Te betalen pensioenpremies			€	7.692

1802

a

1	410	Loonkosten	€	30.500		
Aan	150	Af te dragen loonheffingen			€	11.600
Aan	154	Te betalen pensioenpremies			-	3.000
Aan	110	Bank			-	15.900
2*a*	412	Sociale lasten	€	6.100		
Aan	150	Af te dragen loonheffingen			€	6.100
b	414	Kosten pensioenen	€	4.575		
Aan	154	Te betalen pensioenpremies			€	4.575
c	413	Kosten vakantietoeslag	€	1.525		
Aan	153	Te betalen vakantietoeslag			€	1.525
3	150	Af te dragen loonheffingen	€	54.200		
	154	Te betalen pensioenpremies	-	24.700		
Aan	110	Bank			€	78.900

b

Nr.	Rekening	Saldibalans Debet	Saldibalans Credit	Winst-en-verliesrekening Debet	Winst-en-verliesrekening Credit	Balans Debet	Balans Credit
154	Te betalen pensioenpremies		€ 4.875*				€ 4.875
414	Kosten pensioenen	€ 4.575		€ 4.575			

* € 22.000 + € 3.000 + € 4.575 – € 24.700.

1803

Datum		Nr.	Rekening	Debet	Credit
2/4		181	Te betalen OB	€ 555.000	
	Aan	180	Te vorderen OB		€ 385.000
	Aan	182	Af te dragen OB		- 170.000
4/4		182	Af te dragen OB	€ 170.000	
		041	Privé	- 15.400	
	Aan	110	Rabobank		€ 185.400
15/4		150	Af te dragen loonheffingen	€ 150.750	
	Aan	120	ING Bank		€ 150.750
24/4		190	Vooruitbetaalde bedragen	€ 480	
	Aan	100	Kas		€ 480
28/4		410	Loonkosten	€ 76.800	
	Aan	150	Af te dragen loonheffingen		€ 32.900
	Aan	154	Te betalen pensioenpremies		- 5.000
	Aan	155	Te betalen nettolonen		- 38.900
30/4		412	Sociale lasten	€ 19.600	
	Aan	150	Af te dragen loonheffingen		€ 19.600
		414	Kosten pensioenen	€ 6.500	
	Aan	154	Te betalen pensioenpremies		€ 6.500
30/4		155	Te betalen nettolonen	€ 38.900	
	Aan	110	Rabobank		€ 38.900

1804	a		155 Voorschotbetalingen lonen	€	33.000		
		Aan	110 Bank			€	33.000
	b	1	410 Loonkosten	€	76.900		
		Aan	150 Te betalen loonheffingen			€	31.800
		Aan	154 Te betalen pensioenpremies			-	6.000
		Aan	155 Voorschotbetalingen lonen			-	33.000
		Aan	110 Bank			-	6.100
		2	412 Sociale lasten	€	15.800		
		Aan	150 Te betalen loonheffingen			€	15.800
			414 Kosten pensioenen	€	9.250		
		Aan	154 Te betalen pensioenpremies			€	9.250

1805	a	1	110 Bank	€	120.000		
		Aan	076 Leningen o/g			€	120.000
		2	470 Interestkosten	€	600		
		Aan	170 Te betalen interest			€	600
		3	170 Te betalen interest	€	3.600		
			076 Leningen o/g	-	6.000		
		Aan	110 Bank			€	9.600
		4	470 Interestkosten	€	570		
		Aan	170 Te betalen interest			€	570
	b		076 Leningen o/g: € 120.000 – € 6.000 =		Credit	€	114.000
			170 Te betalen interest: 3 x € 570 =		Credit	€	1.710

1806	a	1	110 Rabobank	€	100.000		
		Aan	076 6% Lening o/g			€	100.000
			470 Interestkosten	€	500		
		Aan	170 Te betalen interest			€	500
		2	170 Te betalen interest	€	3.000		
		Aan	120 ING Bank			€	3.000
			470 Interestkosten	€	500		
		Aan	170 Te betalen interest			€	500

3	170	Te betalen interest	€	3.000		
	076	6% Lening o/g	-	10.000		
Aan	120	ING Bank			€	13.000

	470	Interestkosten	€	450		
Aan	170	Te betalen interest			€	450

4	470	Interestkosten	€	450		
Aan	170	Te betalen interest			€	450

b

2012: 4/12 x 6% x € 100.000 =	€	2.000
2013: 8/12 x 6% x € 100.000 + 4/12 x 6% x € 90.000 =	€	5.800

c

	31 december 2012			31 december 2013		
076 6% Lening o/g	C	€	100.000	C	€	90.000
170 Te betalen interest	C	-	2.000	C	-	1.800

1807

a

1	120	ING Bank	€	111.937,50		
	470	Interestkosten	-	562,50		
Aan	081	Lening ING Bank			€	112.500

2	470	Interestkosten	€	450		
Aan	193	Nog te betalen bedragen			€	450

b

	193	Nog te betalen bedragen	€	2.700		
Aan	120	ING Bank			€	2.700

c

	470	Interestkosten	€	487,50		
Aan	193	Nog te betalen bedragen			€	487,50

d

	193	Nog te betalen bedragen	€	2.925		
Aan	120	ING Bank			€	2.925

e

	193	Nog te betalen bedragen	€	2.925		
	081	Lening ING Bank	-	112.500		
	470	Interestkosten	-	1.125		
Aan	120	ING Bank			€	116.550

1808

a

				Debet	Credit
1		110	Rabobank	€ 1.000.000	
	Aan	077	Hypothecaire lening o/g		€ 1.000.000
		470	Interestkosten	€ 5.000	
	Aan	170	Te betalen interest		€ 5.000
2		170	Te betalen interest	€ 30.000	
	Aan	110	Rabobank		€ 30.0000
		470	Interestkosten	€ 5.000	
	Aan	170	Te betalen interest		€ 5.000
3		170	Te betalen interest	€ 30.000	
		077	Hypothecaire lening o/g	- 50.000	
	Aan	110	Rabobank		€ 80.000
		470	Interestkosten	€ 4.750	
	Aan	170	Te betalen interest		€ 4.750
4		470	Interestkosten	€ 4.750	
	Aan	170	Te betalen interest		€ 4.750

b

				Debet	Credit
1		078	Hypothecaire lening u/g	€ 1.000.000	
	Aan	110	Rabobank		€ 1.000.000
		192	Te ontvangen interest	€ 5.000	
	Aan	961	Interestopbrengst		€ 5.000
2		110	Rabobank	€ 30.000	
	Aan	192	Te ontvangen interest		€ 30.000
		192	Te ontvangen interest	€ 5.000	
	Aan	961	Interestopbrengst		€ 5.000
3		110	Rabobank	€ 80.000	
	Aan	192	Te ontvangen interest		€ 30.000
	Aan	078	Hypothecaire lening u/g		- 50.000
		192	Te ontvangen interest	€ 4.750	
	Aan	961	Interestopbrengst		€ 4.750
4		192	Te ontvangen interest	€ 4.750	
	Aan	961	Interestopbrengst		€ 4.750

1809 Het juiste antwoord is *d*.

1810

a

	400	Personeelskosten	€	15.750		
Aan	171	Te betalen loonheffingen			€	3.750
Aan	172	Te betalen pensioenpremies			-	450
Aan	170	Te betalen lonen			-	11.550

b

	400	Personeelskosten	€	2.650		
Aan	171	Te betalen loonheffingen			€	1.900
Aan	172	Te betalen pensioenpremies			-	750

c

	100	Kas	€	150		
	930	Incidentele baten en lasten	-	50		
Aan	003	Wasmachines			€	200

d De nettohuuropbrengst blijkt uit de grootboekrekeningen *820 Kosten leegstand* en *821 Huuropbrengsten.*

e

	150	Tussenrekening huren	€	34.000		
Aan	821	Huuropbrengsten			€	34.000
		60 x € 300 + 40 x € 400				

f

	420	Interestkosten	€	2.250		
		1/12 x 6% van (€ 500.000 – € 50.000)				
Aan	180	Te betalen interest			€	2.250

g Het saldo op de grootboekrekening *180 Te betalen interest* per 31 december 2013 is: 6% van € 450.000 x 2/12 = € 4.500 (credit).

h

	110	ING Bank	€	32.830		
Aan	150	Tussenrekening huren			€	29.000
Aan	160	Waarborgsommen			-	3.000
Aan	830	Overige opbrengsten			-	830

i

	180	Te betalen interest	€	13.500		
	170	Te betalen lonen	-	11.550		
Aan	110	ING Bank			€	25.050

j

	160	Waarborgsommen	€	750		
	120	Kruisposten	-	1.000		
Aan	100	Kas			€	1.666
Aan	830	Overige opbrengsten			-	84

k

	411	Afschrijvingskosten gebouwen	€	12.500		
Aan	001	Gebouwen			€	12.500

	412	Afschrijvingskosten inventaris	€	7.500		
Aan	002	Inventaris			€	7.500

	900	Kasverschillen	€	20		
Aan	100	Kas			€	20

l

	820	Kosten leegstand	€	1.600		
	810	Kosten wanbetaling	-	300		
Aan	150	Tussenrekening huren			€	1.900

m De norm voor leegstand over december 2013 is:
5% van (60 x € 300 + 40 x € 400,-) = € 1.700.

n Het verschil met de norm is: € 1.700– € 1.600= € 100 (voordelig).

1811

1 Invoeren kasboekingen.
2 Invoeren ING Bankboekingen. Elk invoerscherm van een bank heeft een vaste tegenrekening. Er zijn nu meer banken, dan moet voor elke bankrekening een apart invoerscherm worden aangemaakt.
3 Invoeren Rabobankboekingen. (Zie 2 voor de motivering.)
4 Invoeren overige boekingen.
5 Invoeren Rabobankboekingen. (Zie 2 voor de motivering.)
6 Invoeren overige boekingen.
7 Invoeren Triodos bankboekingen. (Zie 2 voor de motivering.)
8 Invoeren Rabobankboekingen. (Zie 2 voor de motivering.)
9 Invoeren Rabobankboekingen. (Zie 2 voor de motivering.)
10 Invoeren interest uitgeleend geld. Dit is een opbrengst die verder niets direct met het bedrijf te maken heeft. Daarom is het verstandig deze via een apart invoerscherm te verwerken. Als de leningen met enige regelmaat worden verstrekt, kan er eventueel ook een aparte bankrekening voor worden geopend, zodat ook de gegevens 8 en 9 apart worden gehouden.

19

Boekingen in verband met kosten van vaste activa

1901

	001	Gebouwen	€	934.800		
	190	Vooruitbetaalde bedragen	-	2.000		
Aan	110	Bank			€	936.800

1902

a

	001	Gebouwen	€	470.000		
	470	Interestkosten	-	5.400		
Aan	077	Hypothecaire lening o/g			€	270.000
Aan	110	Bank			-	180.000
Aan	100	Kas			-	25.400

b

	470	Interestkosten	€	1.215		
Aan	170	Te betalen interest			€	1.215

1903

a

	003	Auto's	€	13.000		
		€ 12.958 + € 42				
	180	Te vorderen OB	-	2.721,18		
Aan	140	Crediteuren			€	15.721,18

	190	Vooruitbetaalde bedragen	€	300		
Aan	110	Bank			€	300

	441	Assurantiekosten	€	100		
Aan	190	Vooruitbetaalde bedragen			€	100

	433	Afschrijvingskosten auto's	€	195		
Aan	003	Auto's			€	195

b

003 Auto's

Datum	Omschrijving		Bedrag	Datum	Omschrijving		Bedrag
1/6	Aanschaf	€	13.000	30/6	Afschrijving juni	€	195
				31/7	Afschrijving juli	-	195
				31/8	Afschrijving augustus	-	195
				30/9	Afschrijving september	-	195
				31/10	Afschrijving oktober	-	195
				30/11	Afschrijving november	-	195
				31/12	Afschrijving december	-	195
					Naar balans	-	11.635
		€	13.000			€	13.000

433 Afschrijvingskosten auto's

Datum	Omschrijving		Bedrag	Datum	Omschrijving		Bedrag
30/6	Afschrijving juni	€	195	31/12	*Naar w&v-rekening*	€	1.365
31/7	Afschrijving juli	-	195				
31/8	Afschrijving augustus	-	195				
30/9	Afschrijving september	-	195				
31/10	Afschrijving oktober	-	195				
30/11	Afschrijving november	-	195				
31/12	Afschrijving december	-	195				
		€	1.365			€	1.365

1904

a

430	Afschrijvingskosten winkelpand:		
	4% x € 900.000 x 11/12 =	€	33.000
435	Afschrijvingskosten winkelinventaris:		
	€ 13.500 x 11/12 =	€	12.375
440	Afschrijvingskosten bestelwagens:		
	$\frac{€ 97.500 - € 7.500}{5}$ x 11/12 =	€	16.500

b

	430	Afschrijvingskosten winkelpand	€	3.000		
	435	Afschrijvingskosten winkelinventaris	-	1.125		
	440	Afschrijvingskosten bestelwagens	-	1.500		
Aan	001	Winkelpand			€	3.000
Aan	020	Winkelinventaris			-	1.125
Aan	021	Bestelwagens			-	1.500

c Winkelpand € 723.000 – € 3.000 = € 720.000.
Winkelinventaris € 41.625 – € 1.125 = € 40.500.
Bestelwagens € 63.000 – € 1.500 = € 61.500.

1905 a

	433	Afschrijvingskosten auto's	€ 3.600	
Aan	013	Afschrijving auto's		€ 3.600

b

		Saldibalans		Winst-en-verliesrekening		Balans	
Nr.	Rekening	Debet	Credit	Debet	Credit	Debet	Credit
003	Auto's	€ 180.000				€ 180.000	
013	Afschrijving auto's		€ 75.600				€ 75.600
433	Afschrijvingskosten auto's	€ 43.200		€ 43.200			

c € 180.000 – € 75.600 = € 104.400.

1906 a

	001	Huizen	€ 420.000	
Aan	005	Afschrijving huizen		€ 420.000

b

	430	Afschrijvingskosten huizen	€ 3.750	
Aan	005	Afschrijving huizen		€ 3.750

c

001 Huizen

1/1	Balans	€ 1.080.000	31/12	*Naar balans*	€ 1.500.000
	I.v.m. invoering rekening 005	- 420.000			
		€ 1.500.000			€ 1.500.000
1/1	Balans	€ 1.500.000			

005 Afschrijving huizen

31/12	*Naar balans*	€	465.000	1/1	I.v.m. invoering rekening 005	€	420.000
				31/1	12 x	-	3.750
				.			.
				.			.
				.			.
				31/12		-	3.750
		€	465.000			€	465.000
				1/1	Balans	€	465.000

430 Afschrijvingskosten huizen

31/1	12x	€	3.750	31/12	*Naar w&v-rekening*	€	45.000
.			.				
.			.				
.			.				
31/12		-	3.750				
		€	45.000			€	45.000

1907

a

1		433	Afschrijvingskosten bestelwagens	€	1.960		
	Aan	013	Afschrijving bestelwagens			€	1.960
2		003	Bestelwagens	€	15.042		
			€ 47.000 + € 42 – € 32.000				
		013	Afschrijving bestelwagens	-	22.640		
			€ 22.000 + 2% x € 32.000				
		180	Te vorderen OB	-	9.870		
	Aan	140	Crediteuren			€	43.602
	Aan	181	Te betalen OB			-	2.310
	Aan	980	Incidentele resultaten			-	1.640
			€ 11.000 – (€ 32.000 – € 22.640)				

b

003 Bestelwagens			
€ 98.000 + € 15.042 =	Debet	€	113.042
013 Afschrijving bestelwagens			
€ 44.000 + € 1.960 – € 22.640 =	Credit	€	23.320

1908

a

1	005	Overige inventaris	€ 300.000		
Aan	015	Afschrijving overige inventaris		€	300.000
		40/60 x € 450.000			

2 Oude pand aangeschaft in september 2010. Cumulatieve afschrijving:

2010:	1,75%	(september 1/2 x 0,5%)
2011:	6 %	
2012:	6 %	
2013:	1,25%	(maart 1/2 x 0,5%)
	15 %	x € 480.000 = € 72.000

	011	Afschrijving gebouwen	€ 72.000		
Aan	001	Gebouwen		€	60.000
		€ 480.000 – € 420.000			
Aan	980	Incidentele resultaten		-	12.000

Aangezien in april en mei 2013 op rekening *001 Gebouwen* € 60.000 te veel stond, moet ook nog de volgende correctieboeking worden gemaakt:

	011	Afschrijving gebouwen	€ 600		
		2 x 0,5% x € 60.000			
Aan	431	Afschrijvingskosten gebouwen		€	600

b

	431	Afschrijvingskosten gebouwen	€ 28.500		
		1/2% x (€ 5.760.000 – € 60.000)			
Aan	011	Afschrijving gebouwen		€	28.500
	432	Afschrijvingskosten computers	€ 22.500		
		2% x € 1.125.000			
Aan	012	Afschrijving computers		€	22.500
	435	Afschrijvingskosten overige inventaris	€ 12.500		
		12/3% x € 750.000			
Aan	015	Afschrijving overige inventaris		€	12.500

1909

a

1	001	Gebouwen	€ 1.800.000		
Aan	110	Bank		€	1.800.000
2	001	Gebouwen	€ 228.000		
	180	Te vorderen OB	- 47.880		
Aan	140	Crediteuren		€	275.880

3	110	Bank	€	700.000		
	011	Afschrijving gebouwen	-	241.000		
		€ 240.000 + 2% x € 600.000 x 1/12				
Aan	001	Gebouwen			€	600.000
Aan	980	Incidentele resultaten			-	341.000

b

Datum	Omschrijving	+		–/–		Maandelijkse afschrijvingskosten	
2013							
1/5	Stand					€	38.000
31/5	Bij: Vinkenpassage, Groningen	€	3.000				
	Bij: Markt, Assen	-	380				
	Af: Rompertcentrum, Groningen			€	1.000		
1/6	Stand	€	3.380	€	1.000	€	40.380

c

1	431	Afschrijvingskosten gebouwen	€	38.000		
Aan	011	Afschrijving gebouwen			€	38.000

2	431	Afschrijvingskosten gebouwen	€	40.380		
Aan	011	Afschrijving gebouwen			€	40.380

1910

a

	001	Winkelpanden	€	1.000.000		
Aan	011	Afschrijving winkelpanden			€	1.000.000

b

	431	Afschrijvingskosten winkelpanden	€	14.400		
		0,3% x € 4.800.000				
Aan	011	Afschrijving winkelpanden			€	14.400

c

1	001	Winkelpanden	€	160.000		
	180	Te vorderen OB	-	33.600		
Aan	140	Crediteuren			€	193.600

2	001	Winkelpanden	€	840.000		
Aan	110	Bank			€	840.000

d

	431	Afschrijvingskosten winkelpanden	€	17.400		
		0,3% x € 5.800.000				
Aan	011	Afschrijving winkelpanden			€	17.400

e

	011	Afschrijving winkelpanden	€	160.000		
	110	Bank	-	530.000		
Aan	001	Winkelpanden			€	600.000
Aan	980	Incidentele verliezen en winsten			-	90.000

f

	431	Afschrijvingskosten winkelpanden	€	15.600		
		0,3% x € 5.200.000				
Aan	011	Afschrijving winkelpanden			€	15.600

g

011 Afschrijving winkelpanden

31/10	Verkoop winkelpand	€	160.000	1/1	I.v.m. invoering rekening 011	€	1.000.000
31/12	*Naar balans*	-	1.033.200	31/1	Afschrijving januari	-	14.400
				29/2	Afschrijving februari	-	14.400
				31/3	Afschrijving maart	-	14.400
				30/4	Afschrijving april	-	14.400
				31/5	Afschrijving mei	-	17.400
				30/6	Afschrijving juni	-	17.400
				31/7	Afschrijving juli	-	17.400
				31/8	Afschrijving augustus	-	17.400
				30/9	Afschrijving september	-	17.400
				31/10	Afschrijving oktober	-	17.400
				30/11	Afschrijving november	-	15.600
				31/12	Afschrijving december	-	15.600
		€	1.193.200			€	1.193.200
				1/1	Balans	€	1.033.200

1911

1		035	Machines in leasing	€	200.000		
	Aan	050	Leasecrediteuren			€	200.000
2		050	Leasecrediteuren	€	34.080		
	Aan	130	Vervallen leasetermijnen			€	34.080
3		050	Leasecrediteuren	€	17.488		
		470	Interestkosten	-	16.592		
	Aan	130	Vervallen leasetermijnen			€	34.080
4		460	Afschrijvingskosten	€	25.000		
	Aan	040	Afschrijving machines in leasing			€	25.000
5		040	Afschrijving machines in leasing	€	200.000		
	Aan	035	Machines in leasing			€	200.000
		030	Machines	€	100		
	Aan	110	Bank			€	100

1912

1		025	Leasemachines	€	230.400		
		470	Financieringskosten leasemachines	-	200		
		180	Te vorderen omzetbelasting	-	48.426		
	Aan	075	Leaseverplichtingen			€	230.600
	Aan	175	Te betalen omzetbelasting				
			aan leasecrediteuren			-	48.426
2		075	Leaseverplichtingen	€	6.600		
		175	Te betalen omzetbelasting				
			aan leasecrediteuren	-	48.426		
		470	Financieringskosten leasemachines	-	526		
	Aan	135	Vervallen leasetermijnen			€	55.552
3		135	Vervallen leasetermijnen	€	50.940		
	Aan	120	Rabobank			€	50.940
4		075	Leaseverplichtingen	€	6.400		
		470	Financieringskosten leasemachines	-	526		
	Aan	135	Vervallen leasetermijnen			€	6.926
5		425	Afschrijvingskosten leasemachines	€	6.400		
	Aan	035	Afschrijving leasemachines			€	6.400
6		024	Machines	€	16.000		
		180	Te vorderen omzetbelasting	-	3.360		
	Aan	140	Crediteuren			€	19.360
		035	Afschrijving leasemachines	€	230.400		
	Aan	025	Leasemachines			€	230.400

7	495	Huurkosten leaseauto's	€	610		
	180	Te vorderen omzetbelasting	-	113,40		
Aan	140	Crediteuren			€	723,40

8	140	Crediteuren	€	723,40		
Aan	120	Rabobank			€	723,40

9	490	Brandstofkosten auto's	€	39,97		
	180	Te vorderen omzetbelasting	-	8,39		
Aan	120	Rabobank			€	48,36

10	130	Debiteuren	€	84,70		
Aan	120	Rabobank			€	84,70

1913 a

Afschrijvingskosten		
(€ 120.000 – € 12.000) : 60 =	€	1.800
Interest	-	1.100
Verzekeringskosten		
(€ 1.200 : 12) 3 1,07 =	-	107
Onderhoudskosten		
€ 3.000 : 6 =	-	500
Kosten montage en demontage machine		
€ 600 : 60 =	-	10
	€	3.517
Omzetbelasting		
21% x (€ 3.517 – € 1.100 – € 107) =	-	485,10
	€	4.002,10

b

	480	Machinekosten i.v.m. leasecontracten	€	3.517		
	180	Te vorderen OB	-	485,10		
Aan	110	Bank			€	4.002,10

c

	040	Machines	€	12.000		
	180	Te vorderen OB	-	2.520		
Aan	110	Bank			€	14.520

1914

Nr.		Rekening	Omschrijving	Debet	Credit
1		005	Grondverzetmachines	€ 119.600	
			€ 143.550 – € 23.950		
		180	Te vorderen omzetbelasting	- 30.145,50	
	Aan	140	Crediteuren		€ 144.716
	Aan	185	Te betalen omzetbelasting		- 5.029,50
2		005	Grondverzetmachines	€ 8.500	
		700	Onderhanden onderhoudswerk	- 4.500	
		180	Te vorderen omzetbelasting	- 2.730	
	Aan	140	Crediteuren		€ 15.730
3		700	Onderhanden onderhoudswerk	€ 23.000	
		800	Kosten grondverzetmachines	- 2.500	
	Aan	310	Materialen onderhoudsmagazijn		€ 25.500
4		430	Afschrijvingskosten grondverzetmachines	€ 3.151	
	Aan	015	Afschrijving grondverzetmachines		€ 3.151
		015	Afschrijving grondverzetmachines	€ 63.320	
		910	Incidentele baten en lasten	- 730	
	Aan	005	Grondverzetmachines		€ 64.050
5		700	Onderhanden onderhoudswerk	€ 880	
		180	Te vorderen omzetbelasting	- 184,80	
	Aan	140	Crediteuren		€ 1.064,80
6		130	Debiteuren	€ 42.108	
	Aan	810	Opbrengst verhuurmachines		€ 31.320
	Aan	850	Opbrengst groot onderhoud		- 3.480
	Aan	185	Te betalen omzetbelasting		- 7.308
7		450	Loonkosten	€ 204.000	
	Aan	170	Af te dragen loonheffingen		€ 79.470
	Aan	110	Bank		- 124.530
8		480	Transportkosten grondverzetmachines	€ 4.100	
		180	Te vorderen omzetbelasting	- 861	
	Aan	140	Crediteuren		€ 4.961
9		700	Onderhanden onderhoudswerk	€ 48.000	
		800	Kosten grondverzetmachines	- 2.100	
	Aan	455	Berekende loonkosten monteurs		€ 50.100
10		800	Kosten grondverzetmachines	€ 184.600	
	Aan	700	Onderhanden onderhoudswerk		€ 184.600

1915 a *Invoeren bankboekingen*

Datum	Boekings-stuk	Rekening-nummer	Debiteur/ Crediteur	Factuur	BTW-code	Bij	Af	BTW-bedrag
1/1	B-13002	010					€ 657.200	
1/1	B-13002	110					€ 7.200	
1/1	B-13002	020				€ 500.000		
1/1	B-13002	420					€ 5.000	

b De maandelijkse afschrijvingskosten zijn:
1/12 x 1/30 x (€ 657.200 – € 95.600) = € 1.560.
De maandelijkse interestkosten zijn:
1/12 x 4,8% x € 500.000 = € 2.000.

De vaste boekingen worden:

Datum	Boekings-stuk	Rekening-nummer	Debiteur/ Crediteur	Factuur	Debet	Credit
31/1	M-13001	410			€ 1.560	
31/1	M-13001	011				€ 1.560
31/1	M-13002	420			€ 2.000	
31/1	M-13002	160				€ 2.000

c *Invoeren bankboekingen*

Datum	Boekings-stuk	Rekening-nummer	Debiteur/ Crediteur	Factuur	BTW-code	Bij	Af	BTW-bedrag
31/12	B-13124	160					€ 24.000	
31/12	B-13124	020					€ 25.000	

20

Boekingen in verband met kosten van voorzieningen

2001

a

1		130	Debiteuren	€	484.000		
	Aan	840	Opbrengst verkopen			€	400.000
	Aan	181	Te betalen OB			-	84.000
		450	Verkoopkosten	€	6.500		
	Aan	060	Garantievoorziening			€	4.000
	Aan	065	Servicevoorziening			-	2.500
2		060	Garantievoorziening	€	450		
	Aan	300	Voorraad onderdelen			€	450
3		060	Garantievoorziening	€	400		
		065	Servicevoorziening	-	850		
	Aan	640	Reparaties in uitvoering			€	1.250
4		060	Garantievoorziening	€	8.000		
	Aan	450	Verkoopkosten			€	8.000

b Wanneer het verschil tussen dotaties en claims zich permanent voordoet. Het percentage moet worden verlaagd.

2002

a

1		448	Kosten milieuschade	€	2.500		
	Aan	061	Voorziening milieuschade			€	2.500
2		061	Voorziening milieuschade	€	6.800		
	Aan	140	Crediteuren			€	6.800
3		061	Voorziening milieuschade	€	8.200		
	Aan	448	Kosten milieuschade			€	8.200

b

448 Kosten milieuschade

31/1	€ 2.500	31/12	*Naar 061*	€	6.200
28/2	- 2.500	31/12	*Naar w&v-rekening*	-	23.800
31/3	- 2.500				
30/4	- 2.500				
31/5	- 2.500				
30/6	- 2.500				
31/7	- 2.500				
31/8	- 2.500				
30/9	- 2.500				
31/10	- 2.500				
30/11	- 2.500				
31/12	- 2.500				
	€ 30.000			€	30.000

2003

a

	448	Kosten milieuschade	€ 10.000	
Aan	061	Voorziening milieuschade		€ 10.000

b

	061	Voorziening milieuschade	€ 3.200	
	180	Te vorderen OB	- 672	
Aan	140	Crediteuren		€ 3.872

c

	061	Voorziening milieuschade	€ 1.650	
Aan	140	Crediteuren		€ 1.650

d

Dotaties in 2013: 12 x € 10.000 =	€ 120.000
Onttrekkingen in 2013: € 3.200 + € 1.650 =	- 4.850
Voorziening milieuschade 31 december 2013	€ 115.150

e

	130	Debiteuren	€ 112.000	
Aan	061	Voorziening milieuschade		€ 112.000

f

	448	Kosten milieuschade	€ 2.500	
Aan	061	Voorziening milieuschade		€ 2.500

g

	061	Voorziening milieuschade	€ 47.200	
	180	Te vorderen OB	- 9.912	
Aan	140	Crediteuren		€ 57.112

h

	061	Voorziening milieuschade	€ 4.100	
	180	Te vorderen OB	- 861	
Aan	140	Crediteuren		€ 4.961

i

Voorziening milieuschade 31 december 2013	€ 115.150
Dotaties in 2014: 12 x € 2.500 + € 112.000 =	- 142.000
	€ 257.150
Onttrekkingen in 2014: € 47.200 + € 4.100 =	- 51.300
Voorziening milieuschade 31 december 2014	€ 205.850

j

	061	Voorziening milieuschade	€ 15.850	
Aan	448	Kosten milieuschade		€ 15.850

2004

a

1		422	Onderhoudskosten	€ 8.000	
	Aan	062	Onderhoudsvoorziening		€ 8.000
2		062	Onderhoudsvoorziening	€ 148.000	
		180	Te vorderen OB	- 31.080	
	Aan	120	ING Bank		€ 179.080

b

	442	Onderhoudskosten	€ 30.000	
Aan	062	Onderhoudsvoorziening		€ 30.000

c De onderhoudsvoorziening is een egalisatierekening, omdat de onregelmatige *uitgaven* op deze wijze als *kosten* zo gelijkmatig mogelijk over de periodes kunnen worden uitgesmeerd.

2005

1		442	Onderhoudskosten	€ 14.000	
			(2 x € 840.000) : 120		
	Aan	062	Onderhoudsvoorziening		€ 14.000
2		062	Onderhoudsvoorziening	€ 1.680.000	
		442	Onderhoudskosten	- 80.000	
		180	Te vorderen OB	- 369.600	
	Aan	140	Crediteuren		€ 2.129.600

2006

a

Afschrijving component 1: € 1.200.000 : 20 =	€	60.000
Afschrijving component 2: € 3.000.000 : 10 =	-	300.000
Afschrijving component 3: € 1.800.000 : 5 =	-	360.000
Jaarlijkse afschrijvingskosten in de periode 2013 t/m 2032	€	720.000

b Jaarlijkse kosten 2013 t/m 2022:

Afschrijvingskosten: € 6.000.000 : 20 =	€	300.000
Dotatie voorziening component 2: € 3.000.000 : 10 =	-	300.000
Dotatie voorziening component 3: € 1.800.000 : 5 =	-	360.000
	€	960.000

Jaarlijkse kosten 2023 t/m 2027:

Afschrijvingskosten: € 6.000.000 : 20 =	€	300.000
Dotatie voorziening component 3: € 1.800.000 : 5 =	-	360.000
	€	660.000

Jaarlijkse kosten 2028 t/m 2032:

Afschrijvingskosten: € 6.000.000 : 20 =	€	300.000

c De totale kosten over 2013 t/m 2032 volgens de componentenmethode bedragen 20 x € 720.000 = € 14.400.000.
De totale kosten over 2013 t/m 2032 volgens de voorzieningenmethode bedragen 10 x € 960.000 + 5 x € 660.000 + 5 x € 300.000 = € 14.400.000.

2007

1	010	Woningen in exploitatie	€	1.308.000		
Aan	020	Woningen in aanbouw			€	1.308.000
	920	Verkopen woningen	€	4.957.000		
Aan	010	Woningen in exploitatie			€	4.957.000
	400	Afschrijvingskosten woningen	€	1.638.000		
Aan	010	Woningen in exploitatie			€	1.638.000
2	410	Afschrijvingskosten overige vaste activa	€	84.000*		
Aan	040	Overige vaste activa			€	84.000
3	137	Kruisposten	€	33.000		
	960	Diverse baten en lasten	-	200		
Aan	100	Kas			€	33.200

4		125	Te vorderen bijdragen	€	37.000		
	Aan	140	Vooruitontvangen bijdragen			€	37.000
5		140	Vooruitontvangen bijdragen	€	297.500**		
	Aan	810	Bijdragen			€	297.500
6		440	Onderhoudskosten	€	472.000		
	Aan	150	Voorziening onderhoud			€	472.000
7		300	Voorraad materialen	€	7.000		
	Aan	440	Onderhoudskosten			€	7.000

*	Er moet worden afgeschreven: 10% van (€ 1.200.000 – € 150.000) =	€	105.000
	Er is afgeschreven: 2% van (€ 1.200.000 – € 150.000) =	-	21.000
	Te weinig afgeschreven	€	84.000

** Er valt vrij: 5% van (€ 5.913.000 + € 37.000) = € 297.500.

2008

Opgave	Geschikt voor vaste boeking?	Invoerscherm?
2001 a1	Nee	Invoeren verkoopboekingen
2001 a2	Nee	Invoeren overige boekingen of Invoeren magazijn
2001 a3	Nee	Invoeren overige boekingen
2001 a4	Nee	Invoeren overige boekingen
2002 a1	Ja	Invoeren overige boekingen
2002 a2	Nee	Invoeren inkoopboekingen
2002 a3	Nee	Invoeren overige boekingen
2003 a	Ja	Invoeren overige boekingen
2003 b	Nee	Invoeren inkoopboekingen
2003 c	Nee	Invoeren inkoopboekingen
2003 e	Nee	Invoeren verkoopboekingen
2003 f	Ja	Invoeren overige boekingen
2003 g	Nee	Invoeren inkoopboekingen
2003 h	Nee	Invoeren inkoopboekingen
2003 j	Nee	Invoeren overige boekingen
2004 a1	Ja	Invoeren overige boekingen
2004 a2	Nee	Invoeren ING Bankboekingen
2004 b	Nee	Invoeren overige boekingen
2005 1	Ja	Invoeren overige boekingen
2005 2	Nee	Invoeren inkoopboekingen

21

De informatie over de resultaten in de onderneming

2101 a

	840	Opbrengst verkopen		€ 200.000
	800	Inkoopprijs verkopen		- 140.000
(1)		Brutowinst		€ 60.000
	4..	Totale bedrijfskosten	€ 43.000	
	980	Incidentele resultaten	- 1.200	
				- 44.200
(2)		Nettowinst		€ 15.800

b

1	900	Bedrijfskosten	€ 43.000	
Aan	499	Overboekingsrekening		€ 43.000
2	899	Overboekingsrekening	€ 60.000	
Aan	940	Brutowinst op verkopen		€ 60.000
3	999	Overboekingsrekening	€ 15.800	
Aan	040	Eigen vermogen		€ 15.800

2102 a

	900	Bedrijfskosten	€ 32.000	
		€ 92.000 – € 60.000		
Aan	499	Overboekingsrekening		€ 32.000
	899	Overboekingsrekening	€ 57.000	
		€ 155.000 – € 98.000		
Aan	940	Brutowinst op verkopen		€ 57.000
	999	Overboekingsrekening	€ 25.300	
		(€ 100.300 + € 57.000) –		
		(€ 100.000 + € 32.000)		
Aan	040	Eigen vermogen		€ 25.300

b

Winst-en-verliesrekening over maart 2013

Brutowinst op verkopen			W	€	57.000
Bedrijfskosten	V €	32.000			
Incidentele resultaten	W -	300*			
			V	-	31.700
Nettowinst				€	25.300

* (€ 98.000 + € 2.300) – (€ 60.000 + € 40.000).

c

Winst-en-verliesrekening over 1e kwartaal 2013

Brutowinst op verkopen			W	€	155.000
Bedrijfskosten	V €	92.000			
Incidentele resultaten	W -	2.300			
			V	-	89.700
Nettowinst				€	65.300

2103 a

(1)	Gebouwen:	1/12 x 4% x € 900.000 =	€	3.000
	Inventaris:	1/12 x € 24.000 =	-	2.000
			€	5.000
(2)	6% Lening ING Bank:	1/12 x 6% x € 300.000 =	€	1.500
	5% Hypothecaire lening:	1/12 x 5% x € 240.000 =	-	1.000
			€	2.500

(3)	Inkoopprijs van de voorraad	€	120.000	60%			
	Ongerealiseerde winst	-	80.000	40%	→	€	80.000
	Verkoopprijs exclusief OB	€	200.000	100%			
	In voorraad begrepen OB	-	42.000	21%	→	-	42.000
	Verkoopprijs inclusief OB	€	242.000	121%		€	122.000
(4)	60% van de omzet = 60% x € 140.000 =					€	84.000

b

1		490	Diverse kosten	€	200		
	Aan	100	Kas			€	200
2		181	Te betalen OB	€	25.900		
	Aan	180	Te vorderen OB			€	22.000
	Aan	182	Af te dragen OB			-	3.900

3	Inkoopprijs van de voorraad	€	1.200	60%			
	Ongerealiseerde winst	-	800	40%	→	€	800
	Verkoopprijs exclusief OB	€	2.000	100%			
	In voorraad begrepen OB	-	420	21%	→	-	420
	Verkoopprijs inclusief OB	€	2.420*	121%		€	1.220

* € 242.000 – € 239.580.

	701	Ongerealiseerde winst + OB			
		in voorraad goederen	€ 1.220		
	900	Voorraadverschillen	- 1.200		
Aan	700	Voorraad goederen		€	2.420

c

Nr.	Rekening	Oorspronkelijke saldibalans Debet	Credit	Voorafgaande journaalposten Debet	Credit
000	Terreinen en gebouwen	€ 1.100.000			
002	Inventaris	- 120.000			
003	Bedrijfsauto's	- 158.000			
011	Afschrijving gebouwen		€ 320.000		
013	Afschrijving bedrijfsauto's		- 94.000		
040	Eigen vermogen		- 630.000		
041	Privé	- 4.000			
076	6% Lening ING Bank		- 300.000		
077	5% Hypothecaire lening		- 240.000		
100	Kas	- 18.000			€ 200 (1)
120	ING Bank	- 46.000			
130	Debiteuren	- 137.000			
140	Crediteuren		- 70.800		
150	Af te dragen loonheffingen		- 20.000		
180	Te vorderen OB	- 22.000			- 22.000 (2)
181	Te betalen OB		- 25.900	€ 25.900 (2)	
182	Af te dragen OB				- 3.900 (2)
190	Vooruitbetaalde bedragen	- 2.000			
193	Nog te betalen bedragen		- 14.300		
410	Loonkosten	- 23.900			
412	Sociale lasten	- 2.500			
430	Afschrijvingskosten gebouwen en inventaris	- 5.000			
440	Kosten bedrijfsauto's	- 4.800			
470	Interestkosten	- 2.500			
490	Diverse kosten	- 3.800		- 200 (1)	
700	Voorraad goederen	- 242.000			- 2.420 (3)
701	Ongerealiseerde winst + OB in voorraad goederen		- 122.000	- 1.220 (3)	
800	Inkoopprijs verkopen	- 84.000			
840	Opbrengst verkopen		- 140.000		
900	Voorraadverschillen	- 1.500		- 1.200 (3)	
	Nettowinst				
		€ 1.977.000	€ 1.977.000	€ 28.520	€ 28.520

	Gewijzigde saldibalans		Winst-en-verliesrekening		Balans	
Nr.	Debet	Credit	Debet	Credit	Debet	Credit
000	€ 1.100.000				€ 1.100.000	
002	- 120.000				- 120.000	
003	- 158.000				- 158.000	
011		€ 320.000				€ 320.000
013		- 94.000				- 94.000
040		- 630.000				- 636.600
041	- 4.000					
076		- 300.000				- 300.000
077		- 240.000				- 240.000
100	- 17.800				- 17.800	
120	- 46.000				- 46.000	
130	- 137.000				- 137.000	
140		- 70.800				- 70.800
150		- 20.000				- 20.000
180						
181						
182		- 3.900				- 3.900
190	- 2.000				- 2.000	
193		- 14.300				- 14.300
410	- 23.900		€ 23.900			
412	- 2.500		- 2.500			
430	- 5.000		- 5.000			
440	- 4.800		- 4.800			
470	- 2.500		- 2.500			
490	- 4.000		- 4.000			
700	- 239.580				- 239.580	
701		- 120.780				- 120.780
800	- 84.000		- 84.000			
840		- 140.000		€ 140.000		
900	- 2.700		- 2.700			
			- 10.600			
	€ 1.953.780	€ 1.953.780	€ 140.000	€ 140.000	€ 1.820.380	€ 1.820.380

2104

a

		Rek.	Omschrijving		Debet		Credit
1		430	Afschrijvingskosten	€	1.750		
	Aan	011	Afschrijving gebouwen			€	1.750
2		062	Voorziening groot onderhoud	€	1.200		
		180	Te vorderen OB	-	252		
	Aan	140	Crediteuren			€	1.452
3		490	Algemene kosten	€	1.300		
	Aan	700	Voorraad goederen			€	1.300
4		181	Te betalen OB	€	74.000		
	Aan	180	Te vorderen OB			€	56.252
	Aan	182	Af te dragen OB			-	17.748
5		470	Interestkosten	€	600		
	Aan	193	Nog te betalen bedragen			€	600
6		900	Bedrijfskosten	€	18.750		
			€ 15.100 + € 1.750 + € 1.300 + € 600				
	Aan	499	Overboekingsrekening			€	18.750
		899	Overboekingsrekening	€	25.000		
			€ 135.000 − € 110.000				
	Aan	940	Brutowinst op verkopen			€	25.000
		999	Overboekingsrekening	€	5.650		
	Aan	040	Eigen vermogen			€	5.650
			€ 25.000 − € 18.750 − € 600				

b Zie blz. 203 en 204.

c *Rubriek 4*

Debet	€ 23.400 + € 2.280 + € 8.375 + € 6.980 + € 2.400 + € 18.115 =	€	61.550
Credit		€	61.550
Rubriek 8			
Debet	€ 316.000 + € 85.000 =	€	401.000
Credit		€	401.000
Rubriek 9			
Debet	€ 61.550 + € 1.800 + € 21.650 =	€	85.000
Credit		€	85.000

d 1

Opbrengst verkopen		€	401.000
Inkoopprijs verkopen		-	316.000
Brutowinst op verkopen		€	85.000
Bedrijfskosten		-	61.550
		€	23.450
Incidentele resultaten	−/−	-	1.800
Nettowinst januari t/m april 2013		€	21.650

2

Opbrengst verkopen		€	135.000
Inkoopprijs verkopen		-	110.000
Brutowinst op verkopen		€	25.000
Bedrijfskosten € 15.100 + € 1.750 + € 1.300 + € 600 =		-	18.750
		€	6.250
Incidentele resultaten	−/−	-	600
Nettowinst april 2013		€	5.650

b

Nr.	Rekening	Oorspronkelijke saldibalans Debet	Oorspronkelijke saldibalans Credit	Voorafgaande journaalposten Debet	Voorafgaande journaalposten Credit
001	Gebouwen	€ 700.000			
002	Inventaris	- 100.000			
011	Afschrijving gebouwen	-	€ 300.000		€ 1.750 (1)
012	Afschrijving inventaris		- 20.000		
040	Eigen vermogen		- 430.000		- 5.650 (6)
041	Privé	- 5.000			
062	Voorziening groot onderhoud		- 25.700	€ 1.200 (2)	
077	6% Hypothecaire lening o/g		- 120.000		
100	Kas	- 12.000			
120	ING Bank	- 13.000			
130	Debiteuren	- 36.000			
140	Crediteuren		- 41.000		- 1.452 (2)
180	Te vorderen OB	- 56.000		- 252 (2)	- 56.252 (4)
181	Te betalen OB		- 74.000	- 74.000 (4)	
182	Af te dragen OB				- 17.748 (4)
190	Vooruitbetaalde bedragen	- 18.000			
191	Vooruitontvangen bedragen		- 6.000		
192	Nog te ontvangen bedragen	- 2.000			
193	Nog te betalen bedragen		- 16.000		- 600 (5)
410	Loonkosten	- 23.400			
412	Sociale lasten	- 2.280			
430	Afschrijvingskosten	- 6.625		- 1.750 (1)	
450	Verkoopkosten	- 6.980			
470	Interestkosten	- 1.800		- 600 (5)	
490	Algemene kosten	- 16.815		- 1.300 (3)	
499	Overboekingsrekening		- 42.800		- 18.750 (6)
700	Voorraad goederen	- 100.000			- 1.300 (3)
800	Inkoopprijs verkopen	- 316.000			
840	Opbrengst verkopen		- 401.000		
899	Overboekingsrekening	- 60.000		- 25.000 (6)	
900	Bedrijfskosten	- 42.800		- 18.750 (6)	
940	Brutowinst op verkopen		- 60.000		- 25.000 (6)
980	Incidentele resultaten	- 1.800			
999	Overboekingsrekening	- 16.000		- 5.650 (6)	
		€ 1.536.500	€ 1.536.500	€128.502	€128.502

Nr.	Gewijzigde saldibalans Debet	Gewijzigde saldibalans Credit	Winst-en-verliesrekening Debet	Winst-en-verliesrekening Credit	Balans Debet	Balans Credit
001	€ 700.000				€ 700.000	
002	- 100.000				- 100.000	
011		€ 301.750				€ 301.750
012		- 20.000				- 20.000
040		- 435.650				- 430.650
041	- 5.000					
062		- 24.500				- 24.500
077		- 120.000				- 120.000
100	- 12.000				- 12.000	
120	- 13.000				- 13.000	
130	- 36.000				- 36.000	
140		- 42.452				- 42.452
180						
181						
182		- 17.748				- 17.748
190	- 18.000				- 18.000	
191		- 6.000				- 6.000
192	- 2.000				- 2.000	
193		- 16.600				- 16.600
410	- 23.400		€ 23.400			
412	- 2.280		- 2.280			
430	- 8.375		- 8.375			
450	- 6.980		- 6.980			
470	- 2.400		- 2.400			
490	- 18.115		- 18.115			
499		- 61.550		€ 61.550		
700	- 98.700				- 98.700	
800	- 316.000		- 316.000			
840		- 401.000		- 401.000		
899	- 85.000		- 85.000			
900	- 61.550		- 61.550			
940		- 85.000		- 85.000		
980	- 1.800		- 1.800			
999	- 21.650		- 21.650			
	€ 1.532.250	€ 1.532.250	€ 547.550	€ 547.550	€ 979.700	€ 979.700

2105 a Voorafgaande journaalposten:

1	400	Afschrijvingskosten bedrijfspand	€	1.380		
Aan	011	Afschrijving bedrijfspand			€	1.380
2	021	Afschrijving inventaris	€	1.480		
Aan	020	Inventaris			€	1.480
3	430	Autokosten	€	11.360		
Aan	031	Afschrijving bestelwagen			€	11.360
4	840	Opbrengst verkopen	€	200		
	181	Te betalen omzetbelasting	-	42		
Aan	120	Debiteuren			€	242
5	191	Vooruitbetaalde bedragen	€	1.155		
Aan	440	Overige kosten			€	1.155
6	420	Interestkosten	€	1.386		
Aan	192	Nog te betalen bedragen			€	1.386
7	051	Privé	€	121		
Aan	700	Voorraad goederen			€	100
Aan	181	Te betalen omzetbelasting			-	21
8	110	Bank	€	12.344		
Aan	120	Debiteuren			€	12.344

b

Nr.	Rekening	Saldibalans Debet	Saldibalans Credit	Voorafgaande journaalposten Debet	Voorafgaande journaalposten Credit
010	Bedrijfspand	€ 276.000			
011	Afschrijving bedrijfspand	-	€ 66.240		€ 1.380
020	Inventaris	- 34.760			- 1.480
021	Afschrijving inventaris		- 14.440	€ 1.480	
030	Bestelwagen	- 56.800			
031	Afschrijving bestelwagen	-	- 17.040		- 11.360
050	Eigen vermogen		- 322.621		
051	Privé	- 47.580		- 121	
070	6% Hypothecaire lening		- 138.600		
100	Kas	- 480			
110	Bank		- 7.560	- 12.344	
120	Debiteuren	- 34.746			- 12.586
130	Crediteuren		- 26.372		
180	Te vorderen omzetbelasting	- 6.080			
181	Te betalen omzetbelasting		- 7.290	- 42	- 21
191	Vooruitbetaalde bedragen	- 6.000		- 1.155	
192	Nog te betalen bedragen		- 5.680		- 1.386
400	Afschrijvingskosten bedrijfspand	- 5.120		- 1.380	
405	Afschrijvingskosten inventaris	- 3.125			
420	Interestkosten	- 7.380		- 1.386	
430	Autokosten	- 8.867		- 11.360	
435	Verkoopkosten	- 37.824			
440	Overige kosten	- 34.842			- 1.155
700	Voorraad goederen	- 248.950			- 100
800	Inkoopwaarde verkopen	- 1.409.430			
840	Opbrengst verkopen		- 1.613.345	- 200	
910	Incidentele baten en lasten	- 1.204			
999	Saldo winst-en-verliesrekening				
		€ 2.219.188	€ 2.219.188	€ 29.468	€ 29.468

Nr.	Herziene saldibalans Debet	Herziene saldibalans Credit	Winst-en-verliesrekening Debet	Winst-en-verliesrekening Credit	Balans Debet	Balans Credit
010	€ 276.000				€ 276.000	
011	-	€ 67.620			-	€ 67.620
020	- 33.280				- 33.280	
021		- 12.960				- 12.960
030	- 56.800				- 56.800	
031	-	- 28.400			-	- 28.400
050		- 322.621				- 367.302
051	- 47.701					
070		- 138.600				- 138.600
100	- 480				- 480	
110	- 4.784				- 4.784	
120	- 22.160				- 22.160	
130		- 26.372				- 26.372
180	- 6.080				- 6.080	
181		- 7.269				- 7.269
191	- 7.155				- 7.155	
192		- 7.066				- 7.066
400	- 6.500		€ 6.500			
405	- 3.125		- 3.125			
420	- 8.766		- 8.766			
430	- 20.227		- 20.227			
435	- 37.824		- 37.824			
440	- 33.687		- 33.687			
700	- 248.850				- 248.850	
800	- 1.409.430		- 1.409.430			
840		- 1.613.145		€ 1.613.145		
910	- 1.204		- 1.204			
999			- 92.382			
	€ 2.224.053	€ 2.224.053	€ 1.613.145	€ 1.613.145	€ 655.589	€ 655.589

c Controleberekening van het eigen vermogen per 31 december 2013:
€ 322.621 – € 47.701 + € 92.382 = € 367.302.

2106

Datum	Boekings-stuk	Rekening-nummer	Debiteur/ Crediteur	Factuur	Debet	Credit
30/6	M-2013081	900			€ 10.000	
30/6	M-2013081	499				€ 10.000
30/6	M-2013082	899			€ 21.560	
30/6	M-2013082	940				€ 21.560
30/6	M-2013083	999			€ 12.960	
30/6	M-2013083	040				€ 12.960

22

Boekingen in verband met oninbare vorderingen en incourante voorraden

2201

a

1	130	Debiteuren	€ 2.904.000	
Aan	840	Opbrengst verkopen		€ 2.400.000
Aan	181	Te betalen OB		- 504.000
	+			
	800	Inkoopprijs verkopen	€ 1.700.000	
Aan	700	Voorraad goederen		€ 1.700.000
2	110	Bank	€ 2.359.500	
	135	Voorziening debiteuren	- 50.000	
		€ 60.500 – € 10.500		
	185	Terug te vorderen OB	- 10.500	
Aan	130	Debiteuren		€ 2.420.000
3	435	Afschrijvingskosten debiteuren	€ 48.000	
		2% van € 2.400.000		
Aan	135	Voorziening debiteuren		€ 48.000

b

135 Voorziening debiteuren

	Jnp 2	€ 50.000	1/1	Balans	€ 25.000
				Jnp 3	- 48.000

Saldo = € 25.000 + € 48.000 – € 50.000 = Credit € 23.000.

c

	435	Afschrijvingskosten debiteuren	€ 11.000	
		€ 34.000 – € 23.000		
Aan	135	Voorziening debiteuren		€ 11.000

d

130 Debiteuren

1/1	Balans	€ 968.000		Jnp 2	€ 2.420.000
	Jnp 1	- 2.904.000			

Saldo = € 968.000 + € 2.904.000 – € 2.420.000 = Debet € 1.452.000.

Op de balans per 31 december 2013 staat:

Balans per 31 december 2013

130 Debiteuren	€ 1.452.000		
135 Voorziening debiteuren	- 34.000		
		€ 1.418.000	

2202 a De statische methode.

b

3/10	110	Bank	€ 726		
	136	Afschrijving debiteuren	- 1.200		
	185	Terug te vorderen OB	- 252		
Aan	130	Debiteuren		€	2.178
10/10	136	Afschrijving debiteuren	€ 400		
	185	Terug te vorderen OB	- 84		
Aan	130	Debiteuren		€	484
20/10	136	Afschrijving debiteuren	€ 1.600		
	185	Terug te vorderen OB	- 336		
Aan	130	Debiteuren		€	1.936
		80% x € 2.420			
28/10	110	Bank	€ 242		
Aan	136	Afschrijving debiteuren		€	200
Aan	181	Te betalen OB		-	42

c

1	136	Afschrijving debiteuren	€ 1.400		
	185	Terug te vorderen OB	- 294		
Aan	130	Debiteuren		€	1.694
2	435	Afschrijvingskosten debiteuren	€ 14.400		
Aan	135	Afschrijving debiteuren		€	14.400
		70% x 100/121 x € 26.620 + € 1.400 – € 2.400			

d

		Gewijzigde saldibalans		Winst-en-verliesrekening		Balans	
Nr.	Rekening	Debet	Credit	Debet	Credit	Debet	Credit
130	Debiteuren	€ 126.306				€ 126.306	
136	Afschrijving debiteuren		€ 15.400				€ 15.400*
435	Afschrijvingskosten debiteuren	- 14.400		€ 14.400			

* 70% x 100/121 x € 26.620.

e

130 Debiteuren

31/12	Saldo	€ 128.000	31/12	Vjp 1	€ 1.694
				Naar balans	- 126.306
		€ 128.000			€ 128.000

136 Afschrijving debiteuren

31/12	Vjp 1	€ 1.400	31/12	Saldo	€ 2.400
	Naar balans	- 15.400		Vjp 2	- 14.400
		€ 16.800			€ 16.800

435 Afschrijvingskosten debiteuren

31/12	Vjp 2	€ 14.400	31/12	*Naar w&v-rekening*	€ 14.400

2203 a

Datum	Stuk		Nr.	Rekening		Debet		Credit
15/2	V-13014		130	Debiteuren	€	10.164		
		Aan	840	Opbrengst verkopen			€	8.400
		Aan	181	Te betalen OB			-	1.764
			+					
			800	VVP van de verkopen	€	6.720		
				100/125 x € 8.400				
		Aan	700	Voorraad goederen			€	6.720
20/5	B-13011		120	ING Bank	€	11.616		
		Aan	130	Debiteuren			€	11.616
			+					
			136	Afschrijving debiteuren	€	2.400		
				100/121 x				
				(€ 14.520 – € 11.616)				
			185	Terug te vorderen OB	-	504		
		Aan	130	Debiteuren			€	2.904
				€ 14.520 – € 11.616				
31/5	V-13015		130	Debiteuren	€	6.776		
		Aan	840	Opbrengst verkopen			€	5.600
		Aan	181	Te betalen OB			-	1.176
			+					
			800	VVP van de verkopen	€	4.480		
				100/125 x € 5.600				
		Aan	700	Voorraad goederen			€	4.480
10/9	B-13017		120	ING Bank	€	1.936		
		Aan	130	Debiteuren			€	1.936
25/9	VC-13008		840	Opbrengst verkopen	€	3.200		
			181	Te betalen OB	-	672		
		Aan	130	Debiteuren			€	3.872
			+					
			700	Voorraad goederen	€	2.560		
				100/125 x € 3.200				
		Aan	800	VVP van de verkopen			€	2.560
31/12	M-13010		136	Afschrijving debiteuren	€	3.600		
				100/121 x				
				(€ 10.164 – € 1.936 – € 3.872)				
			185	Terug te vorderen OB	-	756		
		Aan	130	Debiteuren			€	4.356

b 1

1301	C. Gelsing, Opeinde			
Datum	Omschrijving	Debet	Credit	Saldo
31/5	V-13015	€ 6.776		€ 6.776

1302	V. Luttinga, Beetsterzwaag			
Datum	Omschrijving	Debet	Credit	Saldo
15/2	V-13014	€ 10.164		€ 10.164
10/9	B-13017		€ 1.936	- 8.228
25/9	VC-13008		- 3.872	- 4.356
31/12	M-13010		- 4.356	

1303	P. Vellema, Ureterp			
Datum	Omschrijving	Debet	Credit	Saldo
1/1	Saldo			€ 14.520
20/5	B-13011		€ 11.616	- 2.904
	Oninbaar		- 2.904	- –

2

Saldilijst debiteuren per 31 december 2013		
Nr.	Naam en woonplaats van de afnemer	Saldi
1301	C. Gelsing, Opeinde	€ 6.776
1302	V. Luttinga, Beetsterzwaag	- –
1303	P. Vellema. Ureterp	- –
		€ 6.776

c

136 Afschrijving debiteuren									
20/5	B-13011	€	2.400		1/1	Balans	€	3.000*
31/12	M-13010	-	3.600		31/12	*Naar rekening 435*	-	4.400***
	Naar balans	-	1.400**					
		€	7.400				€	7.400

* 25% x (100/121 x € 14.520)
** 25% x (100/121 x € 6.776)
*** sluitpost (als saldo bepaald)

	435	Afschrijvingskosten debiteuren	€ 4.400		
Aan	136	Afschrijving debiteuren		€ 4.400	

2204

1	135	Afschrijving dubieuze debiteuren	€ 10.000	
	185	Terug te vorderen OB	- 2.100	
Aan	131	Dubieuze debiteuren		€ 12.100
		80% x € 15.125		
2	110	Bank	€ 7.260	
Aan	131	Dubieuze debiteuren		€ 7.260
3	135	Afschrijving dubieuze debiteuren	€ 10.000	
	185	Terug te vorderen OB	- 2.100	
Aan	131	Dubieuze debiteuren		€ 12.100
		50% x € 24.200		
4	135	Afschrijving dubieuze debiteuren	€ 22.000	
	185	Terug te vorderen OB	- 4.620	
Aan	131	Dubieuze debiteuren		€ 26.620
		€ 36.300 – € 7.260 – € 2.420		
5	131	Dubieuze debiteuren	€ 4.840	
Aan	130	Debiteuren		€ 4.840
6	110	Bank	€ 1.452	
	135	Afschrijving dubieuze debiteuren	- 1.200	
	185	Terug te vorderen OB	- 252	
Aan	131	Dubieuze debiteuren		€ 2.904

7		840	Opbrengst verkopen	€	8.000		
		181	Te betalen OB	-	1.680		
	Aan	131	Dubieuze debiteuren			€	9.680

	700	Voorraad goederen	€	5.700		
Aan	800	Inkoopprijs verkopen			€	5.700

2205 a

	141	Dubieuze debiteuren	€	4.840		
Aan	140	Debiteuren			€	4.840

	145	Afschrijving dubieuze debiteuren	€	2.400		
		80% x 100/121 x € 3.630				
	185	Terug te vorderen OB	-	504		
Aan	141	Dubieuze debiteuren			€	2.904

145 Afschrijving dubieuze debiteuren

31/12	Saldo	€	3.700	31/12	*Naar rekening 445*	€	10.500
	Vjp	-	2.400				
	Naar balans	-	4.400*				
		€	10.500			€	10.500

* 40% x 100/121 x (€ 12.100 + € 4.840 – € 3.630)

	445	Afschrijvingskosten				
		dubieuze debiteuren	€	10.500		
Aan	145	Afschrijving dubieuze debiteuren			€	10.500

b

Nr.	Rekening	Saldibalans Debet		Saldibalans Credit		Winst-en-verliesrekening Debet		Winst-en-verliesrekening Credit	Balans Debet		Balans Credit	
140	Debiteuren	€	145.200	€	**4.840**				€	140.360		
141	Dubieuze debiteuren	-	12.100	-	**2.904**				-	14.036		
		-	**4.840**									
145	Afschrijving dubieuze debiteuren	-	3.700	-	**10.500**						€	4.400
		-	**2.400**									
445	Afschrijvingskosten dubieuze debiteuren	-	**10.500**			€	10.500					

2206 a

1		130	Debiteuren	€	106.480		
	Aan	840	Opbrengst verkopen			€	88.000
	Aan	181	Te betalen OB			-	18.480
		+					
		800	Inkoopprijs verkopen	€	52.000		
	Aan	700	Voorraad handelsgoederen			€	52.000
2		110	Rabobank	€	54.960		
		835	Verstrekte contantkortingen	-	700		
		135	Afschrijving dubieuze debiteuren	-	2.000		
			100/121 x (€ 58.080 – € 55.660)				
		185	Terug te vorderen OB	-	420		
	Aan	130	Debiteuren			€	58.080
3		110	Rabobank	€	9.680		
		135	Afschrijving dubieuze debiteuren	-	3.400		
			100/121 x (€ 13.794 – € 9.680)				
		185	Terug te vorderen OB	-	714		
	Aan	131	Dubieuze debiteuren			€	13.794
4		110	Rabobank	€	23.800		
		835	Verstrekte contantkortingen	-	400		
	Aan	130	Debiteuren			€	24.200
5		110	Rabobank	€	4.840		
		135	Afschrijving dubieuze debiteuren	-	1.600		
			100/121 x (€ 6.776 – € 4.840)				
		185	Terug te vorderen OB	-	336		
	Aan	131	Dubieuze debiteuren			€	6.776

6 •	131	Dubieuze debiteuren	€	5.324		
Aan	130	Debiteuren			€	5.324
•	840	Opbrengst verkopen	€	3.000		
	181	Te betalen OB	-	630		
Aan	131	Dubieuze debiteuren			€	3.630
	+					
	700	Voorraad handelsgoederen	€	1.800		
Aan	800	Inkoopprijs verkopen			€	1.800
•	135	Afschrijving dubieuze debiteuren	€	1.600		
		100/121 x € 1.936				
	185	Terug te vorderen OB	-	336		
Aan	131	Dubieuze debiteuren			€	1.936

b

131 Dubieuze debiteuren

30/11	Telling	€	70.180	30/11	Telling	€	38.720
31/12	6	-	5.324	31/12	3	-	13.794
					5	-	6.776
					6	-	3.630
					6	-	1.936
					Naar balans	-	10.648
		€	75.504			€	75.504
1/1	Balans	€	10.648				

135 Afschrijving dubieuze debiteuren

30/11	Telling	€	20.000	30/11	Telling	€	12.000
31/12	2	-	2.000	31/12	*Naar rekening 435*	-	22.760
	3	-	3.400				
	5	-	1.600				
	6	-	1.600				
	Naar balans	-	6.160*				
		€	34.760			€	34.760
				1/1	Balans	€	6.160

* 70% van 100/121 x € 10.648.

2207 a

1	436	Afschrijvingskosten incourante voorraden	€ 4.400	
Aan	705	Voorziening incourante voorraden		€ 4.400

2	140	Crediteuren	€ 1.694	
Aan	700	Voorraad goederen		€ 1.400
Aan	180	Te vorderen OB		- 294

3	436	Afschrijvingskosten incourante voorraden	€ 9.600	
		€ 50.000 – (€ 36.000 + € 4.400)		
Aan	705	Voorziening incourante voorraden		€ 9.600

b

		Gewijzigde saldibalans		Winst-en-verliesrekening		Balans	
Nr.	Rekening	Debet	Credit	Debet	Credit	Debet	Credit
436	Afschrijvingskosten incourante voorraden	€ 48.000		€ 48.000			
700	Voorraad goederen	- 298.600				€ 298.600	
705	Voorziening incourante voorraden		€ 50.000				€ 50.000

2208 a

	001	Winkelpand	€ 940.000	
Aan	075	6% Hypothecaire lening		€ 600.000
Aan	110	Bank		- 340.000

b

1	441	Afschrijvingskosten winkelpand	€ 2.500	
		$1/12 \times \frac{€\,940.000 - €\,40.000}{30}$		
Aan	011	Afschrijving winkelpand		€ 2.500

2	460	Interestkosten	€ 3.000	
		1/12 x 6% x € 600.000		
Aan	195	Te betalen interest		€ 3.000

3	470	Kosten groot onderhoud	€ 1.000	
Aan	065	Voorziening groot onderhoud		€ 1.000

4	445	Afschrijvingskosten incourante voorraden	€ 10.000		
		2,5% x € 400.000			
Aan	705	Voorziening incourante voorraden		€	10.000

c

	065	Voorziening groot onderhoud	€	3.800		
	180	Te vorderen OB	-	798		
Aan	110	Bank			€	4.598

d

	705	Voorziening incourante voorraden	€	12.000		
Aan	445	Afschrijvingskosten incourante voorraden			€	12.000

e

460 Interestkosten

31/1	Kosten januari	€	3.000	31/12	*Naar w&v-rekening*	€	34.350
28/2	Kosten februari	-	2.850*				
31/3	Kosten maart	-	2.850				
30/4	Kosten april	-	2.850				
31/5	Kosten mei	-	2.850				
30/6	Kosten juni	-	2.850				
31/7	Kosten juli	-	2.850				
31/8	Kosten augustus	-	2.850				
30/9	Kosten september	-	2.850				
31/10	Kosten oktober	-	2.850				
30/11	Kosten november	-	2.850				
31/12	Kosten december	-	2.850				
		€	34.350			€	34.350

* 1/12 x 6% x € 570.000 = € 2.850.

2209 a

	130	Debiteuren	€	107.690		
Aan	840	Opbrengst verkopen			€	89.000
Aan	181	Te betalen OB			-	18.690
	+					
	800	Inkoopprijs verkopen	€	84.000		
	705	Afschrijving voorraad goederen	-	6.000		
Aan	700	Voorraad goederen			€	90.000

b

	481	Voorraadverschillen	€ 1.000	
Aan	700	Voorraad goederen		1.000
	436	Afschrijvingskosten voorraden	€ 8.300	
		€ 18.000 – € 9.700		
Aan	705	Afschrijving voorraad goederen		8.300

c

		Gewijzigde saldibalans		Winst-en-verliesrekening		Balans	
Nr.	Rekening	Debet	Credit	Debet	Credit	Debet	Credit
436	Afschrijvingskosten voorraden	€ 8.300		€ 8.300			
481	Voorraadverschillen	- 2.400		- 2.400			
700	Voorraad goederen	- 133.000				€ 133.000	
705	Afschrijving voorraad goederen		€ 18.000				€ 18 000

2210

1		141	Te betalen omzetbelasting	€ 840	
		900	Correctierekening 2012	- 4.000	
	Aan	130	Debiteuren		€ 4.840
		720	Inkopen	€ 4.000	
		140	Te vorderen omzetbelasting	- 840	
	Aan	160	Crediteuren		€ 4.840
2		010	Inventaris	€ 1.500	
		140	Te vorderen omzetbelasting	- 315	
	Aan	015	Afschrijving inventaris		€ 450
	Aan	900	Correctierekening 2012		- 1.365
3		120	Vooruitbetaalde kosten	€ 455	
	Aan	900	Correctierekening 2012		€ 455
4		152	Te betalen kosten	€ 6.000	
	Aan	900	Correctierekening 2012		- 6.000
5		160	Crediteuren	€ 1.452	
	Aan	130	Debiteuren		€ 1.452
6		900	Correctierekening 2012	€ 1.350	
	Aan	700	Voorraad goederen		€ 1.350

7	900	Correctierekening 2012	€	1.000		
Aan	400	Bedrijfskosten			€	1.000

8	132	Voorziening dubieuze debiteuren	€	3.500		
	143	Terug te vorderen omzetbelasting	-	735		
Aan	131	Dubieuze debiteuren			€	4.235

9	900	Correctierekening 2012	€	1.400		
	141	Te betalen omzetbelasting	-	294		
Aan	130	Debiteuren			€	1.694

10	041	Privé	€	840		
Aan	141	Te betalen omzetbelasting			€	840

11	400	Bedrijfskosten	€	3.000		
Aan	900	Correctierekening 2012			€	3.000

12	160	Crediteuren	€	5.808		
Aan	720	Inkopen			€	4.800
Aan	140	Te vorderen omzetbelasting			-	1.008

13	160	Crediteuren	€	3.800		
Aan	130	Debiteuren			€	3.800

14	131	Dubieuze debiteuren	€	1.936		
Aan	132	Voorziening dubieuze debiteuren			€	1.936

2211 a *Invoeren Rabobankboekingen*

Begin	Eind

Datum	Boekings-stuk	Rekening-nummer	Debiteur/ Crediteur	Factuur	BTW-code	Bij		Af		BTW-bedrag
25/7	R-73	130	1308	V-13011		€	12.100			
25/7	R-73	135						€	5.000	
25/7	R-73	185						€	1.050	

Invoeren overige boekingen

Datum	Boekings-stuk	Debiteur/ Crediteur	Factuur	Rekeningnummer	Debet	Credit
26/7	M-13053			135	€ 1.000	
26/7	M-13053			185	€ 210	
26/7	M-13053	1327	V-12287	130		€ 1.210
27/7	M-13054			135	€ 1.800	
27/7	M-13054			185	€ 378	
27/7	M-13054	1311	V-12023	130		€ 2.178
31/7	M-13055			435	€ 1.500	
31/7	M-13055			135		€ 1.500

Invoeren Triodosbankboekingen

Begin	Eind

Datum	Boekings-stuk	Rekening-nummer	Debiteur/ Crediteur	Factuur	BTW-code	Bij	Af	BTW-bedrag
27/7	T-1382	135				€ 600		
27/7	T-1382	181				€ 126		

b Deze vordering was al geheel afgeboekt. Op het moment van afboeken is ook de betrokken factuur uit het geautomatiseerde systeem verwijderd.

23

Periodeafsluiting

2301 a

1/1		445	Assurantiekosten	€ 3.000		
	Aan	190	Vooruitbetaalde bedragen		€	3.000
1/3		445	Assurantiekosten	€ 4.500		
	Aan	110	Bank		€	4.500
1/6		445	Assurantiekosten	€ 4.500		
	Aan	110	Bank		€	4.500
1/9		445	Assurantiekosten	€ 4.800		
	Aan	110	Bank		€	4.800
1/12		445	Assurantiekosten	€ 4.800		
	Aan	110	Bank		€	4.800
31/12		190	Vooruitbetaalde bedragen	€ 3.200		
	Aan	445	Assurantiekosten		€	3.200

b

190 Vooruitbetaalde bedragen

1/1	Balans	€	3.000	1/1	Terugboeking	€	3.000
31/12	Overboeking	-	3.200	31/12	*Naar balans*	-	3.200
		€	6.200			€	6.200
1/1	Balans	€	3.200				

445 Assurantiekosten

1/1	Terugboeking	€	3.000	31/12	Overboeking	€	3.200
1/3	Per bank	-	4.500	31/12	*Naar w&v-rekening*	-	18.400
1/6	Per bank	-	4.500				
1/9	Per bank	-	4.800				
1/12	Per bank	-	4.800				
		€	21.600			€	21.600

c Saldo op rekening *190 Vooruitbetaalde bedragen* per 31 december 2013:
2 maanden = 2/3 x € 4.800 = € 3.200.

2302

a

1/1		440	Huurkosten	€	4.400		
			2/3 x € 6.600				
	Aan	190	Vooruitbetaalde huur			€	4.400

b

1/3		440	Huurkosten	€	6.600		
	Aan	110	Bank			€	6.600
1/6		440	Huurkosten	€	6.600		
	Aan	110	Bank			€	6.600
1/9		440	Huurkosten	€	6.900		
	Aan	110	Bank			€	6.900
1/12		440	Huurkosten	€	6.900		
	Aan	110	Bank			€	6.900

c

31/12		190	Vooruitbetaalde huur	€	4.600		
			2/3 x € 6.900				
	Aan	440	Huurkosten			€	4.600

d

190 Vooruitbetaalde huur

1/1	Balans	€	4.400	1/1	Terugboeking	€	4.400
31/12	*Overboeking*	-	4.600	31/12	*Naar balans*	-	4.600
		€	9.000			€	9.000
1/1	Balans	€	4.600				

440 Huurkosten

1/1	Terugboeking	€	4.400	31/12	*Overboeking*	€	4.600
1/3	Per bank	-	6.600	31/12	*Naar w&v-rekening*	-	26.800
1/6	Per bank	-	6.600				
1/9	Per bank	-	6.900				
1/12	Per bank	-	6.900				
		€	31.400			€	31.400

2303 a

1/1		480	Bedrijfskosten	€	3.000		
		193	Nog te betalen bedrijfskosten	-	17.000		
	Aan	190	Vooruitbetaalde bedrijfskosten			€	20.000
2013		480	Bedrijfskosten	€	98.000		
	Aan	110	Bank			€	98.000
31/12		480	Bedrijfskosten	€	6.000		
		190	Vooruitbetaalde bedrijfskosten	-	16.000		
	Aan	193	Nog te betalen bedrijfskosten			€	22.000

b

190 Vooruitbetaalde bedrijfskosten

1/1	Balans	€	20.000	1/1	Terugboeking	€	20.000
31/12	*Overboeking*	-	16.000	31/12	*Naar balans*	-	16.000
		€	36.000			€	36.000
1/1	Balans	€	16.000				

193 Nog te betalen bedrijfskosten

1/1	Terugboeking	€	17.000	1/1	Balans	€	17.000
31/12	*Naar balans*	-	22.000	31/12	*Overboeking*	-	22.000
		€	39.000			€	39.000
				1/1	Balans	€	22.000

480 Bedrijfskosten						
1/1	Terugboeking	€ 3.000	31/12	*Naar w&v-rekening*	€ 107.000
2013	Per bank	- 98.000			
31/12	*Overboeking*	- 6.000			
		€ 107.000			€ 107.000

c

	Proefbalans		Saldibalans		W&V-rekening		Balans	
Nr.	Debet	Credit	Debet	Credit	Debet	Credit	Debet	Credit
190	€ 36.000	€ 20.000	€ 16.000				€ 16.000	
193	- 17.000	- 39.000		€ 22.000				€ 22.000
480	- 107.000		- 107.000		€ 107.000			

2304 a

1/1		170	Vooruitontvangen huur	€ 1.200	
	Aan	950	Huuropbrengst		€ 1.200
		960	Opbrengst advieswerk	€ 3.500	
	Aan	180	Nog te ontvangen honorarium advieswerk		€ 3.500
2013		110	Bank	€ 21.500	
	Aan	950	Huuropbrengst		€ 15.500
	Aan	960	Opbrengst advieswerk		- 6.000
31/12		950	Huuropbrengst	€ 1.500	
	Aan	170	Vooruitontvangen huur		€ 1.500
		180	Nog te ontvangen honorarium advieswerk	€ 3.900	
	Aan	960	Opbrengst advieswerk		€ 3.900

b

170 Vooruitontvangen huur

1/1	Naar rekening 950	€	1.200	1/1	Balans	€	1.200
31/12	*Naar balans*	-	1.500	31/12	*Van rekening 950*	-	1.500
		€	2.700			€	2.700
				1/1	Balans	€	1.500

180 Nog te ontvangen honorarium advieswerk

1/1	Balans	€	3.500	1/1	Naar rekening 960	€	3.500
31/12	*Van rekening 960*	-	3.900	31/12	*Naar balans*	-	3.900
		€	7.400			€	7.400
1/1	Balans	€	3.900				

950 Huuropbrengst

31/12	*Naar rekening 170*	€	1.500	1/1	Van rekening 170	€	1.200
31/12	*Naar w&v-rekening*	-	15.200	2013	Per bank	-	15.500
		€	16.700			€	16.700

960 Opbrengst advieswerk

1/1	Van rekening 180	€	3.500	2013	Per bank	€	6.000
31/12	*Naar w&v-rekening*	-	6.400	31/12	*Naar rekening 180*	-	3.900
		€	9.900			€	9.900

2305 a Rekening *192 Nog te ontvangen huur:*

1/3 x € 3.000 =	Debet	€	1.000

b

Datum		Rek.	Omschrijving		Debet		Credit
1/1		936	Huuropbrengst	€	1.000		
	Aan	192	Nog te ontvangen huur			€	1.000
28/2		110	ING Bank	€	3.000		
	Aan	936	Huuropbrengst			€	3.000
31/5		110	ING Bank	€	3.000		
	Aan	936	Huuropbrengst			€	3.000
31/8		110	ING Bank	€	3.180		
	Aan	936	Huuropbrengst			€	3.180
30/11		110	ING Bank	€	3.180		
	Aan	936	Huuropbrengst			€	3.180
31/12		192	Nog te ontvangen huur	€	1.060		
	Aan	936	Huuropbrengst			€	1.060

c

192 Nog te ontvangen huur

1/1	Balans	€	1.000	1/1	Naar rekening 936	€	1.000
31/12	*Van rekening 936*	-	1.060	31/12	*Naar balans*	-	1.060
		€	2.060			€	2.060
1/1	Balans	€	1.060				

936 Huuropbrengst

1/1	Van rekening 192	€	1.000	28/2		€	3.000
31/12	*Naar w&v-rekening*	-	12.420	31/5		-	3.000
				31/8		-	3.180
				30/11		-	3.180
				31/12	*Naar rekening 192*	-	1.060
		€	13.420			€	13.420

2306 a 1 *Journaalposten in verband met ontvangsten in 2013*

	110	Bank	€ 15.500		
Aan	960	Huuropbrengst		€	15.500

	110	Bank	€ 6.000		
Aan	961	Interestopbrengst		€	6.000

2 *'Zuiverings'-journaalposten per 31 december 2013*

	960	Huuropbrengst	€ 300		
Aan	191	Vooruitontvangen bedragen		€	300
		€ 1.500 – € 1.200			

	192	Nog te ontvangen bedragen	€ 400		
		€ 3.900 – € 3.500			
Aan	961	Interestopbrengst		€	400

b

191 Vooruitontvangen bedragen

31/12	*Naar balans*	€	1.500	1/1	Balans	€	1.200
				31/12	Jnp **a**2	-	300
		€	1.500			€	1.500

192 Nog te ontvangen bedragen

1/1	Balans	€	3.500	31/12	*Naar balans*	€	3.900
31/12	Jnp **a**2	-	400				
		€	3.900			€	3.900

960 Huuropbrengst

31/12	Jnp **a**2	€	300	1/1 - 31/12	Jnp **a**1	€	15.500
	Naar w&v-rekening	-	15.200				
		€	15.500			€	15.500

961 Interestopbrengst

31/12	*Naar w&v-rekening*	€	6.400	1/1 - 31/12	Jnp **a1**	€	6.000
				31/12	Jnp **a2**	-	400
		€	6.400			€	6.400

2307

1	700	Voorraad zakjes rozenvoeding	€	2.000		
	702	Voorraad verpakkingsmaterialen	-	1.513,75		
	180	Te vorderen omzetbelasting	-	437,89		
Aan	140	Crediteuren			€	3.951,64
2	130	Debiteuren	€	229.437		
	830	Kortingen bij verkoop	-	5.550		
Aan	840	Opbrengst verkopen			€	222.000
Aan	181	Te betalen omzetbelasting 6%			-	12.987
	800	Inkoopprijs verkopen	€	178.800		
Aan	710	Voorraad (bossen) rozen			€	178.800
3	410	Elektriciteit	€	1.892		
	411	Gas	-	788		
	170	Te betalen loonheffingen	-	350		
	183	Af te dragen omzetbelasting	-	12.579		
	200	Kruisposten	-	202,35		
Aan	110	Bank			€	15.811,35
4	445	Schadekosten	€	42.750		
Aan	710	Voorraad (bossen) rozen			€	42.750
5	192	Nog te ontvangen bedragen	€	38.423		
Aan	445	Schadekosten			€	38.423
6	421	Personeelskosten	€	612		
Aan	170	Te betalen loonheffingen			€	189,74
Aan	100	Kas			-	422,26
7	970	Incidentele resultaten	€	21,45		
Aan	100	Kas			€	21,45

8	041	Privé	€	31,27		
Aan	710	Voorraad (bossen) rozen			€	29,50
Aan	181	Te betalen omzetbelasting 6%			-	1,77
9	192	Nog te ontvangen bedragen	€	238		
		(3 x € 1.892) – € 5.438				
Aan	410	Elektriciteit			€	238
	411	Gas	€	251		
		€ 2.615 – (3 x € 788)				
Aan	193	Nog te betalen bedragen			€	251
10	430	Afschrijvingskosten	€	13.731		
Aan	011	Afschrijving koelinstallatie			€	12.500
Aan	013	Afschrijving heftruck			-	356
Aan	014	Afschrijving vrachtwagen			-	875

2308 a

I-2013047		300	Voorraad grondstoffen	€	5.800		
		301	Voorraad hulpstoffen	-	4.100		
	Aan	260	Verschillenrekening			€	9.900
B-2488		450	Kosten kantoorartikelen	€	480		
		460	Kosten schoonmaakartikelen	-	190		
		181	Te verrekenen OB 21%	-	140,70		
	Aan	260	Verschillenrekening			€	810,70
M-2013012		260	Verschillenrekening	€	647,60		
	Aan	700	Voorraad artikelen groep A			€	200
	Aan	705	Voorraad artikelen groep B			-	360
	Aan	182	Verschuldigde OB 6%			-	12
	Aan	183	Verschuldigde OB 21%			-	75,60
K-2013038		002	Inventaris	€	1.700		
		305	Voorraad kantinegoederen	-	300		
		181	Te verrekenen OB 21%	-	357		
		180	Te verrekenen OB 6%	-	18		
	Aan	260	Verschillenrekening			€	2.375
M-2013015		440	Autokosten	€	760		
		181	Te verrekenen OB 21%	-	159,60		
		041	Privé	-	629,20		
	Aan	260	Verschillenrekening			€	1.548,80

b

		Omzetbelasting
Leveringen/diensten belast met 21%	€	48.192[1]
Leveringen/diensten belast met 6%	€	3.527[2]
Verschuldigde omzetbelasting	€	51.719
Voorbelasting	€	30.921[3]
Totaal	€	20.798

1 € 48.117,15 + € 75,60 = € 48.192,75 → € 48.192.
2 € 3.515,76 + € 12 = € 3.527,76 → € 3.527.
3 € 4.818,28 + € 25.427,31 + € 140,70 + € 357 + € 18 + € 159,60 = € 30.920,89 → € 30.921.

c

	182	Verschuldigde OB 6%	€ 3.527,76	
		€ 3.515,76 + € 12		
	183	Verschuldigde OB 21%	- 48.192,75	
		€ 48.117,15 + € 75,60		
Aan	180	Te verrekenen OB 6%		€ 4.836,28
		€ 4.818,28 + € 18		
Aan	181	Te verrekenen OB 21%		- 26.084,61
		€ 25.427,31 + € 140,70 + € 357 + € 159,60		
Aan	184	Af te dragen OB		- 20.798
Aan	960	Incidentele resultaten		- 1,62

2309 a De materiële vaste activa bestaan uit gebouw en terrein, apparatuur en installaties, inventaris en auto's. Op de fiscale balans nemen we de boekwaarde op. Uit de kolommenbalans plaatsen we de saldi van de rekeningen *010 Gebouw en terrein* en *022 Afschrijving gebouw, 012 Apparatuur en installaties* en *024 Afschrijving apparatuur en installaties, 014 Inventaris* en *026 Afschrijving inventaris* en *016 Auto's* en *018 Afschrijving auto's*:
€ 380.000 – € 88.800 + € 47.400 – € 11.855 + € 45.600 – € 19.300 + € 39.200 – € 21.784 = € 370.461.
De volgende post betreft de voorraden. De voorraden bestaan uit de voorraad bar/café en een voorraad kaarten en bioscoopbonnen. We nemen het totaal van de saldi van de rekeningen *300 Voorraad bar/café* en *350 Voorraad kaarten en bioscoopbonnen*: € 3.085 + € 1.865 = € 4.950.
De vorderingen bestaan uit debiteuren en te verrekenen OB; het totaal van de saldi van de bijbehorende rekeningen *130 Debiteuren* en *170 Te verrekenen omzetbelasting* is: € 8.418 + € 1.384 = € 9.802.
De liquide middelen bestaan uit de saldi van kas en bank en kruisposten op de rekeningen *100 Kas en Bank* en *200 kruisposten*:
€ 41.357 + € 1.200 = € 42.557.
Daarmee is de debetkant afgewerkt.

Aan de creditkant beginnen we met het ondernemingsvermogen: dat moet (zonder rekening te houden met fiscale correcties) bij een eenmanszaak gelijk zijn aan het eindvermogen: € 235.126.
De enige langlopende schuld is de hypothecaire lening op de rekening *080 7% Hypothecaire lening o/g*: € 181.500.
De kortlopende schulden staan op de rekeningen *140 Crediteuren* en *180 Verschuldigde omzetbelasting*: € 5.826 + € 5.318 = € 11.144.

De fiscale balans per 31 december 2012 is:

Balansoverzicht

		Fiscale boekwaarde einde boekjaar
Immateriële vaste activa	€	0
Materiële vaste activa	-	370.461
Financiële vaste activa	-	0
Voorraden	-	4.950
Vorderingen	-	9.802
Effecten	-	0
Liquide middelen	-	42.557
Totaal activa	€	427.770
Ondernemingsvermogen	€	235.126
Voorzieningen	-	0
Langlopende schulden	-	181.500
Kortlopende schulden	-	11.144
Totaal passiva	€	427.770

b De fiscale winst-en-verliesrekening over 2012 leiden we direct af uit de kolommenbalans. De kasverschillen plaatsen we fiscaal onder de buitengewone baten.

Overzicht winst-en-verliesrekening

	Fiscaal dit boekjaar			
Opbrengsten			€	436.807[1]
Inkoopkosten, uitbesteed werk en andere externe kosten	€	57.370		
Personeelskosten	-	254.458		
Afschrijvingen en waardeveranderingen	-	18.220		
Overige bedrijfskosten	-	74.213[2]		
Af: Bedrijfskosten			-	404.261
Subtotaal			€	32.546
Financiële baten en lasten			-	8.525
Resultaat uit gewone bedrijfsuitoefening			€	24.021
Resultaat uit deelnemingen			-	0
Buitengewone baten	€	1.428		
Af: Buitengewone lasten	-	0		
Buitengewone resultaten			-	1.428
Saldo winst-en-verliesrekening			€	25.449

1 € 310.410 + € 88.891 + € 22.800 + € 14.706 = € 436.807.

2 € 5.680 + € 12.095 + € 5.616 + € 4.380 + € 35.212 + € 11.230 = € 74.213.

c Het hier gevraagde overzicht kunnen we aan de hand van de beschikbare gegevens direct invullen:

Saldo fiscale winstberekening

Ondernemingsvermogen einde boekjaar	€	235.126		
Terugbetalingen kapitaal	+ -	3.526		
Subtotaal			€	238.652
Ondernemingsvermogen begin boekjaar	€	200.400		
Kapitaalstortingen	+ -	12.803		
Subtotaal			– -	213.203
Vermogensverschil			€	
Winstuitdelingen en niet-aftrekbare giften	€	–		
Niet-aftrekbare beloningen en vergoedingen	-	–		
Overige niet-aftrekbare bedragen	-	–		
Niet-aftrekbare bedragen			+ -	–
Saldo fiscale winstberekening			€	25.449

24

De boekhouding van de vennootschap onder firma

2401 a
- Ondernemingen waarbij de eigenaars met hun hele vermogen aansprakelijk zijn voor de schulden van de onderneming.
- Ondernemingen waarbij de eigenaars slechts met het vermogensbedrag waarvoor ze hebben deelgenomen, aansprakelijk zijn voor de schulden van de onderneming (rechtspersoonlijkheid bezittende ondernemingen).

b Zie punten van vraag c.

c Zie paragraaf 24.1.

d (Hypothecaire) lening, bankkrediet, krediet van leveranciers.

e Voordelig; de schuldeisers kunnen ook aanspraak maken op het privévermogen van de eigenaar.

f De capaciteiten en de inzet van de eigenaar bepalen in hoge mate de winstgevendheid van de eenmanszaak.

g *040 Eigen vermogen* en *041 Privé*.

2402 a Zie paragraaf 24.2.

b Door het maken van een oprichtingsakte.

c Hoofdelijke aansprakelijkheid van elk van de firmanten.

d Voordelig; de schuldeisers van de firma kunnen ook aanspraak maken op de privévermogens van de firmanten.

e Aangezien er geen scheiding bestaat tussen zaakvermogen en privévermogens van de firmanten, kan het zaakvermogen worden aangetast door vreemde financiële praktijken in de privésfeer.

f De uitbetaling aan de erfgenamen van een overleden firmant kan worden geput uit de verzekeringsuitkering.

2403

	120	ING Bank	€ 1.080.000	
	041	Vermogen W. Reijnen nog te storten	- 240.000	
	043	Vermogen M. de Vries nog te storten	- 480.000	
Aan	040	Vermogen W. Reijnen		€ 600.000
Aan	042	Vermogen M. de Vries		- 1.200.000

2404

a

	047	Vermogen Sybrands nog te storten	€ 450.000	
Aan	046	Vermogen Sybrands		€ 450.000

b

Bankboek

047	Vermogen Sybrands			
	nog te storten	€ 375.000		

c

	110	Bank	€ 375.000	
Aan	047	Vermogen Sybrands nog te storten		€ 375.000

2405

a

	100	Kas	€ 50.000	
	120	ING Bank	- 225.000	
	04 .	Vermogen Moore nog te storten	- 100.000	
Aan	04 .	Vermogen Moore		€ 250.000
Aan	04 .	Vermogen Connory		- 125.000

b

1		04 .	Vermogen Moore nog te storten	€ 250.000	
		04 .	Vermogen Connory nog te storten	- 125.000	
	Aan	04 .	Vermogen Moore		€ 250.000
	Aan	04 .	Vermogen Connory		- 125.000
2		100	Kas	€ 50.000	
		120	ING Bank	- 225.000	
	Aan	04 .	Vermogen Moore nog te storten		€ 150.000
	Aan	04 .	Vermogen Connory nog te storten		- 125.000

2406 a

	Totaal		J. Mack		F. Loose	
Winstsaldo 2013	€	180.000				
af : 5% over gestorte vermogens	-	45.000	€	30.000	€	15.000
	€	135.000				
af: vergoeding voor arbeid	-	120.000	-	40.000	-	80.000
	€	15.000				
verdeling restant 50/50	-	15.000	-	7.500	-	7.500
	€	0	€	77.500	€	102.500

b

	049	Winstsaldo	€	180.000		
Aan	045	Privé J. Mack			€	77.500
Aan	046	Privé F. Loose			-	102.500

c

	046	Privé F. Loose	€	50.000		
Aan	043	Vermogen F. Loose nog te storten			€	50.000

2407 a

1 (deze journaalpost wordt gemaakt op 31/3, 30/6, 30/9 en 31/12)

1		045	Privé J. den Oever	€	7.500		
	Aan	100	Kas			€	7.500
2		049	Winstsaldo	€	50.000		
	Aan	045	Privé J. den Oever			€	50.000
3		045	Privé J. den Oever	€	15.000		
	Aan	110	Bank			€	15.000
4		110	Bank	€	4.500		
	Aan	045	Privé J. den Oever			€	4.500

b

045 Privé J. den Oever

1/1	Balans	€	3.000	5/3	Journaalpost 2	€	50.000
31/3	Journaalpost 1	-	7.500	21/9	Journaalpost 4	-	4.500
30/6	Journaalpost 1	-	7.500				
18/8	Journaalpost 3	-	15.000				
30/9	Journaalpost 1	-	7.500				
31/12	Journaalpost 1	-	7.500				
	Naar balans	-	6.500				
		€	54.500			€	54.500

2408 a *Waarde eenmanszaak*

Inventaris		€	18.000
Voorraad goederen		-	160.000
Debiteuren		-	58.000
Kas		-	2.000
Bank	−/−	-	50.000
Crediteuren	−/−	-	30.000
Goodwill		-	24.000
		€	182.000
Vermogensdeelname		-	180.000
Verschil bedraagt		€	2.000

b *Journaalpost inbreng Amanda Suttorp*

	002	Inventaris	€	18.000		
	700	Voorraad goederen	-	160.000		
	130	Debiteuren	-	58.000		
	100	Kas	-	2.000		
	020	Goodwill	-	24.000		
Aan	04.	Vermogen A. Suttorp			€	180.000
Aan	110	Bank			-	50.000
Aan	140	Crediteuren			-	30.000
Aan	04.	Privé A. Suttorp			-	2.000

Journaalpost inbreng Nicole Zandee

	110	Bank	€	90.000		
	04.	Vermogen N. Zandee nog te storten	-	30.000		
Aan	04.	Vermogen N. Zandee			€	120.000

c

Balans per 1 augustus 2013 VOF Suttorp en Zandee

Inventaris	€	18.000	Vermogen A. Suttorp			€	180.000
Goodwill	-	24.000	Vermogen N. Zandee	€	120.000		
Voorraad goederen	-	160.000	Vermogen N. Zandee nts	-	30.000		
Debiteuren	-	58.000					
Bank	-	40.000				-	90.000
Kas	-	2.000	Privé A. Suttorp			-	2.000
			Crediteuren			-	30.000
	€	302.000				€	302.000

d		980	Incidentele resultaten	€	2.500	
	Aan	020	Goodwill			2.500

e

020 Goodwill

1/1	Balans	€	21.500	31/12	*Naar rekening 980*	€	6.000
					Naar balans	-	15.500
		€	21.500			€	21.500

2409

	700	Voorraad goederen	€	42.000*		
	003	Auto's	-	15.000		
	130	Debiteuren	-	17.000**		
Aan	04.	Vermogen Rijnbeek			€	74.000

* € 50.000 + € 40.000 – 80% x (€ 10.000 + € 50.000)

** € 12.000 + € 50.000 – € 45.000

2410

	04 .	Vermogen Teurlinckx	€ 90.000	
	048	Winstsaldo	- 12.000	
	020	Goodwill	- 10.000	
Aan	04 .	Vermogen Teurlinckx nog te storten		€ 10.000
Aan	110	Bank		- 80.000
Aan	100	Kas		- 22.000

2411 a 1

	Totaal	B. Terpstra	H. Kuyken
Winstsaldo 2013	€ 115.000		
af : loon	- 70.000	€ 40.000	€ 30.000
	€ 45.000		
af: interestvergoeding 10%	- 36.000	- 20.000	- 16.000
	€ 9.000		
verdeling restant 50/50	- 9.000	- 4.500	- 4.500
	€ 0	€ 64.500	€ 50.500

2		048	Winstsaldo 2013	€ 115.000	
	Aan	046	Privé B. Terpstra		€ 64.500
	Aan	047	Privé H. Kuyken		- 50.500

b Herwaarderingen:

1	Debiteuren	−/−	€ 7.000
2	Pand		- 20.000
	Inventaris		- 10.000
	Handelsgoederen	−/−	- 20.000
			€ 3.000

Aan H. Kuyken komt bij zijn uittreding toe:

Gestort vermogen	€	160.000
Saldo rekening Privé H. Kuyken		
€ 5.000 + € 50.500 =	-	55.500
Herwaardering activa 50 % x € 3.000 =	-	1.500
Goodwill	-	10.000
Totaal	€	227.000

c

	000	Pand	€	50.000		
	005	Inventaris	-	60.000		
Aan	001	Afschrijving pand			€	30.000
Aan	006	Afschrijving inventaris			-	50.000
Aan	701	Afschrijving handelsgoederen			-	20.000
Aan	135	Afschrijving debiteuren			-	7.000
Aan	046	Privé B. Terpstra			-	1.500
Aan	047	Privé H. Kuyken			-	1.500

d

	042	Vermogen H. Kuyken	€	200.000		
	047	Privé H. Kuyken	-	57.000		
	050	Goodwill	-	10.000		
Aan	043	Vermogen H. Kuyken nog te storten			€	40.000
Aan	061	6% Onderhandse lening			-	100.000
Aan	140	Bank			-	127.000

e

	140	Bank	€	145.000		
	045	Vermogen K. Buwalda nog te storten	-	35.000		
Aan	044	Vermogen K. Buwalda			€	180.000

2412 a
1. Een vennootschap onder firma (vof) is een rechtsvorm zonder rechtspersoonlijkheid.
2. Verschillen tussen ondernemingen zonder rechtspersoonlijkheid en ondernemingen met rechtspersoonlijkheid zijn:
   - in ondernemingen zonder rechtspersoonlijkheid zijn leiding en eigendom niet gescheiden en in ondernemingen met rechtspersoonlijkheid meestal wel;
   - in ondernemingen zonder rechtspersoonlijkheid zijn de eigenaren volledig aansprakelijk voor schulden van de onderneming en in ondernemingen met rechtspersoonlijkheid zijn ze slechts aansprakelijk voor maximaal het bedrag van hun inbreng.

b
1. Balans, debet.
2. Balans, credit.
3. Balans, debet.
4. Balans, debet.
5. Winst-en-verliesrekening, verlies.

c

Nr.		Rek.	Omschrijving		Debet		Credit
1		011	Afschrijving inventaris	€	270		
	Aan	400	Afschrijvingskosten			€	270
2		060	Privé J. Galema	€	300		
	Aan	410	Overige bedrijfskosten			€	300
3		100	Liquide middelen	€	500		
	Aan	110	Kruisposten			€	500
4		960	Diverse baten en lasten	€	20		
	Aan	100	Liquide middelen			€	20
5		161	Vooruitbetaalde bedragen	€	1.200		
	Aan	410	Overige bedrijfskosten			€	1.200
6		410	Overige bedrijfskosten	€	400		
		190	Te vorderen omzetbelasting	-	84		
	Aan	162	Nog te betalen bedragen			€	484
7		191	Te betalen omzetbelasting	€	14.340		
	Aan	190	Te vorderen omzetbelasting			€	12.700
	Aan	192	Af te dragen omzetbelasting			-	1.640
8		850	Omzet nieuwe caravans	€	1.500		
	Aan	163	Vooruitontvangen bedragen			€	1.500
9		801	Inkoopwaarde verkopen gebruikte caravans	€	180		
	Aan	701	Voorraad gebruikte caravans			€	180
10		850	Omzet nieuwe caravans	€	2.000		
	Aan	960	Diverse baten en lasten			€	2.000

d 1 De totale interest bedraagt: 6% van (€ 220.000 + € 150.000) = € 22.200.
J. Galema ontvangt: 6% van € 220.000 + 0,5 x (€ 81.360 – € 22.200) = € 42.780.
V. de Groot ontvangt: 6% van € 150.000 + 0,5 x (€ 81.360 – € 22.200) = € 38.580.

2 Het eigen vermogen van J. Galema in deze onderneming bedraagt per 1 januari: € 220.000 – € 21.220 + € 42.780 = € 241.560.

25

De boekhouding van de nv en de bv – het aandelenkapitaal

2501

a Een aandeel is een bewijs van deelname in een nv of bv.

b Een aandeelhouder van een nv is niet persoonlijk aansprakelijk tegenover de schuldeisers van de vennootschap.

c Aandelen op naam zijn op naam van een bepaalde aandeelhouder gesteld en zijn niet vrij verhandelbaar. Aandelen aan toonder zijn niet op naam gesteld en daardoor gemakkelijk verhandelbaar; dit geldt met name voor toonderaandelen die op de effectenbeurs worden verhandeld.

d De bv kent geen aandeelbewijzen; alle aandelen staan (op naam) in een aandeelhoudersregister genoteerd. Hierdoor is het niet mogelijk aandelen van een bv vrij te verhandelen.

e In de situatie dat de aandelen nog niet zijn volgestort, moeten ook deze aandelen op naam zijn gesteld.

f Nee, behalve wanneer ze worden verkocht aan een bank.

g Wanneer aandelen beneden pari worden geëmitteerd, vormt het verschil tussen de nominale waarde en de emissiekoers het disagio.

h Preferente aandelen geven bijvoorbeeld voorrechten op het gebied van de zeggenschap in de vennootschap, de dividenduitkering of de uitbetaling van het liquidatiesaldo.

2502

a Zie paragraaf 25.2.

b De Raad van Commissarissen heeft in een nv/bv een adviserende functie en een toezichthoudende functie.

2503

a In de statuten staan onder andere het aantal aandelen dat maximaal mag worden uitgegeven en de totale nominale waarde van het maatschappelijk aandelenkapitaal vermeld.

b Maximum nominale bedrag dat aan aandelen kan worden uitgegeven; is vastgelegd in de statuten; *040 Aandelenkapitaal.*

c Het nominale bedrag waarvoor aandelen door de nv zijn verkocht; saldo van *040 Aandelenkapitaal* en *041 Aandelen in portefeuille.*

d

1	041	Aandelen in portefeuille	€ 2.000.000	
Aan	040	Aandelenkapitaal		€ 2.000.000
2	110	Bank	€ 800.000	
		40.000 x € 20		
Aan	041	Aandelen in portefeuille		€ 800.000

Gedeeltelijke balans

Bank	€ 800.000	Aandelenkapitaal	€ 2.000.000
		Aandelen in portefeuille	- 1.200.000
		Geplaatst kapitaal	€ 800.000

2504

1	041	Ongeplaatste aandelen	€ 500.000	
Aan	040	Aandelenkapitaal		€ 500.000
2	042	Aandeelhouders nog te storten	€ 300.000	
Aan	041	Ongeplaatste aandelen		300.000
3	110	Bank	€ 120.000	
Aan	042	Aandeelhouders nog te storten		€ 120.000

2505

1	041	Aandelen in portefeuille	€ 10.000.000	
Aan	040	Aandelenkapitaal		€ 10.000.000
2	110	Rabobank	€ 8.000.000	
		1.000.000 x € 8		
Aan	041	Aandelen in portefeuille		€ 5.000.000
Aan	044	Agioreserve		- 3.000.000
		1.000.000 x (€ 8 – € 5)		

2506

8/9		046	Preferente aandelen		
			in portefeuille	€ 2.000.000	
	Aan	045	Preferent aandelenkapitaal		€ 2.000.000
12/9		110	Bank	€ 1.152.000	
		047	Preferente aandeelhouders		
			nog te storten	- 768.000	
	Aan	046	Preferente aandelen		
			in portefeuille		€ 1.600.000
	Aan	049	Agioreserve		- 320.000
12/12		139	Van preferente aandeelhouders		
			opgevraagde stortingen	€ 480.000	
	Aan	048	Opgevraagd bij preferente		
			aandeelhouders		€ 480.000
27/12		110	Bank	€ 450.000	
	Aan	139	Van preferente aandeelhouders		
			opgevraagde stortingen		€ 450.000
		+			
		048	Opgevraagd bij preferente		
			aandeelhouders	€ 450.000	
	Aan	047	Preferente aandeelhouders		
			nog te storten		€ 450.000

2507 a

15/5		041	Aandelen in portefeuille	€ 2.500.000	
	Aan	040	Aandelenkapitaal		€ 2.500.000
31/5		110	Bank	€ 250.000	
		042	Aandeelhouders nts	- 750.000	
	Aan	041	Aandelen in portefeuille		€ 1.000.000
15/6		447	Oprichtingskosten	€ 24.000	
	Aan	110	Bank		€ 24.000
1/8		110	Bank	€ 150.000	
		042	Aandeelhouders nts	- 450.000	
	Aan	041	Aandelen in portefeuille		€ 500.000
	Aan	044	Agioreserve		- 100.000
1/9		138	Van aandeelhouders		
			opgevraagde stortingen	€ 750.000	
	Aan	043	Opgevraagd bij aandeelhouders		€ 750.000

1/10		110	Bank	€ 750.000		
	Aan	138	Van aandeelhouders			
			opgevraagde stortingen		€	750.000
		043	Opgevraagd bij aandeelhouders	€ 750.000		
	Aan	042	Aandeelhouders nts		€	750.000

b

Gedeeltelijke balans per 31 december 2013

	040	Aandelenkapitaal	€ 2.500.000	
	041	Aand. in portefeuille	- 1.000.000	
		Geplaatst kapitaal	€ 1.500.000	
	042	Aandeelhouders nts	- 450.000	
		Geplaatst en gestort kapitaal		€ 1.050.000
	044	Agioreserve		- 100.000

2508

1		041	Ongeplaatste aandelen	€ 900.000		
	Aan	040	Aandelenkapitaal		€	900.000
2		001	Gebouw	€ 500.000		
		002	Winkelinventaris	- 84.000		
		700	Voorraad goederen	- 192.000		
		110	Bank	- 46.000		
		100	Kas	- 8.000		
		020	Goodwill	- 28.000		
	Aan	041	Ongeplaatste aandelen		€	600.000
	Aan	077	6% Hypothecaire lening		-	140.000
	Aan	140	Crediteuren		-	118.000
3		110	Bank	€ 240.000		
	Aan	041	Ongeplaatste aandelen		€	200.000
	Aan	044	Agioreserve		-	40.000
4		465	Oprichtingskosten	€ 10.000		
	Aan	110	Bank		€	10.000

2509

a

Gebouw	€ 560.000	
Overige vaste activa	- 300.000	
Voorraad goederen	- 500.000	
Debiteuren	- 340.000	
Kas	- 10.000	
		€ 1.710.000
Hypothecaire lening	€ 240.000	
Crediteuren	- 300.000	
Bank	- 370.000	
		- 910.000
Inbrengwaarde bezittingen/schulden		€ 800.000

b € 850.000 – € 800.000 = € 50.000 goodwill.

c

	041	Ongeplaatste aandelen	€ 1.500.000	
Aan	040	Aandelenkapitaal		€ 1.500.000

d

	001	Gebouw	€ 640.000	
	005	Overige vaste activa	- 500.000	
	700	Voorraad goederen	- 500.000	
	130	Debiteuren	- 340.000	
	100	Kas	- 10.000	
	020	Goodwill	- 50.000	
Aan	077	Hypothecaire lening		€ 240.000
Aan	140	Crediteuren		- 300.000
Aan	110	Bank		- 370.000
Aan	011	Afschrijving gebouw		- 80.000
Aan	015	Afschrijving overige vaste activa		- 200.000
Aan	041	Ongeplaatste aandelen		- 850.000

e

	110	Bank	€ 472.500	
Aan	041	Ongeplaatste aandelen		€ 450.000
Aan	044	Agio op aandelen		- 22.500

	465	Oprichtingskosten	€ 20.000	
Aan	110	Bank		€ 20.000

f

Balans Cobben BV per 1 januari 2013

Gebouw	€ 640.000		Aandelenkapitaal	€ 1.500.000	
Afschrijving gebouw	- 80.000		Ongeplaatste aandelen	- 200.000	
		€ 560.000			€ 1.300.000
Overige vaste activa	€ 500.000		Agio op aandelen		- 22.500
Afschrijving ov. v. activa	- 200.000		Hypothecaire lening		- 240.000
			Crediteuren		- 300.000
		- 300.000			
Goodwill		- 50.000			
Voorraad goederen		- 500.000			
Debiteuren		- 340.000			
Bank		- 82.500			
Kas		- 10.000			
Verlies*		- 20.000			
		€ 1.862.500			€ 1.862.500

* Ontstaan als gevolg van de oprichtingskosten.

2510 a

	041	Ongeplaatst aandelenkapitaal	€ 800.000	
Aan	040	Aandelenkapitaal		€ 800.000

b *145 Rekening-courant Bonnie Langer*

Waarde eenmanszaak + goodwill = € 250.000 + € 25.000 =	€ 275.000
Nominale waarde verstrekte aandelen 3.000 x € 100 =	- 300.000
De bv heeft nog te vorderen (debet)	€ 25.000

146 Rekening-courant Karen Albers

Waarde eenmanszaak + goodwill = € 360.000 + € 25.000 =	€ 385.000
Nominale waarde verstrekte aandelen 3.750 x € 100 =	- 375.000
De bv is nog verschuldigd (credit)	€ 10.000

c

	001	Gebouwen	€	200.000		
	020	Winkelinventaris	-	60.000		
	030	Goodwill	-	25.000		
	700	Voorraad goederen	-	75.000		
	145	Rekening-courant Bonnie Langer	-	25.000		
	120	ING Bank	-	15.000		
	100	Kas	-	8.000		
Aan	041	Ongeplaatst aandelenkapitaal			€	300.000
Aan	080	6,5% Hypothecaire lening			-	80.000
Aan	110	Rabobank			-	18.000
Aan	140	Crediteuren			-	10.000

d

	001	Gebouwen	€	300.000		
	020	Winkelinventaris	-	100.000		
	030	Goodwill	-	25.000		
	700	Voorraad goederen	-	85.000		
	110	Rabobank	-	25.000		
	100	Kas	-	10.000		
Aan	041	Ongeplaatst aandelenkapitaal			€	375.000
Aan	081	5% Lening			-	108.000
Aan	140	Crediteuren			-	52.000
Aan	146	Rekening-courant Karen Albers			-	10.000

e

Openingsbalans De Muurbloem BV per 1 juli 2013

Gebouwen	€	500.000	Aandelenkapitaal	€	800.000		
Winkelinventaris	-	160.000	Aandelen in portefeuille	-	125.000		
Goodwill	-	50.000					
Voorraad goederen	-	160.000				€	675.000
Rekening-courant Bonnie Langer	-	25.000	6,5% Hypothecaire lening			-	80.000
ING Bank	-	15.000	5% Lening			-	108.000
Rabobank	-	7.000	Crediteuren			-	62.000
Kas	-	18.000	Rekening-courant Karen Albers			-	10.000
	€	935.000				€	935.000

2511 a Eigen vermogen (inclusief privé)

				R. Pols		P. Laro
Gestort vermogen volgens balans				€	470.000	€ 320.000
Saldo rekening *Privé*				+ -	30.000 ⁻/– -	20.000
Herwaarderingen:						
1 Inventaris	⁻/– €	20.000				
2 Voorraad goederen	⁻/– -	55.000				
3 Te betalen kosten	⁻/– -	5.000				
	⁻/– €	80.000	(5 : 3)	⁻/– -	50.000 ⁻/– -	30.000
				€	450.000	€ 270.000

b

		R. Pols		P. Laro	
Nominale waarde verstrekte					
aandelen	5.000 x € 100 =	€	500.000		
	3.000 x € 100 =			€	300.000
Waarde eigen vermogen (zie a) + goodwill		-	470.000	-	290.000
Te storten in de kas van de bv		€	30.000	€	10.000

c

	041	Ongeplaatste aandelen	€ 1.500.000	
Aan	040	Aandelenkapitaal		€ 1.500.000

d

	001	Gebouwen	€ 1.000.000	
	002	Inventaris	- 100.000	
	030	Goodwill	- 40.000	
	700	Voorraad goederen	- 175.000	
	130	Debiteuren	- 140.000	
	120	ING Bank	- 30.000	
	100	Kas	- 50.000	
		€ 10.000 + € 30.000 + € 10.000		
Aan	041	Ongeplaatste aandelen		€ 800.000
Aan	077	6% Hypotheek o/g		- 350.000
Aan	140	Crediteuren		- 50.000
Aan	110	Bank		- 60.000
Aan	193	Te betalen kosten		- 25.000
Aan	011	Afschrijving gebouwen		- 200.000
Aan	012	Afschrijving inventaris		- 50.000

Openingsbalans Polaro BV per 1 januari 2013

Gebouwen	€ 1.000.000		Aandelenkapitaal	€ 1.500.000	
Afschrijving gebouwen	- 200.000		Ongeplaatste aandelen	- 700.000	
		€ 800.000			€ 800.000
Inventaris	€ 100.000		6% Hypotheek o/g		- 350.000
Afschrijving inventaris	- 50.000		Crediteuren		- 50.000
			Bank		- 60.000
		- 50.000	Te betalen kosten		- 25.000
Goodwill		- 40.000			
Voorraad goederen		- 175.000			
Debiteuren		- 140.000			
ING Bank		- 30.000			
Kas		- 50.000			
		€ 1.285.000			€ 1.285.000

2512 a

110	Bank	€	65.000	
045	Kapitaal Zagers n.t.s.	-	100.000	
046	Kapitaal Breukelen n.t.s.	-	20.000	
047	Kapitaal Joosten n.t.s.	-	5.000	
Aan 040	Kapitaal Zagers			€ 110.000
Aan 041	Kapitaal Breukelen			- 60.000
Aan 042	Kapitaal Joosten			- 20.000

b

Berekend loon		€ 80.000
Wegens interest ontvangt		
• Zagers 6% van € 10.000 =		- 600
• Breukelen 6% van € 40.000 =		- 2.400
• Joosten 6% van € 15.000 =		- 900
		€ 83.900
De totale winst is		– 80.300
De rest van de winst: tussen de vennoten te verdelen	−/–	€ 3.600

Hiervan neemt elk van de vennoten € 1.200 voor zijn rekening.

In totaal ontvangt elk van de vennoten:

		Zagers		Breukelen		Joosten
Loon	€	20.000	€	30.000	€	30.000
Interest	-	600	-	2.400	-	900
Deel van de 'overwinst'	⁻/₋ -	1.200	⁻/₋ -	1.200	⁻/₋ -	1.200
	€	19.400	€	31.200	€	29.700

	099	Winstsaldo	€	80.300		
Aan	050	Privé Zagers			€	19.400
Aan	051	Privé Breukelen			-	31.200
Aan	052	Privé Joosten			-	29.700

c

	001	Gebouwen	€	19.000		
	004	Transportmiddelen	-	6.000		
Aan	003	Inventaris			€	4.000
Aan	700	Voorraad goederen			-	19.000
Aan	099	Winstsaldo			-	2.000

d

Berekend loon	€	80.000
Wegens interest ontvangt		
• Zagers 6% van € 110.000 =	-	6.600
• Breukelen 6% van € 50.000 =	-	3.000
• Joosten 6% van € 15.000 =	-	900
	€	90.500
De totale winst is € 246.000 + € 2.000 =	-	248.000
Elk van de vennoten ontvangt van de rest van de winst ⅓ deel van	€	157.500

In totaal ontvangt elk van de vennoten:

		Zagers		Breukelen		Joosten
Loon	€	20.000	€	30.000	€	30.000
Interest	-	6.600	-	3.000	-	900
Deel van de overwinst	-	52.500	-	52.500	-	52.500
	€	79.100	€	85.500	€	83.400

	099	Winstsaldo	€ 248.000	
Aan	050	Privé Zagers		€ 79.100
Aan	051	Privé Breukelen		- 85.500
Aan	052	Privé Joosten		- 83.400

e

	061	Ongeplaatste aandelen	€ 800.000	
Aan	060	Aandelenkapitaal		€ 800.000

f

	Zagers	Breukelen	Joosten
Kapitaal	€ 110.000	€ 80.000	€ 40.000
Kapitaal n.t.s.	- –	⁻/₋ - 30.000	⁻/₋ - 25.000
	€ 110.000	€ 50.000	€ 15.000
Privé volgens balans ⁻/₋	- 14.000	⁻/₋ - 15.000	- 15.000
	€ 96.000	€ 35.000	€ 30.000
Winstverdeling	- 79.100	- 85.500	- 83.400
	€ 175.100	€ 120.500	€ 113.400
Afgerond op	- 176.000	- 121.000	- 114.000
Te betalen	€ 900	€ 500	€ 600

	120	Rabobank	€ 2.000	
	040	Kapitaal Zagers	- 110.000	
	041	Kapitaal Breukelen	- 80.000	
	042	Kapitaal Joosten	- 40.000	
	050	Privé Zagers	- 65.100	
	051	Privé Breukelen	- 70.500	
	052	Privé Joosten	- 98.400	
Aan	046	Kapitaal Breukelen n.t.s.		€ 30.000
Aan	047	Kapitaal Joosten n.t.s.		- 25.000
Aan	061	Ongeplaatste aandelen		- 411.000

26

De boekhouding van de nv en de bv – de winstverdeling

2601

a

Winst na belasting	€	210.000
dividend 100.000 x € 0,40 =	-	40.000
Winstreservering	€	170.000

b

1	990	Vennootschapsbelasting	€	60.000		
Aan	161	Te betalen vennootschapsbelasting			€	60.000
2	049	Winst na belasting 2013	€	210.000		
Aan	163	Te betalen dividend			€	34.000
Aan	164	Te betalen dividendbelasting			-	6.000
Aan	046	Winstreserve			-	170.000
3	163	Te betalen dividend	€	34.000		
Aan	110	Rabobank			€	34.000
4	164	Te betalen dividendbelasting	€	6.000		
Aan	120	ING Bank			€	6.000

2602

a

	049	Winst na belasting 2013	€	850.000		
Aan	163	Te betalen dividend			€	306.000
Aan	164	Te betalen dividendbelasting			-	54.000
Aan	046	Winstreserve			-	490.000

b 1 Aantal geplaatste aandelen $\frac{€ 3.000.000}{€ 5}$ = 600.000.

Dividend per aandeel $\frac{€ 360.000}{600.000}$ = € 0,60.

2 Dividendpercentage $\frac{€ 0,60}{€ 5}$ x 100% = 12% of $\frac{€ 360.000}{€ 3.000.000}$ x 100% = 12%.

c

	163	Te betalen dividend	€	102.000		
		200.000 x 85% x € 0,60				
Aan	110	Bank			€	102.000

d

	164	Te betalen dividendbelasting	€	54.000		
Aan	110	Bank			€	54.000

2603

a

	980	Tantièmes	€ 80.000	
Aan	160	Te betalen tantièmes		€ 80.000

	990	Vennootschapsbelasting	€ 152.000	
Aan	161	Te betalen vennootschapsbelasting		€ 152.000

	999	Overboekingsrekening	€ 568.000	
		€ 800.000 – € 80.000 – € 152.000		
Aan	049	Winst na belasting 2013		€ 568.000

b

	049	Winst na belasting 2013	€ 568.000	
Aan	163	Te betalen dividend		€ 175.100
		$85\% \times (\frac{€\,50.000}{€\,100} \times €\,12 + \frac{€\,2.000.000}{€\,20} \times €\,2)$		
		= 85% x € 206.000		
Aan	164	Te betalen dividendbelasting		- 30.900
		15% x € 206.000		
Aan	046	Winstreserve		- 362.000

2604

1		046	Winstreserve	€ 150.000	
			60.000 x € 2,50		
	Aan	163	Te betalen dividend		€ 127.500
	Aan	164	Te betalen dividendbelasting		- 22.500

2		163	Te betalen dividend	€ 25.500	
			12.000 x 85% x € 2,50		
	Aan	110	Bank		€ 25.500

3		990	Vennootschapsbelasting	€ 125.000	
	Aan	161	Te betalen vennootschapsbelasting		€ 125.000

4		049	Winst na belasting 2013	€ 475.000	
	Aan	163	Te betalen dividend		€ 195.500
	Aan	164	Te betalen dividendbelasting		- 34.500
	Aan	046	Winstreserve		- 245.000
			€ 150.000 (zie 1) + € 95.000		

5		163	Te betalen dividend	€ 48.875	
			$\frac{15.000}{60.000} \times €\,195.500$		
	Aan	110	Bank		€ 48.875

2605

a

1		046	Winstreserve	€ 400.000	
	Aan	16 .	Te betalen interimdividend		€ 340.000
	Aan	164	Te betalen dividendbelasting		- 60.000
2		049	Winstsaldo na belasting 2013	€ 1.700.000	
	Aan	046	Winstreserve		€ 1.200.000
			€ 400.000 (zie 1) + € 800.000		
	Aan	163	Te betalen dividend		- 425.000
	Aan	164	Te betalen dividendbelasting		- 75.000
3		161	Te betalen vennootschapsbelasting	€ 300.000	
		164	Te betalen dividendbelasting	- 135.000	
		16 .	Te betalen interimdividend	- 70.000	
		163	Te betalen dividend	- 400.000	
	Aan	120	ING Bank		€ 905.000

b

		Saldibalans		**Winst-en-verliesrekening**		**Balans**	
Nr.	Rekening	Debet	Credit	Debet	Credit	Debet	Credit
046	Winstreserve		€ 4.000.000				€ 4.000.000
049	Winstsaldo na belasting 2013						
161	Te betalen vpb		- 200.000				- 200.000
163	Te betalen dividend		- 32.500		€ 2.500*		30.000
164	Te betalen dividendbelasting						
16 .	Te betalen interimdividend						

* Fraaier is een overboeking van dit bedrag naar de winstreserve.

2606

a Het interimdividend heeft de winstreserve met $\frac{€\ 4.000.000}{€\ 20}$ x € 0,80 = € 160.000 'aangetast'.

b

Dividend preferente aandelen		
$\frac{€\ 100.000}{€\ 100}$ x € 10 =	€	10.000
Dividend gewone aandelen		
$\frac{€\ 4.000.000}{€\ 20}$ x € 1,80 =	-	360.000
Toevoeging reserve nieuwbouw	-	302.500
	€	672.500

c

	060	Winst na belasting 2013	€	672.500		
Aan	047	Winstreserve			€	160.000
Aan	163	Te betalen dividend			-	178.500
		85% x (€ 370.000 – € 160.000)				
Aan	164	Te betalen dividendbelasting			-	31.500
		15% x (€ 370.000 – € 160.000)				
Aan	046	Reserve nieuwbouw			-	302.500

d

1		163	Te betalen dividend	€	5.100		
			600 x 85% x € 10				
	Aan	110	Bank			€	5.100
2		163	Te betalen dividend	€	102.000		
			120.000 x 85% x (€ 1,80 – € 0,80)				
	Aan	110	Bank			€	102.000
3		164	Te betalen dividendbelasting	€	31.500		
	Aan	110	Bank			€	31.500

2607

1		049	Winst 2013	€	700.000		
	Aan	162	Te betalen dividend			€	345.000
	Aan	163	Te betalen dividendbelasting			-	105.000
	Aan	047	Uit te reiken aandelen			-	250.000
2		162	Te betalen dividend	€	13.800		
	Aan	110	Rabobank			€	13.800
3		047	Uit te reiken aandelen	€	10.000		
	Aan	041	Aandelen in portefeuille			€	10.000
4		163	Te betalen dividendbelasting	€	105.000		
	Aan	110	Rabobank			€	105.000

2608

a

1	051	Aandelen in portefeuille	€ 4.000.000	
Aan	050	Aandelenkapitaal		€ 4.000.000
2	110	Bank	€ 2.525.000	
Aan	051	Aandelen in portefeuille		€ 2.500.000
Aan	053	Agio op aandelen		- 25.000
3	471	Oprichtingskosten	€ 20.000	
Aan	110	Bank		€ 20.000

b

990	Tantièmes	€ 40.000	
Aan 150	Te betalen tantièmes		€ 40.000

c

995	Vennootschapsbelasting	€ 130.000	
Aan 155	Te betalen vennootschapsbelasting		€ 130.000
999	Overboekingsrekening	€ 370.000	
Aan 090	Winst na belasting 2013		€ 370.000

d

Totale dividend		
25.000 x € 5 =	€ 125.000	
Dividendbelasting		
15% van € 125.000 =		€ 18.750
Cashdividend		
25.000 x € 2,50 =	€ 62.500	
Dividendbelasting (totaal)	- 18.750	
	–	
		- 43.750
Stockdividend		
25.000 x € 2,50 =		- 62.500
Winstreservering		- 245.000
		€ 370.000

e

1	090	Winst na belasting 2013	€ 370.000	
Aan	160	Te betalen dividend		€ 43.750
Aan	161	Te betalen dividendbelasting		- 18.750
Aan	052	Uit te reiken aandelen		- 62.500
Aan	060	Winstreserve		- 245.000
2	160	Te betalen dividend	€ 26.250	
		(15.000 x € 2,50) – (15.000 x 15% van € 5)		
		of 15.000/25.000 x € 43.750		
Aan	110	Bank		€ 26.250
3	052	Uit te reiken aandelen	€ 25.000	
		10.000 x € 2,50		
Aan	051	Aandelen in portefeuille		€ 25.000

2609 a

Datum		Rek.	Omschrijving	Debet	Credit
9/1		110	Bank	€ 1.485.000	
		042	Aandeelhouders nog te storten	- 990.000	
	Aan	041	Aandelen in portefeuille		€ 1.650.000
	Aan	045	Agioreserve		- 825.000
30/1		138	Van aandeelhouders		
			opgevraagde stortingen	€ 990.000	
	Aan	043	Opgevraagd bij aandeelhouders		€ 990.000
28/2		110	Bank	€ 990.000	
	Aan	138	Van aandeelhouders		
			opgevraagde stortingen		€ 990.000
		+			
		043	Opgevraagd bij aandeelhouders	€ 990.000	
	Aan	042	Aandeelhouders nog te storten		€ 990.000
6/3		060	Winst na belasting 2013	€ 1.050.000	
	Aan	046	Algemene reserve		€ 490.000
			€ 140.000 + € 350.000		
	Aan	163	Te betalen dividend		- 126.000
			€ 350.000 – € 140.000		
			– € 84.000 (dividendbelasting)		
	Aan	164	Te betalen dividendbelasting		- 84.000
			15% van (€ 700.000 – € 140.000)		
	Aan	047	Uit te reiken aandelen		- 350.000
30/6		163	Te betalen dividend	€ 126.000	
	Aan	110	Bank		€ 126.000
		047	Uit te reiken aandelen	€ 350.000	
	Aan	041	Aandelen in portefeuille		€ 350.000
30/9		164	Te betalen dividendbelasting	€ 84.000	
	Aan	110	Bank		€ 84.000
1/11		046	Algemene reserve	€ 360.000	
	Aan	163	Te betalen dividend		€ 306.000
	Aan	164	Te betalen dividendbelasting		- 54.000
1/12		163	Te betalen dividend	€ 255.000	
			750.000 x 85% van € 0,40		
	Aan	110	Bank		€ 255.000

b

Gedeeltelijke balans per 31 december 2013

	Aandelenkapitaal	€ 10.000.000	
	Aandelen in portefeuille	- 1.000.000	
			€ 9.000.000
	Agioreserve		- 2.425.000
	Algemene reserve		- 3.390.000
	Te betalen dividend		- 51.000
	Te betalen dividendbelasting		- 54.000

2610 a

Winst na belasting 2013	€ 1.250.000
Uit te keren cashdividend 3.000.000 x € 0,10 =	- 300.000
Toe te voegen aan de winstreserve	€ 950.000

b Er wordt nominaal aan aandelen uitgereikt: 4.500.000 x € 0,04 = € 180.000.

c

Datum		Nr.	Rekening	Debet	Credit
15/5		049	Winst na belasting 2013	€ 1.250.000	
		044	Agioreserve	- 180.000	
	Aan	163	Te betalen dividend		€ 255.000
	Aan	164	Te betalen dividendbelasting		- 45.000
	Aan	042	Uit te reiken aandelen		- 180.000
	Aan	046	Winstreserve		- 950.000
22/5		163	Te betalen dividend	€ 212.500	
		164	Te betalen dividendbelasting	- 45.000	
	Aan	110	Bank		€ 257.500
23/5		042	Uit te reiken aandelen	€ 180.000	
	Aan	041	Ongeplaatste aandelen		€ 180.000

2611

1	850	Omzet	€	430		
	180	Te betalen omzetbelasting	-	90,30		
	131	Te ontvangen facturen	-	430		
	181	Te vorderen omzetbelasting	-	90,30		
Aan	120	Debiteuren			€	520,30
Aan	130	Crediteuren			-	520,30

2	101	Kruisposten	€	250		
Aan	100	Kas			€	250

3	122	Voorziening dubieuze debiteuren	€	600		
	183	Terug te vorderen omzetbelasting	-	126		
Aan	121	Dubieuze debiteuren			€	726

4	191	Te betalen interest	€	2.250		
Aan	470	Interestkosten			€	2.250

5	710	Af te leveren producten	€	25.000		
Aan	700	Voorraad producten			€	25.000

6	042	Agioreserve	€	90.000		
Aan	041	Aandelen in portefeuille			€	90.000

7	045	Algemene reserve	€	10.000		
Aan	166	Te betalen interimdividend			€	8.500
Aan	161	Te betalen dividendbelasting			-	1.500

8	481	Voorraadverschillen	€	1.760		
Aan	700	Voorraad producten			€	1.760

2612 a *Invoeren overige boekingen*

Datum	Boekings-stuk	Rekening-nummer	Debiteur/ Crediteur	Factuur	Debet	Credit
15/5	M-1409	049			€ 1.250.000	
15/5	M-1409	044			€ 180.000	
15/5	M-1409	163				€ 255.000
15/5	M-1409	164				€ 45.000
15/5	M-1409	042				€ 180.000
15/5	M-1409	046				€ 950.000

b *Invoeren bankboekingen*

Begin	Eind
€ 11.480	- € 246.020

Datum	Boekings-stuk	Rekening-nummer	Debiteur/ Crediteur	Factuur	BTW-code	Bij	Af	BTW-bedrag
22/5	B-134	163					€ 212.500	
22/5	B-134	164					€ 45.000	

c *Invoeren overige boekingen*

Datum	Boekings-stuk	Rekening-nummer	Debiteur/ Crediteur	Factuur	Debet	Credit
23/5	M-1410	042			€ 180.000	
23/5	M-1410	041				€ 180.000

27

De boekhouding van de nv en de bv – de reserves

2701

a

1	049	Winst na belasting 2013	€ 480.000		
Aan	162	Te betalen dividend		€	255.000
Aan	163	Te betalen dividendbelasting		-	45.000
Aan	046	Winstreserve		-	180.000
2	001	Gebouwen	€ 250.000		
Aan	011	Afschrijving gebouwen		€	75.000
Aan	045	Herwaarderingsreserve		-	175.000
3	110	Bank	€ 1.000.000		
Aan	041	Aandelen in portefeuille		€	500.000
Aan	044	Agioreserve		-	500.000

b $\frac{€\ 6.695.000 + €\ 180.000 + €\ 175.000 + €\ 1.000.000}{35.000 \text{ eenheden}} = €\ 230.$

2702

a

85% van de aanschafprijs =	€ 2.550.000
De aanschafprijs is 100/85 x € 2.550.000=	€ 3.000.000

b

	001	Gebouw	€ 750.000		
		25% van € 3.000.000			
Aan	005	Afschrijving gebouw		€	112.500
		25% van (€ 3.000.000 – € 2.550.000)			
Aan	045	Herwaarderingsreserve		-	637.500
		25% van € 2.550.000			

c

	002	Machines (sluitpost)	€ 500.000		
Aan	006	Afschrijving machines		€	400.000
		€ 1.000.000 – € 600.000			
Aan	045	Herwaarderingsreserve		-	100.000
		€ 600.000 – € 500.000			

2703

a

	040	Aandelenkapitaal	€ 1.250.000		
Aan	041	Aandelen in portefeuille		€	250.000
Aan	04 .	Geaccumuleerd verlies vorige boekjaren		-	550.000
Aan	04 .	Reorganisatiereserve		-	450.000

b

Balans per 31 december 2013 Resoluties NV (na afstempeling)

Diverse activa	€ 2.200.000	Aandelenkapitaal	€ 1.250.000	
		Aandelen in portefeuille	- 250.000	
			€ 1.000.000	
		Reorganisatiereserve	- 450.000	
			€ 1.450.000	
		Verlies 2013	- 250.000	
				€ 1.200.000
		Diverse schulden		- 1.000.000
	€ 2.200.000			€ 2.200.000

c 1 $\frac{€\ 1.200.000}{40.000}$ = € 30 (de nominale waarde per aandeel is € 50).

2 Als c1 (de nominale waarde per aandeel is € 25).

2704 a $\frac{\text{Eigen vermogen}}{\text{Vreemd vermogen}} = \frac{€\ 2.000.000 + €\ 1.000.000 + €\ 2.300.000 + €\ 700.000}{€\ 4.500.000 + €\ 2.500.000 + €\ 1.000.000} = 0{,}75.$

b $\frac{\text{Eigen vermogen}}{\text{Vreemd vermogen}} = \frac{€\ 2.000.000 + €\ 1.000.000 + €\ 3.300.000 + €\ 700.000}{€\ 4.500.000 + €\ 2.500.000} = 1.$

c

	049	Winst na belasting	€ 1.000.000	
Aan	046	Winstreserve		€ 1.000.000
	1..	Vreemd vermogen op korte termijn	€ 1.000.000	
Aan	110	Bank		€ 1.000.000

d $\frac{\text{Eigen vermogen}}{\text{Vreemd vermogen}} = \frac{€\ 2.000.000 + €\ 1.000.000 + €\ 3.300.000 + €\ 700.000}{€\ 4.500.000 + €\ 1.500.000} = 1{,}17.$

e Formele reserves zijn een onderdeel van het eigen vermogen van een nv of bv en staan credit op de balans. Materiële reserves zijn extra liquide middelen; deze staan debet op de balans.

f Wanneer aan de debetkant van de balans duidelijk aanwijsbare extra liquide middelen opgenomen zijn.

g 1 Ja.
2 Ja.
3 Ja.

2705

a

Beschikbaar voor dividend	€ 1.570.000
Uitkering $\frac{€\,14.000.000}{€\,10}$ x € 1,20 =	- 1.680.000
Onttrekking dividendreserve	€ 110.000

b

	060	Winst na belasting 2013	€ 2.380.000	
	048	Dividendreserve	- 110.000	
Aan	163	Te betalen dividend		€ 1.428.000
		85% x € 1.680.000		
Aan	164	Te betalen dividendbelasting		- 252.000
		15% x € 1.680.000		
Aan	045	Algemene reserve		- 810.000

2706

1		041	Aandelen in portefeuille	€ 2.000.000	
	Aan	040	Aandelenkapitaal		€ 2.000.000
2		044	Agioreserve	€ 2.000.000	
	Aan	047	Uit te reiken aandelen		€ 2.000.000
3		047	Uit te reiken aandelen	€ 600.000	
	Aan	041	Aandelen in portefeuille		€ 600.000

2707

a

1		049	Winst na belasting 2013	€ 850.000	
	Aan	164	Te betalen dividendbelasting		€ 90.000
			15% x (€ 400.000 + € 200.000)		
	Aan	163	Te betalen dividend		- 310.000
			€ 400.000 – € 90.000		
	Aan	047	Uit te reiken aandelen		- 200.000
	Aan	046	Winstreserve		- 250.000
2		044	Agioreserve	€ 800.000	
	Aan	047	Uit te reiken aandelen		€ 800.000

b

Balans per 31 december 2013

Vaste activa	€ 4.500.000	Aandelenkapitaal	€ 5.500.000	
Voorraden	- 2.250.000	Aandelen in portefeuille	- 1.500.000	
Werk in uitvoering	- 3.000.000			
Debiteuren	- 1.000.000			€ 4.000.000
Liquide middelen	- 1.500.000	Agioreserve		- 1.200.000
		Winstreserve		- 2.750.000
		Uit te reiken aandelen		- 1.000.000
		Voorschotten op werken		- 2.000.000
		Crediteuren		- 610.000
		Te betalen venn.belasting		- 290.000
		Te betalen dividend		- 310.000
		Te betalen dividendbelasting		- 90.000
	€ 12.250.000			€ 12.250.000

c $\frac{€\ 4.000.000 + €\ 1.200.000 + €\ 2.750.000 + €\ 1.000.000}{5.000.000} = €\ 1,79.$

d 1 Nee; door de uitgifte van de bonusaandelen is uitsluitend de samenstelling van het eigen vermogen gewijzigd.

2 Ja; doordat tegenover hetzelfde eigen vermogen meer aandelen staan, is de intrinsieke waarde per aandeel gedaald.

2708 a

1		081	Algemene reserve	€ 150.000	
			600.000 x € 0,25		
	Aan	180	Te betalen dividend		€ 127.500
	Aan	181	Te betalen dividendbelasting		- 22.500
2		180	Te betalen dividend	€ 34.000	
			160.000 x 85% x € 0,25		
	Aan	110	Bank		€ 34.000

b

	075	Winstsaldo 2013	€	800.000		
Aan	181	Te betalen dividendbelasting			€	67.500
		600.000 x 15% van € 0,75				
Aan	180	Te betalen dividend			-	82.500
		(600.000 x 85% van € 0,75) – € 300.000				
Aan	062	Uit te reiken aandelen			-	300.000
		600.000 x € 0,50				
Aan	081	Algemene reserve			-	350.000
		€ 150.000 (zie 1) + € 200.000				

c

1	080	Agioreserve	€	600.000		
Aan	062	Uit te reiken aandelen			€	600.000

2	180	Te betalen dividend	€	30.250		
		220.000 x € 0,1375*				
Aan	110	Bank			€	30.250

* € 82.500 : 600.000

3	062	Uit te reiken aandelen	€	90.000		
		180.000 x € 0,50				
Aan	061	Aandelen in portefeuille			€	90.000

4	062	Uit te reiken aandelen	€	240.000		
		240.000 x € 1				
Aan	061	Aandelen in portefeuille			€	240.000

2709

a

Gedeeltelijke balans per 31 december 2013 (na het uitreiken van alle bonusaandelen)

	Aandelenkapitaal	€ 6.000.000		
	Aandelen in portefeuille	- –		
	Geplaatst aandelenkapitaal		€	6.000.000
	Agioreserve		-	1.150.000
	Algemene reserve		-	2.450.000
	Eigen vermogen		€	9.600.000

b

1 $\frac{€\ 9.600.000}{200.000} = €\ 48.$

2 $\frac{€\ 9.600.000}{240.000} = €\ 40.$

c 1 $\frac{€\ 900.000}{200.000} = €\ 4,50.$

2 $\frac{€\ 900.000}{240.000} = €\ 3,75.$

d Een reden is: verlaging van de intrinsieke waarde per aandeel.
Hierdoor worden de reeds geplaatste aandelen gemakkelijker verhandelbaar en kunnen nieuw uit te geven aandelen gemakkelijker worden geplaatst.

2710 a

1		940	Reorganisatieresultaten	€	50.000		
	Aan	005	Gebouwen			€	50.000

2		100	Kas	€	7.260		
		035	Afschrijving machines	-	375.000		
		940	Reorganisatieresultaten	-	19.000		
	Aan	030	Machines			€	400.000
	Aan	160	Te betalen omzetbelasting			-	1.260

3		030	Machines	€	357.000		
		161	Te vorderen omzetbelasting	-	74.970		
	Aan	050	6% Lening o/g			€	357.000
	Aan	170	Crediteuren			-	74.970

4		120	Bank	€	42.350		
	Aan	040	Wagenpark			€	15.000
	Aan	160	Te betalen omzetbelasting			-	7.350
	Aan	940	Reorganisatieresultaten			-	20.000

5		060	Aandelenkapitaal	€	160.000		
	Aan	085	Geaccumuleerd verlies vorige boekjaren			€	62.000
	Aan	075	Reorganisatiereserve			-	98.000

6		170	Crediteuren	€	188.000		
		120	Bank	-	70.000		
	Aan	065	Aandelen in portefeuille			€	170.000
	Aan	940	Reorganisatieresultaten			-	88.000

7		940	Reorganisatieresultaten	€	10.000		
	Aan	141	Voorziening debiteuren			€	10.000

8		940	Reorganisatieresultaten	€	6.000		
		300	Voorraad grondstoffen	-	10.000		
	Aan	320	Prijsverschillen inkopen grondstoffen			€	16.000

9		120	Bank	€	100.000		
	Aan	055	5% Lening o/g			€	100.000

b

940 Reorganisatieresultaten

post **a**1	€	50.000	post **a**4	€	20.000
post **a**2	-	19.000	post **a**6	-	88.000
post **a**7	-	10.000			
post **a**8	-	6.000			

28

De boekhouding van de nv en de bv – het vreemd vermogen

2801 a Bij een obligatielening is sprake van een groot aantal vermogensverschaffers, terwijl een onderhandse lening wordt verstrekt door één persoon of instelling of enkele personen of instellingen.

b Financieringsvorm waarbij de afnemer van de goederen of diensten deze enige tijd vóór de levering betaalt.

c Debiteuren en Crediteuren.

d Debet.

e (verstrekt) afnemerskrediet.

f Wanneer er sprake is van een bankrekening, waarbij de klant 'rood' mag staan tot een bepaald maximumbedrag.

2802 a Met een coupon kan (kon) de obligatiehouder op de couponvervaldag interest ontvangen.

b De koers wordt met de nominale waarde van een obligatie vermenigvuldigd om de koerswaarde te bepalen.

c Wanneer de obligaties worden geëmitteerd tegen een koers onder de 100% (beneden pari).

2803 a

1		071	5% Obligaties in portefeuille	€ 6.000.000	
	Aan	070	5% Obligatielening		€ 6.000.000
2		110	Bank	€ 6.120.000	
	Aan	071	5% Obligaties in portefeuille		€ 6.000.000
	Aan	073	Agio op 5% obligaties		- 120.000
3		475	Emissiekosten obligaties	€ 17.000	
	Aan	110	Bank		€ 17.000

b

			Debet	Credit
	073	Agio op 5% obligaties	€ 6.000	
		5% x € 120.000		
Aan	961	Interestopbrengst		€ 6.000

2804 a

			Debet	Credit
	470	Interestkosten	€ 8.000	
Aan	074	Disagio op obligaties		€ 8.000

b

		Gewijzigde saldibalans		Winst-en-verliesrekening		Balans	
Nr.	Rekening	Debet	Credit	Debet	Credit	Debet	Credit
070	4% Obligatielening		€ 2.000.000				€ 2.000.000
071	4% Obligaties in portefeuille	€ 400.000				€ 400.000	
074	Disagio op obligaties	- 8.000				- 8.000	

2805

				Debet	Credit
1		071	4% Obligaties in portefeuille	€ 2.000.000	
	Aan	070	4% Obligatielening		€ 2.000.000
2		110	Bank	€ 2.030.000	
	Aan	071	4% Obligaties in portefeuille		€ 2.000.000
	Aan	073	Agio op 4% obligaties		- 30.000
3		073	Agio op 4% obligaties	€ 3.000	
	Aan	962	Bijzonder interestresultaat		€ 3.000

2806

				Debet	Credit
1		071	5% Obligaties in portefeuille	€ 2.000.000	
	Aan	070	5% Obligatielening		€ 2.000.000
2		110	Bank	€ 1.336.500	
		074	Disagio op obligaties	- 13.500	
	Aan	071	5% Obligaties in portefeuille		€ 1.350.000
3		170	Te betalen interest	€ 67.500	
			$5\% \times \frac{13.500}{20.000} \times € 2.000.000$		
	Aan	171	Te betalen coupons		€ 67.500

4	171	Te betalen coupons	€ 62.500	
		$\frac{12.500}{13.500}$ x € 67.500		
Aan	110	Bank		€ 62.500

2807

a

1/12	170	Te betalen interest	€ 90.000	
Aan	171	Te betalen coupons		€ 90.000
	171	Te betalen coupons	€ 84.000	
Aan	110	Bank		€ 84.000
	470	Interestkosten		
		6% obligatielening	€ 15.000	
Aan	170	Te betalen interest		€ 15.000
31/12	963	Bijzondere interestresultaten	€ 7.500	
Aan	074	Disagio op obligaties		€ 7.500
	171	Te betalen coupons	€ 750	
Aan	963	Bijzondere interestresultaten		€ 750

b

		Gewijzigde saldibalans		Winst-en-verliesrekening		Balans	
Nr.	Rekening	Debet	Credit	Debet	Credit	Debet	Credit
070	6% Obligatielening		€ 3.500.000				€ 3.500.000
071	6% Obligaties						
	in portefeuille	€ 500.000				€ 500.000	
074	Disagio op obligaties	- 7.500				- 7.500	
170	Te betalen interest		- 15.000				- 15.000
171	Te betalen coupons		- 8.250				- 8.250
470	Interestkosten						
	6% obligatielening	- 180.000		€ 180.000			

2808

1	071	5,4% Obligaties in portefeuille	€ 2.500.000	
Aan	070	5,4% Obligatielening		€ 2.500.000
2	175	5,4% Obligatiehouders nog te storten	€ 2.450.000	
	074	Disagio op 5,4% obligaties	- 50.000	
Aan	072	Uit te reiken 5,4% obligaties		€ 2.500.000

3 110	Bank	€ 2.450.000		
Aan 175	5,4% Obligatiehouders nog te storten		€ 2.450.000	

072	Uit te reiken 5,4% obligaties	€ 2.500.000	
Aan 071	5,4% Obligaties in portefeuille		€ 2.500.000

4 470	Interestkosten	€ 11.250	
Aan 170	Te betalen interest		€ 11.250

5 170	Te betalen interest	€ 135.000	
Aan 171	Te betalen coupons		€ 135.000

2809

1/4	070	6% Obligatielening	€ 20.000	
	Aan 177	Uitgelote 6% obligaties		€ 20.000

1/5	170	Te betalen interest	€ 120.000	
	Aan 171	Te betalen coupons		€ 120.000

6/5	177	Uitgelote 6% obligaties	€ 15.000	
	171	Te betalen coupons	- 10.200	
		340/4.000 x € 120.000		
	Aan 110	Bank		€ 25.200

2810

a

080	7,5% Obligatielening	€ 90.000	
481	Aflossingspremie	- 2.520	
	3% x (€ 90.000 – € 6.000)		
Aan 081	7,5% Obligaties in portefeuille		€ 6.000
Aan 177	Aflosbaar gestelde 7,5% obligaties		- 86.520

b

177	Aflosbaar gestelde 7,5% obligaties	€ 41.200	
	400 x € 103		
Aan 110	Bank		€ 41.200

2811

a x = 6/12 x 6% x € 5.000.000 = € 150.000.

b

470	Interestkosten	€ 50.000	
	2/12 x 6% x € 5.000.000		
Aan 172	Te betalen interest 6% obligaties		€ 50.000

c

	970	Bijzondere interestresultaten	€	6.680		
	173	Te betalen coupons 6% obligaties	-	1.320		
Aan	082	Disagio 6% obligaties			€	8.000

	174	Uitgelote 6% obligaties	€	4.000		
Aan	971	Overige bijzondere resultaten			€	4.000

2812 a 1 1 aandeel van € 100 = 2 obligaties van € 100 + € 60
1 aandeel van € 100 = € 260
De conversiekoers is € 260.

2 Het agio per aandeel is € 260 – € 100 = € 160.

b

	072	4,5% Converteerbare obligatielening	€	300.000		
	110	Bank	-	90.000		
		1.500 x € 60				
Aan	041	Aandelen in portefeuille			€	150.000
		1.500 x € 100				
Aan	044	Agioreserve			-	240.000
		1.500 x € 160				

2813

Boekjaar 2012

8/5		071	4,5% Converteerbare obligaties				
			in portefeuille	€	4.000.000		
	Aan	072	4,5% Converteerbare obligatielening			€	4.000.000

30/6		110	Bank	€	4.160.000		
			€ 4.000.000 x 1,04				
	Aan	071	4,5% Converteerbare obligaties				
			in portefeuille			€	4.000.000
	Aan	073	Agio op obligaties			-	160.000

Boekjaar 2013

1/7		170	Te betalen interest	€	180.000		
	Aan	171	Te betalen coupons			€	180.000

juli		072	4,5% Converteerbare obligatielening	€	160.000		
		170	Te betalen coupons	-	7.200		
			320 x € 22,50				
		110	Bank	-	56.800		
			(320 x € 200) – € 7.200				
	Aan	041	Aandelen in portefeuille			€	160.000
	Aan	044	Agioreserve			-	64.000

18/11	045	Algemene reserve	€ 240.000		
		(€ 6.000.000 : € 50) x € 2			
	Aan 163	Te betalen dividend		€	204.000
	Aan 164	Te betalen dividendbelasting		-	36.000
20/12	163	Te betalen dividend	€ 187.000		
		110.000 x 85% van € 2			
	Aan 110	Bank		€	187.000

Boekjaar 2014

7/7	044	Agioreserve	€ 1.500.000		
		(120.000 : 4) x € 50			
	Aan 047	Uit te reiken aandelen		€	1.500.000
10/8	047	Uit te reiken aandelen	€ 500.000		
	Aan 041	Aandelen in portefeuille		€	500.000

2814 a

1/10/08	046	Algemene reserve	€ 240.000		
		200.000 x € 1,20			
	Aan 163	Te betalen dividend		€	204.000
	Aan 164	Te betalen dividendbelasting		-	36.000
28/10/08	170	Te betalen interest	€ 72.000		
	Aan 110	Bank		€	72.000
5/11/08	163	Te betalen dividend	€ 9.180		
		9.000 x 85% x € 1,20			
	Aan 110	Bank		€	9.180
1/4/09	049	Winst na belasting 2008	€ 740.000		
	04 .	Dividendreserve	- 30.000*		
	Aan 163	Te betalen dividend		€	136.000**
	Aan 164	Te betalen dividendbelasting		-	24.000**
	Aan 046	Algemene reserve		-	610.000
	*	Gestabiliseerd dividend 200.000 x € 2 =		€	400.000
		Uit winst na belasting beschikbaar dividend 50% van € 740.000 =		-	370.000
		Te onttrekken aan dividendreserve		€	30.000

**	Gestabiliseerd dividend	€ 400.000
	Interimdividend	- 240.000
		€ 160.000
	Dividendbelasting 15%	- 24.000
	Te betalen dividend	€ 136.000

Datum		Nr.	Rekening	Debet	Credit
		071	5,7% Converteerbare obligaties		
			in portefeuille	€ 1.000.000	
	Aan	072	5,7% Converteerbare obligatielening		€ 1.000.000
15/4/09		163	Te betalen dividend	€ 34.000	
	Aan	110	Bank		€ 34.000
29/4/09		110	Bank	€ 1.100.000	
	Aan	071	5,7% Converteerbare obligaties		
			in portefeuille		€ 1.000.000
	Aan	073	Agio op 5,7% converteerbare obligaties		- 10.000
1/5/10		170	Te betalen interest	€ 57.000	
	Aan	171	Te betalen coupons		€ 57.000
mei 2010		171	Te betalen coupons	€ 51.300	
	Aan	110	Bank		€ 51.300
mei 2012		072	5,7% Converteerbare obligatielening	€ 950.000	
			1.900 x € 500		
		110	Bank	- 47.500	
			1.900/2 x 25 x € 2		
	Aan	041	Aandelen in portefeuille		€ 475.000
			1.900/2 x 25 x € 20		
	Aan	044	Agioreserve		- 522.500
1/6/12		072	5,7% Converteerbare obligatielening	€ 50.000	
		471	Aflossingspremie	- 1.500	
	Aan	177	Aflosbaar gestelde obligaties		€ 51.500
juni 2012		177	Aflosbaar gestelde obligaties	€ 46.350	
	Aan	110	Bank		€ 46.350

1/4/13		004	Machines	€	400.000		
		700	Voorraad goederen	-	425.000		
		130	Debiteuren	-	360.000		
		120	ING Bank	-	115.000		
	Aan	076	Lening ING Bank			€	300.000
	Aan	041	Aandelen in portefeuille			-	500.000
	Aan	044	Agioreserve			-	500.000

b Ja.
Ontvangen leverancierskrediet: de post Crediteuren.
Verstrekt leverancierskrediet: de post Debiteuren.

c Nee.

2815

1		1665	Verschuldigde vennootschapsbelasting	€	1.850.000		
	Aan	1901	Vooruitbetaalde bedragen			€	1.850.000

2		0800	Nettoresultaat 2013	€	3.800.000		
	Aan	1661	Te betalen dividend			€	965.000
	Aan	1662	Te betalen dividendbelasting			-	435.000
	Aan	0420	Uit te reiken aandelen			-	1.500.000
	Aan	0650	Algemene reserve			-	900.000

3		1661	Te betalen dividend	€	965.000		
		0420	Uit te reiken aandelen	-	1.500.000		
	Aan	1100	Bank			€	965.000
	Aan	0410	Aandelen in portefeuille			-	1.500.000

4		0600	Agioreserve	€	1.250.000		
	Aan	0410	Aandelen in portefeuille			€	1.250.000

5		0700	4% Obligatielening	€	500.000		
	Aan	1520	Uitgelote obligaties			€	500.000

6		4720	Interestkosten	€	14.500		
	Aan	1902	Te betalen bedragen			€	14.500

7		1902	Te betalen bedragen	€	58.000		
	Aan	1710	Te betalen coupons			€	58.000

8	1520	Uitgelote obligaties	€ 500.000	
	1710	Te betalen coupons	- 32.000	
Aan	1100	Bank		€ 532.000

9	0410	Aandelen in portefeuille	€ 7.500.000	
Aan	0400	Aandelenkapitaal		€ 7.500.000

10	1100	Bank	€ 1.800.000	
Aan	0410	Aandelen in portefeuille		€ 1.250.000
Aan	0600	Agioreserve		- 550.000

2816 a *Invoeren overige boekingen*

Datum	Boekings-stuk	Rekening-nummer	Debiteur/ Crediteur	Factuur	Debet	Credit
1/ 1/12	M-12001	071			€ 8.000.000	
1/ 1/12	M-12001	072				€ 8.000.000
31/ 1/12	M-12012	470			€ 40.000	
31/ 1/12	M-12012	170				€ 40.000
31/12/12	M-12156	170			€ 240.000	
31/12/12	M-12156	171				€ 240.000

Invoeren bankboekingen

Begin	Eind

Datum	Boekings-stuk	Rekening-nummer	Debiteur/ Crediteur	Factuur	BTW-code	Bij	Af	BTW-bedrag
1/ 1/12	B-12001	071				€ 8.000.000		
1/ 1/12	B-12001	073				€ 800.000		
1/ 1/12	B-12001	477					€ 14.500	
31/12/12	B-12104	171					€ 187.500	

b *Invoeren overige boekingen*

Datum	Boekings-stuk	Rekening-nummer	Debiteur/ Crediteur	Factuur	Debet	Credit
31/12/13	M-13211	470			€ 15.000	
31/12/13	M-13211	170				€ 15.000
31/12/13	M-13212	170			€ 90.000	
31/12/13	M-13212	171				€ 90.000

Invoeren bankboekingen

Begin	Eind

Datum	Boekings-stuk	Rekening-nummer	Debiteur/ Crediteur	Factuur	BTW-code	Bij	Af	BTW-bedrag
30/ 6/13	B-13052	072					€ 5.000.000	
30/ 6/13	B-13052	041				€ 7.500.000		
30/ 6/13	B-13052	043				€ 2.500.000		

29

De fabrieksboekhouding

2901 a

	420	Algemene kosten	€	500		
Aan	300	Voorraad grondstoffen			€	500

	700	Voorraad gereed product	€	4.700		
Aan	815	Mutatie waardering voorraad				
		gereed product			€	4.700

b

		Saldibalans*				Winst-en-verliesrekening				Balans			
Nr.	Rekening	Debet		Credit		Debet		Credit		Debet		Credit	
300	Voorraad grondstoffen	€	50.200	€	**500**					€	49.700		
400	Diverse indirecte												
	personeelskosten	-	45.000			€	45.000						
410	Afschrijvingskosten	-	37.800			-	37.800						
420	Algemene kosten	-	16.200			-	16.700						
		-	**500**										
700	Voorraad gereed												
	product	-	29.900							-	34.600		
		-	**4.700**										
800	Opbrengst verkopen			-	360.000			€	360.000				
810	Kostprijs verkopen	-	210.000			-	210.000						
815	Mutatie waardering												
	voorraad gereed												
	product			-	**4.700**			-	4.700				

* Met toevoeging van de voorafgaande journaalposten.

2902 a

	480	Voorraadverschillen	€	700		
Aan	300	Voorraad grondstoffen			€	700

	910	Resultaat prijsverschillen				
		grond- en hulpstoffen	€	5.000		
Aan	310	Prijsverschillen grondstoffen			€	5.000

	301	Voorraad hulpstoffen	€	300		
Aan	480	Voorraadverschillen			€	300

	311	Prijsverschillen hulpstoffen	€	1.000		
Aan	910	Resultaat prijsverschillen				
		grond- en hulpstoffen			€	1.000

	710	Voorraad gereed product 31/12	€	66.000		
	711	Voorraad product in bewerking 31/12	-	26.000		
Aan	400	Verbruik grondstoffen			€	30.000
Aan	401	Verbruik hulpstoffen			-	3.000
Aan	410	Directe personeelskosten			-	34.000
Aan	411	Indirecte personeelskosten			-	13.600
Aan	430	Afschrijvingskosten			-	6.200
Aan	450	Diverse indirecte productiekosten			-	5.200

b

		Saldibalans*		Winst-en-verliesrekening		Balans	
Nr.	Rekening	Debet	Credit	Debet	Credit	Debet	Credit
300	Voorraad grondstoffen	€ 48.000	€ **700**			€ 47.300	
301	Voorraad hulpstoffen	- 5.200				- 5.500	
		- **300**					
310	Prijsverschillen grondstoffen	- 2.700	- **5.000**				€ 2.300
311	Prijsverschillen hulpstoffen	- **1.000**	- 700			- 300	
400	Verbruik grondstoffen	- 186.300	- **30.000**	- 156.300			
401	Verbruik hulpstoffen	- 22.400	- **3.000**	- 19.400			
410	Directe pers.kosten	- 220.000	- **34.000**	- 186.000			
411	Indirecte pers.kosten	- 92.000	- **13.600**	- 78.400			
430	Afschrijvingskosten	- 42.100	- **6.200**	- 35.900			
450	Diverse indirecte productiekosten	- 38.700	- **5.200**	- 33.500			
460	Diverse verkoopkosten	- 34.400		- 34.400			
470	Algemene kosten	- 21.000		- 21.000			
480	Voorraadverschillen	- 700	- 1.100		- 700		
			- **300**				
700	Voorraad gereed product 1/1	- 62.500		- 62.500			
701	Voorraad product in bewerking 1/1	- 24.100		- 24.100			
710	Voorraad gereed product 31/12	- **66.000**				- 66.000	
711	Voorraad product in bewerking 31/12	- **26.000**				- 26.000	
850	Opbrengst verkopen	-	- 620.000		- 620.000		
910	Resultaat prijsverschillen grond- en hulpstoffen	- **5.000**	- **1.000**	- 4.000			

* Met toevoeging van de voorafgaande journaalposten.

2903

a Bij een handelsonderneming komen de rubrieken 3, 5 en 6 meestal niet voor.

b De *werkelijke* kosten (= nagecalculeerde kosten) worden berekend door de werkelijk verbruikte hoeveelheden van de verschillende productiemiddelen te vermenigvuldigen met de *werkelijke* inkoopprijzen.

c De *toegestane* kosten (= voorgecalculeerde of standaardkosten) worden berekend door de toegestane hoeveelheden van de verschillende productiemiddelen te vermenigvuldigen met de *standaardprijzen*.

d De toegestane hoeveelheid is de hoeveelheid die nodig is bij de *meest efficiënte fabricagemethode*.

e Directe kosten kunnen rechtstreeks worden toegerekend per product, bij indirecte kosten kan dit niet.

f Wanneer een industriële onderneming uitsluitend producten maakt volgens de wensen van de klanten, spreken we van *stukproductie*.
Bij veel productieprocessen in industriële ondernemingen wordt geen rekening gehouden met de specifieke wensen van de individuele klant, maar met de doorsnee wensen van een hele afnemersgroep. Dan is sprake van *massaproductie*.

2904

a

1	450	Indirecte fabricagekosten	€	28.584		
	820	Verkoopkosten	-	3.176		
Aan	011	Afschrijving gebouwen			€	31.760[1]
2	014	Afschrijving machines en inventaris	€	162.950		
Aan	920	Diverse baten en lasten			€	11.950[2]
Aan	004	Machines en inventaris			-	151.000[3]
	450	Indirecte fabricagekosten	€	91.186[3]		
Aan	014	Afschrijving machines en inventaris			€	91.186
3	100	Liquide middelen	€	2.000		
Aan	110	Debiteuren			€	2.000
4	120	Dubieuze debiteuren	€	8.200		
Aan	110	Debiteuren			€	8.200
	110	Debiteuren	€	4.235		
Aan	151	Te betalen omzetbelasting			€	735
Aan	140	Voorziening dubieuze debiteuren			-	3.500
5	140	Voorziening dubieuze debiteuren	€	4.449[4]		
Aan	820	Verkoopkosten			€	4.449

6	151	Te betalen omzetbelasting	€	75.415		
		€ 74.680 + € 735				
Aan	150	Te vorderen omzetbelasting			€	53.009
		€ 51.770 + € 1.239				
Aan	155	Af te dragen omzetbelasting			-	22.406
7	820	Verkoopkosten	€	5.900		
	150	Te vorderen omzetbelasting	-	1.239		
Aan	170	Crediteuren			€	7.139
8	450	Indirecte fabricagekosten	€	20.094		
		€ 26.542 – € 6.448				
Aan	175	Vooruitbetaalde bedragen			€	20.094
9	410	Materiaalverbruik	€	6.310		
	920	Diverse baten en lasten	-	1.593		
		(€ 318.715 – € 6.310) – € 310.812				
Aan	310	Voorraad materialen			€	7.903
10	700	Voorraad producten in bewerking	€	87.800		
Aan	410	Materiaalverbruik			€	59.400
Aan	420	Directe loonkosten			-	12.300
Aan	450	Indirecte fabricagekosten			-	16.100
11	800	Kostprijs verkopen	€	3.812.999		
Aan	410	Materiaalverbruik			€	2.350.440
Aan	420	Directe loonkosten			-	505.470
Aan	450	Indirecte fabricagekosten			-	957.089

1	(€ 1.296.000 – € 396.000 – € 84.000 – € 50.000) : 25 =	€	30.640
	(€ 84.000 : 25) x 4/12 =	-	1.120
		€	31.760

2	Boekwaarde verkochte inventaris per 31 december 2012		
	€ 195.000 – € 151.250 =	€	43.750
	Afschrijving verkochte inventaris in 2012 (zie noot 3)	-	11.700
	Boekwaarde op moment van verkoop	€	32.050
	Opbrengst verkochte inventaris	-	44.000
	Winst bij verkoop	€	11.950

3 De aanschafprijs van de machines en inventaris die het hele jaar 2013 aanwezig waren, is € 834.000 – € 90.600 – (€ 195.000 – € 44.000) = € 834.000 – € 90.600 – € 151.000 = € 592.400.

Hierop wordt in 2013 afgeschreven 12,5% van € 592.400 =	€	74.050
Verder wordt in 2013 afgeschreven:		
• op de nieuwe machine 6% van € 90.600 =	-	5.436
• op de verkochte inventaris 6% van € 195.000 =	-	11.700
	€	91.186

4 Het saldo op rekening *140* na het boeken van gegeven 4 is

€ 21.749 + € 3.500 =	€	25.249
Dit moet worden	-	20.800
Af te boeken van rekening *140*	€	4.449

b

Nr.	Rekening	Saldibalans per 31 december 2013 Debet	Saldibalans per 31 december 2013 Credit	Voorafgaande journaalposten Debet	Voorafgaande journaalposten Credit
001	Terreinen en gebouwen	€ 1.296.000			
004	Machines en inventaris	- 834.000			€ 151.000
011	Afschrijving gebouwen	-	€ 568.950		- 31.760
014	Afschrijving machines en inventaris		- 463.000	€ 162.950	- 91.186
030	Aandelenkapitaal		- 460.000		
040	6% Hypothecaire lening o/g		- 750.000		
060	Pensioenvoorziening		- 195.600		
100	Liquide middelen	- 64.654		- 2.000	
110	Debiteuren	- 362.495		- 4.235	- 10.200
120	Dubieuze debiteuren	- 31.618		- 8.200	
140	Voorziening dubieuze debiteuren		- 21.749	- 4.449	- 3.500
150	Te vorderen omzetbelasting	- 51.770		- 1.239	- 53.009
151	Te betalen omzetbelasting		- 74.680	- 75.415	- 735
155	Af te dragen omzetbelasting				- 22.406
165	Af te dragen loonheffingen		- 36.545		
170	Crediteuren		- 96.042		- 7.139
175	Vooruitbetaalde bedragen	- 26.542			- 20.094
180	Kruisposten		- 7.600		
310	Voorraad materialen	- 318.715			- 7.903
410	Materiaalverbruik	- 2.403.530		- 6.310	- 2.409.840
420	Directe loonkosten	- 517.770			- 517.770
450	Indirecte fabricagekosten	- 833.325		- 139.864	- 973.189
700	Vooorraad producten in bewerking			- 87.800	
800	Kostprijs verkopen			- 3.812.999	
820	Verkoopkosten	- 218.596		- 9.076	- 4.449
850	Opbrengst verkopen		- 4.398.861		
900	Interest	- 36.772			
920	Diverse baten en lasten	- 8.440		- 1.593	- 11.950
950	Vennootschapsbelasting	- 68.800			
999	Saldo winst-en-verliesrekening				
		€ 7.073.027	€ 7.073.027	€ 4.316.130	€ 4.316.130

Nr.	Gewijzigde saldibalans per 31 december 2013		Winst-en-verliesrekening over 2013		Balans per 31 december 2013	
	Debet	Credit	Debet	Credit	Debet	Credit
001	€ 1.296.000				€ 1.296.000	
004	- 683.000				- 683.000	
011		€ 600.710				€ 600.710
014		- 391.236				- 391.236
030		- 460.000				- 460.000
040		- 750.000				- 750.000
060		- 195.600				- 195.600
100	- 66.654				- 66.654	
110	- 356.530				- 356.530	
120	- 39.818				- 39.818	
140		- 20.800				- 20.800
150	- 0					
151		- 0				
155		- 22.406				- 22.406
165		- 36.545				- 36.545
170		- 103.181				- 103.181
175	- 6.448				- 6.448	
180		- 7.600				- 7.600
310	- 310.812				- 310.812	
410						
420						
450						
700	- 87.800				- 87.800	
800	- 3.812.999		€ 3.812.999			
820	- 223.223		- 223.223			
850		- 4.398.861		€ 4.398.861		
900	- 36.772		- 36.772			
920		- 1.917		- 1.917		
950	- 68.800		- 68.800			
999			- 258.984			- 258.984
	€ 6.988.856	€ 6.988.856	€ 4.400.778	€ 4.400.778	€ 2.847.062	€ 2.847.062

30

De fabrieksboekhouding op basis van nagecalculeerde kosten

3001 a

1		310	Nog te ontvangen			
			grond- en hulpstoffen	€ 60.000		
		180	Te vorderen OB	- 12.600		
	Aan	140	Crediteuren		€ 72.600	
2		110	Bank	€ 65.700		
	Aan	130	Debiteuren		€ 45.000	
	Aan	150	Af te dragen loonheffingen		- 20.700	
		140	Crediteuren	€ 50.000		
		280	Tussenrekening personeelskosten	- 34.300		
		450	Directe verkoopkosten	- 1.200		
		455	Indirecte verkoopkosten	- 3.400		
		490	Overige bedrijfskosten	- 3.000		
		180	Te vorderen OB	- 1.596		
	Aan	110	Bank		€ 93.496	
3		300	Voorraad grond- en hulpstoffen	€ 57.000		
	Aan	310	Nog te ontvangen			
			grond- en hulpstoffen		€ 56.000	
	Aan	320	Prijsverschillen bij inkoop		- 1.000	
4		400	Verbruik grondstoffen	€ 42.000		
		405	Verbruik hulpstoffen	- 5.000		
	Aan	300	Voorraad grond- en hulpstoffen		€ 47.000	
5		410	Directe personeelskosten	€ 24.500		
		411	Indirecte personeelskosten	- 9.800		
	Aan	280	Tussenrekening personeelskosten		€ 34.300	
6		431	Afschrijvingskosten gebouw	€ 4.000		
		434	Afschrijvingskosten machines	- 40.000		
	Aan	011	Afschrijving gebouw		€ 4.000	
	Aan	014	Afschrjving machines		- 40.000	

b

Rekeningen in rubriek 4	In rubriek 4 geboekte kosten	Kostenverdeling			
		Fabricagekosten		Verkoopkosten	
		direct	indirect	direct	indirect
400 Verbruik grondstoffen	€ 42.000	€ 42.000			
405 Verbruik hulpstoffen	- 5.000		€ 5.000		
410 Directe personeelskosten	- 24.500	- 17.150		€ 7.350	
411 Indirecte personeelskosten	- 9.800		- 6.860		€ 2.940
431 Afschrijvingskosten gebouw	- 4.000		- 3.000		- 1.000
434 Afschrijjvingskosten machines	- 40.000		- 40.000		
450 Directe verkoopkosten	- 1.200			- 1.200	
455 Indirecte verkoopkosten	- 3.400				- 3.400
490 Overige bedrijfskosten	- 3.000		- 2.400		- 600
	€ 132.900	€ 59.150	€ 57.260	€ 8.550	€ 7.940

3002 a

1		310	Nog te ontvangen grond- en hulpstoffen	€ 131.600	
		180	Te vorderen BTW	- 27.636	
	Aan	140	Crediteuren		€ 159.236
2		300	Voorraad grond- en hulpstoffen	€ 137.000	
	Aan	310	Nog te ontvangen grond- en hulpstoffen		€ 132.600
	Aan	320	Prijsverschillen bij inkoop		- 4.400
3		400	Verbruik grondstoffen	€ 108.000	
		401	Verbruik hulpstoffen	- 3.600	
	Aan	300	Voorraad grond- en hulpstoffen		€ 111.600
4		280	Tussenrekening lonen	€ 80.000	
	Aan	150	Af te dragen loonheffingen		€ 35.000
	Aan	110	Bank		- 45.000
5		410	Directe lonen en werkgeversdeel loonheffingen	€ 72.000	
		411	Indirecte lonen en werkgeversdeel loonheffingen	- 24.000	
	Aan	280	Tussenrekening lonen		€ 80.000
	Aan	150	Af te dragen loonheffingen		- 16.000

6	600	Fabricagerekening	€	180.000		
Aan	499	Overboekingsrekening			€	180.000

7	540	Indirecte fabricagekosten	€	110.000		
Aan	499	Overboekingsrekening			€	110.000

8	600	Fabricagerekening	€	108.000		
		60% van € 180.000				
Aan	545	Opslag indirecte fabricagekosten			€	108.000

b Rekening *600 Fabricagerekening* is in maart 2013 in totaal gedebiteerd voor € 180.000 + € 108.000 = € 288.000.
Controle van dit bedrag is mogelijk met behulp van de kostprijskaarten.

c Het resultaat op indirecte fabricagekosten over maart 2013 is vast te stellen met behulp van de rekeningen *540* en *545*.
Het resultaat is € 110.000 – € 108.000 = V € 2.000.

3003 a

1	280	Tussenrekening personeelskosten	€	95.000		
	075	Voorziening groot onderhoud	-	8.400		
	180	Te vorderen OB	-	1.764		
Aan	110	Bank			€	105.164

2	310	Ontvangen facturen	€	102.000		
	180	Te vorderen OB	-	21.420		
Aan	160	Crediteuren			€	123.420

3	300	Voorraad grondstoffen	€	90.000		
Aan	310	Ontvangen facturen			€	88.700
Aan	320	Prijsverschillen bij inkoop			-	1.300

4	410	Directe personeelskosten	€	75.000		
	411	Indirecte personeelskosten	-	43.750		
Aan	280	Tussenrekening personeelskosten			€	95.000
Aan	150	Af te dragen loonheffingen			-	23.750

5	400	Direct grondstoffenverbruik	€	105.000		
Aan	300	Voorraad grondstoffen			€	105.000

6	600	Fabricagerekening	€	180.000		
Aan	499	Overboekingsrekening			€	180.000

	460	Onderhoudskosten	€	4.000		
Aan	075	Voorziening groot onderhoud			€	4.000

7	560	Indirecte fabricagekosten	€	55.800		
Aan	499	Overboekingsrekening			€	55.800
	600	Fabricagerekening	€	54.000		
Aan	565	Opslag indirecte fabricagekosten			€	54.000
8	700	Voorraad gereed product	€	226.200		
Aan	600	Fabricagerekening			€	226.200
9	710	Voorraad onderhanden product	€	7.800		
Aan	600	Fabricagerekening			€	7.800
10	130	Debiteuren	€	326.700		
Aan	850	Opbrengst verkopen			€	270.000
Aan	181	Te betalen OB			-	56.700
	+					
	800	Kostprijs verkopen	€	220.000		
Aan	700	Voorraad gereed product			€	220.000

b Met behulp van de kostprijskaarten.

c

Saldo rekening 560 Indirecte fabricagekosten		€	55.800
Saldo rekening 565 Opslag indirecte fabricagekosten		-	54.000
Resultaat	V	€	1.800

d

600 Fabricagerekening

A/710	→	Fabricagekosten besteed aan voorraad onderhanden werk 1/2	€	5.200	Fabricagekosten besteed aan producten die in februari zijn gereedgekomen	€	226.200	→ 700
A/499	→	Directe fabricagekosten februari	-	180.000	Fabricagekosten besteed aan voorraad onderhanden werk 28/2	-	13.000	→ 710
A/565	→	Opslag indirecte fabricage-kosten februari	-	54.000				
			€	239.200		€	239.200	

3004 a

		Rekening	Omschrijving		Debet		Credit
1		810	Directe verkoopkosten	€	9.200		
		550	Indirecte verkoopkosten	-	32.800		
	Aan	499	Overboekingsrekening			€	42.000
2		815	Toeslag indirecte verkoopkosten	€	30.000		
	Aan	555	Opslag indirecte verkoopkosten			€	30.000
3		130	Debiteuren	€	145.200		
	Aan	840	Opbrengst verkopen			€	120.000
	Aan	181	Te betalen OB			-	25.200
		+					
		800	Kostprijs verkopen	€	65.000		
	Aan	700	Voorraad product			€	65.000

b 1 € 32.800 – € 30.000 = V € 2.800.

		Rekening	Omschrijving		Debet		Credit
2		905	Resultaat indirecte verkoopkosten	€	2.800		
	Aan	599	Overboekingsrekening			€	2.800

c 1 € 120.000 – (€ 65.000 + € 9.200 + € 30.000) = W € 15.800.

		Rekening	Omschrijving		Debet		Credit
2		899	Overboekingsrekening	€	15.800		
	Aan	920	Verkoopresultaat			€	15.800

3005 a

	Rekening	Omschrijving		Debet		Credit
	960	Voorraadverschillen	€	1.200		
Aan	300	Voorraad grondstoffen			€	1.200
	950	Resultaat prijsverschillen	€	2.900		
		€ 800 + (€ 53.800 – € 51.700)				
Aan	320	Prijsverschillen grondstoffen			€	2.900
	710	Voorraad product in bewerking	€	10.600		
Aan	600	Fabricagerekening			€	10.600
	920	Resultaat op indirecte kosten	€	4.000		
Aan	599	Overboekingsrekening			€	4.000
	899	Overboekingsrekening	€	124.000		
Aan	940	Verkoopresultaat			€	124.000

b

Nr.	Rekening	Winst-en-verliesrekening Debet		Winst-en-verliesrekening Credit		Balans Debet		Balans Credit	
190	Vooruitbetaalde assurantiekosten					€	2.000		
193	Te betalen algemene kosten							€	4.000
300	Voorraad grondstoffen					-	53.800		
320	Prijsverschillen grondstoffen							-	2.100
520	Indirecte fabricagekosten	€	400.000						
521	Opslag indirecte fabricagekosten			€	390.000				
530	Indirecte verkoopkosten	-	70.000						
531	Opslag indirecte verkoopkosten			-	76.000				
599	Overboekingsrekening			-	4.000				
700	Voorraad gereed product					-	70.000		
710	Voorraad product in bewerking					-	10.600		
800	Kostprijs verkopen	-	1.700.000						
820	Toeslag indirecte verkoopkosten	-	76.000						
840	Opbrengst verkopen			-	1.900.000				
899	Overboekingsrekening	-	124.000						
920	Resultaat op indirecte kosten	-	4.000						
940	Verkoopresultaat			-	124.000				
950	Resultaat prijsverschillen	-	2.900						
960	Voorraadverschillen	-	1.200						

3006 a

1		110	Bank	€	182.900		
	Aan	130	Debiteuren			€	182.900
		140	Crediteuren	€	85.000		
		280	Tussenrekening personeelskosten	-	42.400		
		445	Overige indirecte productiekosten	-	27.800		
		450	Verkoopkosten	-	25.400		
		180	Te vorderen OB	-	11.172		
	Aan	110	Bank			€	191.772
2		300	Voorraad grondstoffen	€	86.400		
		180	Te vorderen OB	-	18.144		
	Aan	140	Crediteuren			€	104.544
3		400	Grondstoffenverbruik	€	89.100		
	Aan	300	Voorraad grondstoffen			€	89.100

4	410	Directe personeelskosten	€	34.200		
	411	Indirecte personeelskosten	-	8.200		
Aan	280	Tussenrekening personeelskosten			€	42.400
5	540	Indirecte fabricagekosten	€	37.600		
	550	Indirecte verkoopkosten	-	15.400		
Aan	499	Overboekingsrekening			€	53.000
6	430	Afschrijvingskosten	€	1.500		
Aan	011	Afschrijving gebouw			€	500
Aan	014	Afschrijving machines			-	1.000
	600	Fabricagerekening	€	123.300		
Aan	499	Overboekingsrekening			€	123.300
	810	Directe verkoopkosten	€	10.000		
Aan	499	Overboekingsrekening			€	10.000
7	600	Fabricagerekening	€	38.000		
Aan	545	Opslag indirecte fabricagekosten			€	38.000
	815	Toeslag indirecte verkoopkosten	€	15.000		
Aan	555	Opslag indirecte verkoopkosten			€	15.000
8	700	Voorraad gereed product	€	149.800		
Aan	600	Fabricagerekening			€	149.800
9	130	Debiteuren	€	229.900		
Aan	840	Opbrengst verkopen			€	190.000
Aan	181	Te betalen OB			-	39.900
	+					
	800	Kostprijs verkopen	€	149.800		
Aan	700	Voorraad gereed product			€	149.800

b 1 € 190.000 – (€ 149.800 + € 10.000 + € 15.000) = W € 15.200.
2 (€ 37.600 + € 15.400) – (€ 38.000 + € 15.000) = € 0.
3 € 15.200 winst + € 0 = W € 15.200.

3007 a

1	400	Verbruik grondstoffen	€	120.000		
Aan	300	Voorraad grondstoffen			€	120.000
2	410	Directe personeelskosten	€	100.000		
	411	Indirecte personeelskosten	-	56.500		
Aan	280	Tussenrekening personeelskosten			€	156.500

3	420	Afschrijvingskosten gebouwen	€	5.000		
	430	Afschrijvingskosten machines	-	20.000		
Aan	005	Afschrijving gebouwen			€	5.000
Aan	035	Afschrijving machines			-	20.000
4	195	Vooruitbetaalde assurantiekosten	€	4.200		
Aan	120	ING Bank			€	4.200
5	455	Assurantiekosten	€	1.400		
Aan	195	Vooruitbetaalde assurantiekosten			€	1.400
6	600	Fabricagerekening	€	220.000		
Aan	499	Overboekingsrekening			€	220.000
7	540	Indirecte fabricagekosten	€	68.000		
	550	Indirecte verkoopkosten	-	30.000		
Aan	499	Overboekingsrekening			€	98.000
8	600	Fabricagerekening	€	65.000		
Aan	545	Opslag indirecte fabricagekosten			€	65.000
9	700	Voorraad gereedgekomen orders	€	274.400		
Aan	600	Fabricagerekening			€	274.400
10	130	Debiteuren	€	387.200		
Aan	850	Opbrengst verkopen			€	320.000
Aan	185	Te betalen OB				67.200
	+					
	800	Kostprijs verkopen	€	220.000		
Aan	700	Voorraad gereedgekomen orders			€	220.000
11	815	Toeslag indirecte verkoopkosten	€	32.000		
Aan	555	Opslag indirecte verkoopkosten			€	32.000
12	600	Fabricagerekening	€	12.600		
Aan	710	Voorraad orders in bewerking			€	12.600
	710	Voorraad orders in bewerking	€	23.200		
Aan	600	Fabricagerekening			€	23.200

b

600 Fabricagerekening

A/710	→	Fabricagekosten besteed aan orders in bewerking 1/1	€	12.600	Fabricagekosten besteed aan gereedgekomen orders	€	274.400 → 700
A/499	→	Directe fabricagekosten januari	-	220.000	Fabricagekosten besteed aan orders in bewerking 31/1	-	23.200 → 710
A/545	→	Opslag indirecte fabricagekosten januari	-	65.000			
			€	297.600		€	297.600

c

1	€ 68.000 (rek. 540) – € 65.000 (rek. 545) =					V €	3.000
2	€ 30.000 (rek. 550) – € 32.000 (rek. 555) =					W €	2.000
3	Saldo rekening 850			€	320.000		
	Saldo rekening 800	€	220.000				
	Saldo rekening 815	-	32.000				
				-	252.000		
	Verkoopresultaat					W €	68.000

3008

1		315	Voorraad inbouwartikelen	€	15.500		
	Aan	305	Inkopen inbouwartikelen			€	15.500
2		300	Inkopen bestelwagens	€	360.000		
		170	Te verrekenen omzetbelasting	-	77.112		
		320	Prijsverschillen inkopen	-	7.200		
	Aan	130	Crediteuren			€	444.312
3		600	Onderhanden campers	€	157.500		
	Aan	310	Voorraad bestelwagens			€	150.000
	Aan	315	Voorraad inbouwartikelen			-	7.500
4		130	Crediteuren	€	444.312		
	Aan	180	Privé W. de Witte			€	18.500
	Aan	110	Bank			-	425.812
5		400	Inkoopkosten	€	7.782		
		410	Magazijnkosten	-	3.683		
		420	Kosten werkplaats	-	11.209		
		430	Verkoopkosten	-	9.591		
	Aan	140	Te betalen lonen			€	18.173
	Aan	142	Te betalen vakantietoeslag			-	1.860
	Aan	143	Te betalen loonheffingen			-	12.232

6	700	Voorraad campers	€	157.500		
Aan	600	Onderhanden campers			€	157.500
7	201	Kruisposten eenmalige incasso's	€	24.200		
	810	Kortingen	-	1.500		
Aan	840	Opbrengst verkopen			€	21.500
Aan	171	Te betalen omzetbelasting			-	4.200
	800	Kostprijs verkopen	€	18.500		
Aan	700	Voorraad campers			€	18.500

3009

1. *Invoeren overige boekingen.* Als dit feit slechts maandelijks wordt ingevoerd, is het niet de moeite er een apart scherm voor aan te maken. Anders kan een scherm *Invoeren grondstoffen magazijn* worden aangemaakt. Dit feit komt in aanmerking voor een vaste boeking voorzover het de rekeningnummers betreft. De bedragen zijn telkens anders. Een vaste boeking levert niet veel tijdsbesparing op.
2. *Invoeren overige boekingen* of *Invoeren verdeling personeelskosten.* Zie voor de motivering (ook betreffende de vaste boeking) het antwoord bij 1.
3. *Invoeren overige boekingen.* Zie voor de motivering het antwoord bij 1. Deze post komt in aanmerking voor een vaste boeking.
4. *Invoeren ING Bankboekingen,* geen vaste boeking.
5. *Invoeren overige boekingen.* Zie voor de motivering het antwoord bij 1. Deze post komt in aanmerking voor een vaste boeking.
6. *Invoeren fabricagerekening.* Voor het overzicht is hier een apart invoerscherm duidelijker. Een vaste boeking kan, maar dan zonder bedragen.
7. *Invoeren werkelijke indirecte fabricagekosten.* Voor het overzicht is ook hier een apart invoerscherm duidelijker. Een vaste boeking kan, maar dan zonder bedragen.
8. *Invoeren fabricagerekening.* Alle te debiteren bedragen worden via dit invoerscherm ingevoerd. Een vaste boeking kan, maar dan zonder bedragen.
9. *Invoeren gereed product en orders in bewerking.* Een apart scherm is duidelijker. Een vaste boeking kan, maar dan zonder bedragen.
10. *Invoeren verkoopboekingen,* geen vaste boeking. De kostprijsboeking kan plaatsvinden via het scherm *Invoeren verkoopboekingen* maar ook via een apart aan te leggen scherm *Invoeren kostprijs verkopen.*
11. *Invoeren toeslag verkoopkosten.* Een apart invoerscherm is hier duidelijker. Een vaste boeking kan, maar dan zonder bedragen.
12. *Invoeren gereed product en orders in bewerking.* Een vaste boeking kan, maar dan zonder bedragen.

De fabrieksboekhouding op basis van nagecalculeerde en voorgecalculeerde kosten

3101 a

2		700	Voorraad gereed product	€ 186.000	
	Aan	610	Voorgecalculeerd verbruik grondstoffen		€ 50.000
	Aan	611	Voorgecalculeerde directe personeelskosten		- 70.000
	Aan	612	Voorgecalculeerde toeslag indirecte fabricagekosten		- 66.000
3		600	Verbruik grondstoffen	€ 3.000	
		601	Directe personeelskosten	- 4.000	
		602	Toeslag indirecte fabricagekosten	- 3.850	
	Aan	710	Voorraad product in bewerking		€ 10.850
		710	Voorraad product in bewerking	€ 20.150	
	Aan	600	Verbruik grondstoffen		€ 5.000
	Aan	601	Directe personeelskosten		- 8.000
	Aan	602	Toeslag indirecte fabricagekosten		- 7.150

b

Kostengroep	Nacalculatie		Voorcalculatie		Fabricageresultaat
	Nr.	Bedrag	Nr.	Bedrag	
Verbruik grondstoffen	600	€ 53.000	610	€ 50.000	V € 3.000
Directe personeelskosten	601	- 71.000	611	- 70.000	V - 1.000
Toeslag indirecte fabricagekosten	602	- 68.200	612	- 66.000	V - 2.200
		€ 192.200		€ 186.000	V € 6.200

c

	930	Fabricageresultaat	€ 6.200	
Aan	699	Overboekingsrekening		€ 6.200

3102

a

1		600	Verbruik grondstoffen	€ 300.000	
		601	Directe personeelskosten	- 250.000	
	Aan	499	Overboekingsrekening		€ 550.000
2		602	Toeslag indirecte fabricagekosten	€ 300.000	
	Aan	545	Opslag indirecte fabricagekosten		€ 300.000
3		700	Voorraad gereed product	€ 794.000	
	Aan	610	Gecalculeerd verbruik grondstoffen		€ 284.000
	Aan	611	Gecalculeerde directe personeelskosten		- 230.000
	Aan	612	Gecalculeerde toeslag		
			indirecte fabricagekosten		- 280.000
4	–				
5		710	Voorraad producten in bewerking	€ 27.800	
	Aan	610	Gecalculeerd verbruik grondstoffen		€ 10.000
	Aan	611	Gecalculeerde directe personeelskosten		- 8.000
	Aan	612	Gecalculeerde toeslag		
			indirecte fabricagekosten		- 9.800

b

	710	Voorraad producten in bewerking	€ 27.800	
Aan	600	Verbruik grondstoffen		€ 10.000
Aan	601	Directe personeelskosten		- 8.000
Aan	602	Toeslag indirecte fabricagekosten		- 9.800

c Saldo rubriek 6 is het fabricageresultaat
1 van de productie in september 2013;
2 van de gereedgekomen producten in september 2013.

3103

1		600	Verbruik grondstoffen	€ 90.000	
		601	Directe personeelskosten	- 60.000	
	Aan	499	Overboekingsrekening		€ 150.000
2		602	Toeslag indirecte fabricagekosten	€ 60.000	
	Aan	545	Opslag indirecte fabricagekosten		€ 60.000
		810	Toeslag indirecte verkoopkosten	€ 30.000	
	Aan	555	Opslag indirecte verkoopkosten		€ 30.000
3		700	Voorraad gereedgekomen orders	€ 182.000	
	Aan	610	Gecalculeerd verbruik grondstoffen		€ 80.000
	Aan	611	Gecalculeerde directe personeelskosten		- 50.000
	Aan	612	Gecalculeerde toeslag		
			indirecte fabricagekosten		- 52.000

4	610	Gecalculeerd verbruik grondstoffen	€	20.000		
	611	Gecalculeerde directe personeelskosten	-	13.000		
	612	Gecalculeerde toeslag				
		indirecte fabricagekosten	-	13.200		
Aan	710	Voorraad orders in bewerking			€	46.200
	710	Voorraad orders in bewerking	€	72.800		
Aan	610	Gecalculeerd verbruik grondstoffen			€	28.000
Aan	611	Gecalculeerde directe personeelskosten			-	24.000
Aan	612	Gecalculeerde toeslag				
		indirecte fabricagekosten			-	20.800

3104 a

1	600	Directe fabricagekosten	€	118.000		
Aan	499	Overboekingsrekening			€	118.000
2	530	Indirecte fabricagekosten	€	52.000		
	540	Indirecte verkoopkosten	-	41.500		
Aan	499	Overboekingsrekening			€	93.500
3	610	Toeslag indirecte fabricagekosten	€	51.750		
		45% x € 115.000				
Aan	535	Opslag indirecte fabricagekosten			€	51.750
	700	Gereedgekomen orders	€	159.500		
Aan	605	Voorgecalculeerde directe fabricagekosten			€	110.000
Aan	615	Voorgecalculeerde toeslag				
		indirecte fabricagekosten				49.500
		45% x € 110.000				
4	130	Debiteuren	€	242.000		
Aan	850	Opbrengst verkopen			€	200.000
Aan	181	Te betalen OB			-	42.000
	800	Voorgecalculeerde kostprijs verkopen	€	145.000		
		145% x € 100.000				
Aan	700	Gereedgekomen orders			€	145.000
	810	Voorgecalculeerde toeslag				
		indirecte verkoopkosten	€	40.000		
Aan	545	Opslag indirecte verkoopkosten			€	40.000
5	600	Directe fabricagekosten	€	10.000		
	535	Opslag indirecte fabricagekosten	-	4.500		
Aan	710	Orders in bewerking			€	14.500

		710	Orders in bewerking	€	18.850		
	Aan	600	Directe fabricagekosten			€	13.000
	Aan	535	Opslag indirecte fabricagekosten			-	5.850

b

1	Rek. 530/540 – Rek. 535/545 = € 93.500 – € 93.100 = V	€	400
2	Rek. 600/610 – Rek. 605/615 = € 166.750 – € 159.500 = V	€	7.250
3	Rek. 800/810 – Rek. 850 = € 185.000 – € 200.000 = W	€	15.000

c

1		9..	Resultaat op indirecte kosten	€	400		
	Aan	599	Overboekingsrekening			€	400
2		9..	Fabricageresultaat op gereedgekomen orders	€	7.250		
	Aan	699	Overboekingsrekening			€	7.250
3		899	Overboekingsrekening	€	15.000		
	Aan	9..	Verkoopresultaat			€	15.000

3105

1		600	Direct grondstoffenverbruik	€	246.000		
	Aan	499	Overboekingsrekening			€	246.000
2		601	Directe personeelskosten	€	410.000		
	Aan	499	Overboekingsrekening			€	410.000
3		602	Toeslag indirecte fabricagekosten	€	393.600		
	Aan	545	Opslag indirecte fabricagekosten			€	393.600
4		700	Voorraad gereed product	€	1.024.000		
	Aan	610	Standaard grondstoffenverbruik			€	240.000
			8.000 x € 30				
	Aan	611	Standaard directe personeelskosten			-	400.000
			8.000 x € 50				
	Aan	612	Standaard toeslag				
			indirecte fabricagekosten			-	384.000
			8.000 x € 48				
5		610	Standaard grondstoffenverbruik	€	1.200		
		611	Standaard directe personeelskosten	-	2.000		
		612	Standaard toeslag				
			indirecte fabricagekosten	-	1.920		
	Aan	710	Voorraad product in bewerking			€	5.120

	710	Voorraad product in bewerking	€	25.600		
Aan	610	Standaard grondstoffenverbruik			€	6.300
Aan	611	Standaard directe personeelskosten			-	9.700
Aan	612	Standaard toeslag indirecte fabricagekosten			-	9.600

3106 a

Directe grondstofkosten	10 kg x € 2 =			€	20
Directe arbeidskosten	1 uur x € 30 =			-	30
				€	50
Toeslag indirecte fabricagekosten	25% van € 20 =	€	5		
	50% van € 30 =	-	15		
	40% van € 50 =	-	20		
				-	40
Standaardfabricagekostprijs per product Spui				€	90
Toeslag indirecte verkoopkosten	20% van € 125 =			-	25
Standaard commerciële kostprijs per product Spui				€	115

b

1	600	Grondstoffenverbruik	€	54.400		
Aan	499	Overboekingsrekening			€	54.400
2	601	Directe arbeidskosten	€	83.000		
Aan	499	Overboekingsrekening			€	83.000
3	540	Indirecte fabricagekosten	€	108.300		
	550	Indirecte verkoopkosten	-	60.060		
Aan	499	Overboekingsrekening			€	168.360
4	602	Toeslag indirecte fabricagekosten 25% x € 54.400 + 50% x € 83.000 + 40% x € 137.400	€	110.060		
Aan	545	Opslag indirecte fabricagekosten			€	110.060
	810	Toeslag indirecte verkoopkosten 2.400 x € 25	€	60.000		
Aan	555	Opslag indirecte verkoopkosten			€	60.000

5	700	Voorraad gereed product	€	234.000		
Aan	610	Standaard grondstoffenverbruik			€	52.000
		2.600 x € 20				
Aan	611	Standaard directe arbeidskosten			-	78.000
		2.600 x € 30				
Aan	612	Standaard toeslag				
		indirecte fabricagekosten			-	104.000
		2.600 x € 40				
6	130	Debiteuren	€	363.000		
Aan	840	Opbrengst verkopen			€	300.000
Aan	181	Te betalen OB			-	63.000
	800	Fabricagekostprijs verkopen	€	216.000		
		2.400 x € 90				
Aan	700	Voorraad gereed product			€	216.000
7	710	Voorraad product in bewerking	€	7.290		
Aan	610	Standaard grondstoffenverbruik			€	2.000
Aan	611	Standaard directe arbeidskosten			-	2.100
Aan	612	Standaard toeslag			-	3.190
		indirecte fabricagekosten				
		25% x € 2.000 + 50% x € 2.100				
		+ 40% x € 4.100				

c

	599	Overboekingsrekening	€	1.700		
Aan	900	Resultaat indirecte kosten			€	1.700
	910	Fabricageresultaat	€	6.170		
Aan	699	Overboekingsrekening			€	6.170
	899	Overboekingsrekening	€	24.000		
Aan	920	Verkoopresultaat			€	24.000

d Rekening *600* is gedebiteerd tegen standaardprijs.
Het bedoelde verschil is dus uitsluitend veroorzaakt door efficiencyresultaat.

e Het gemiddeld uurloon waartegen rekening *601* is gedebiteerd, wijkt af van het standaarduurloon.
Het werkelijk aantal arbeidsuren (2.680) ligt boven het standaard aantal arbeidsuren (2.670).
Het verschil tussen de saldi van de rekeningen *601* en *611* bestaat dus gedeeltelijk uit prijsresultaat en gedeeltelijk uit efficiencyresultaat.

f Aangezien rekening *602* is gedebiteerd voor een bedrag, dat in relatie staat tot de bedragen op *600* en *601* en rekening *612* is gecrediteerd voor een bedrag, dat in relatie staat tot de bedragen op *610* en *611*, bestaat het verschil tussen de saldi van de rekeningen *602* en *612* gedeeltelijk uit een prijsresultaat en gedeeltelijk uit een efficiencyresultaat.

3107

a

1		302	Nog te ontvangen grondstoffen	€	185.000		
		140	Te vorderen OB	-	38.850		
	Aan	130	Crediteuren			€	223.850
2		300	Voorraad grondstoffen	€	180.000		
	Aan	302	Nog te ontvangen grondstoffen			€	166.500
	Aan	310	Prijsverschil bij inkopen			-	13.500
3		440	Grondstoffenverbruik	€	190.000		
	Aan	300	Voorraad grondstoffen			€	190.000
4		520	Indirecte fabricagekosten	€	94.000		
		530	Indirecte verkoopkosten	-	42.000		
	Aan	499	Overboekingsrekening rubriek 4			€	136.000
5		600	Grondstoffenverbruik	€	190.000		
		601	Directe personeelskosten	-	286.000		
	Aan	499	Overboekingsrekening rubriek 4			€	476.000
6		602	Toeslag indirecte fabricagekosten	€	95.200		
	Aan	525	Opslag indirecte fabricagekosten			€	95.200
		815	Toeslag indirecte verkoopkosten	€	43.200		
	Aan	535	Opslag indirecte verkoopkosten			€	43.200
7		700	Voorraad gereed product	€	570.000		
	Aan	610	Standaardverbruik grondstoffen			€	190.000
	Aan	611	Standaardverbruik directe personeelskosten			-	285.000
	Aan	612	Slandaardverbruik indirecte fabricagekosten			-	95.000
8		136	Afgeleverd gereed product	€	570.000		
			950 x € 600				
	Aan	700	Voorraad gereed product			€	570.000

9		135	Debiteuren	€ 822.800		
		805	Verleende rabatten	- 40.000		
	Aan	840	Opbrengst verkopen		€ 720.000	
	Aan	145	Te betalen OB		- 142.800	
		+				
		800	Kostprijs verkopen	€ 576.000		
			960 x € 600			
	Aan	136	Afgeleverd gereed product		€ 576.000	

b 1 960 x (€ 750 – € 645) – € 40.000 = W € 60.800.

2	Saldo rekening 840		€ 720.000
	Saldo rekening 800	€ 576.000	
	Saldo rekening 805	- 40.000	
	Saldo rekening 815	- 43.200	
			- 659.200
	Saldo rubriek 8		€ 60.800

3108**

a

1		300	Voorraad 700 grams vellen	€ 3.090	
			10,3 x € 300		
		180	Te vorderen omzetbelasting	- 546	
	Aan	320	Prijsverschillen		€ 232,50
	Aan	515	Opslag indirecte inkoopkosten		- 257,50
			10,3 x € 25		
	Aan	140	Crediteuren		- 3.146
2		320	Prijsverschillen	€ 320	
		180	Te vorderen omzetbelasting	- 67,20	
	Aan	140	Crediteuren		€ 387,20
3		060	Vouwplakmachines	€ 37.200	
		180	Te vorderen omzetbelasting	- 7.812	
	Aan	140	Crediteuren		€ 45.012
4		400	Verbruik 700 grams vellen	€ 66.000	
	Aan	300	Voorraad 700 grams vellen		€ 66.000
5		700	Voorraad pizzadozen	€ 360.000	
	Aan	610	Toegestane grondstofkosten		€ 60.000
	Aan	611	Toegestane directe personeelskosten		- 120.000
	Aan	612	Toegestane opslag indirecte fabricagekosten		- 180.000

6	130	Debiteuren	€	108.900		
Aan	840	Opbrengst pizzadozen			€	90.000
Aan	181	Te betalen omzetbelasting			-	18.900
	800	Kostprijs pizzadozen	€	54.000		
Aan	700	Voorraad pizzadozen			€	54.000
7	410	Directe personeelskosten fabricage	€	124.000		
	411	Indirecte personeelskosten	-	46.000		
Aan	280	Tussenrekening personeelskosten			€	170.000
8	600	Werkelijke grondstofkosten	€	66.000		
	601	Werkelijke directe personeelskosten	-	124.000		
Aan	499	Overboekingsrekening			€	190.000
	602	Werkelijke opslag indirecte fabricagekosten	€	190.000		
		100% van € 190.000				
Aan	555	Opslag indirecte fabricagekosten			€	190.000
9	430	Afschrijvingskosten machines	€	5.000		
Aan	061	Afschrijving vouwplakmachines			€	5.000
10	420	Kosten milieuschade	€	8.000		
Aan	080	Voorziening milieuschade			€	8.000
11	835	Verstrekte bonussen	€	2.000		
	181	Te betalen omzetbelasting	-	420		
Aan	130	Debiteuren			€	2.420

b Er kan bij de productie sprake zijn van prijs- en efficiencyresultaten. Bovendien kan sprake zijn van nog niet gemaakte boekingen voor producten in bewerking.

3109 *Invoeren directe fabricagekosten*

Datum	Boekings-stuk	Rekening-nummer	Debiteur/ Crediteur	Factuur	Debet	Credit
30/4	MA-1304	600			€ 56.000	
30/4	MA-1304	499				€ 56.000
30/4	DP-1304	601			€ 94.200	
30/4	DP-1304	499				€ 94.200
30/4	IF-1304	602			€ 72.630	
30/4	IF-1304	535				€ 72.630

Invoeren gereed product en orders in bewerking

Datum	Boekings-stuk	Rekening-nummer	Debiteur/ Crediteur	Factuur	Debet	Credit
30/4	GP-1304	700			€ 211.360	
30/4	GP-1304	610				€ 53.000
30/4	GP-1304	611				€ 87.400
30/4	GP-1304	612				€ 70.960
30/4	PIB-1304	710			€ 9.100	
30/4	PIB-1304	610				€ 1.400
30/4	PIB-1304	611				€ 5.390
30/4	PIB-1304	612				€ 2.310

Invoeren resultaten

Datum	Boekings-stuk	Rekening-nummer	Debiteur/ Crediteur	Factuur	Debet	Credit
30/4	FR-1304	910			€ 2.370	
30/4	FR-1304	699				€ 2.370

32

De boekhouding van de dienstverlenende onderneming

3201 a

1		600	Directe kosten bedrijfsevenementen	€ 80.000	
		601	Directe kosten overige evenementen	- 40.000	
		520	Kosten begeleidende activiteiten	- 190.000	
	Aan	280	Tussenrekening personeelskosten		€ 310.000
2		600	Directe kosten bedrijfsevenementen	€ 10.000	
		300	Voorraad dranken	- 50.000	
		180	Te vorderen OB	- 12.600	
	Aan	140	Crediteuren		€ 72.600
3		600	Directe kosten bedrijfsevenementen	€ 52.000	
		601	Directe kosten overige evenementen	- 29.000	
	Aan	300	Voorraad dranken		€ 19.000
	Aan	310	Voorraad maaltijdcomponenten		- 62.000
4		130	Debiteuren	€ 479.160	
	Aan	840	Opbrengst bedrijfsevenementen		€ 300.000
	Aan	850	Opbrengst overige evenementen		- 96.000
	Aan	181	Te betalen OB		- 83.160
		+			
		800	Kostprijs bedrijfsevenementen	€ 225.000	
		810	Kostprijs overige evenementen	- 115.000	
	Aan	610	Gecalculeerde directe kosten		
			bedrijfsevenementen		€ 90.000
	Aan	611	Gecalculeerde directe kosten		
			overige evenementen		- 46.000
	Aan	515	Opslag indirecte bereidingskosten		- 68.000
			50% x (€ 90.000 + € 46.000)		
	Aan	525	Opslag kosten begeleidende activiteiten		- 136.000
			100% x (€ 90.000 + € 46.000)		

5	700	Onderhanden evenementen	€	175.000		
Aan	610	Gecalculeerde directe kosten				
		bedrijfsevenementen			€	45.000
Aan	611	Gecalculeerde directe kosten				
		overige evenementen			-	25.000
Aan	515	Opslag indirecte bereidingskosten			-	35.000
		50% x (€ 45.000 + € 25.000)				
Aan	525	Opslag kosten begeleidende activiteiten			-	70.000
		100% x (€ 45.000 + € 25.000)				

b De reden van het overboeken is enerzijds een waardering te hebben voor het onderhanden werk en anderzijds een correcte resultatenanalyse voor rubriek 6 mogelijk te maken.

3202

1	600	Onderhanden reparaties	€	4.500		
	411	Indirecte arbeidskosten	-	1.575		
Aan	280	Tussenrekening arbeidskosten			€	6.075
	500	Indirecte kosten reparatiewerkplaats	€	1.575		
Aan	499	Overboekingsrekening			€	1.575
2	600	Onderhanden reparaties	€	1.450		
Aan	320	Voorraad onderdelen			€	1.450
3	600	Onderhanden reparaties	€	600		
	180	Te vorderen OB	-	126		
Aan	140	Crediteuren			€	726
4	700	Uitgevoerde reparaties	€	1.600		
Aan	600	Onderhanden reparaties			€	1.400
Aan	505	Opslag indirecte kosten reparatiewerkplaats			-	140
Aan	555	Opslag algemene kosten			-	60
5	130	Debiteuren	€	2.662		
Aan	820	Opbrengst uitgevoerde reparaties			€	2.200
Aan	181	Te betalen OB			-	462
	+					
	800	Kostprijs uitgevoerde reparaties	€	1.600		
Aan	700	Uitgevoerde reparaties			€	1.600

3203 a

	010	Gebouw en terrein	€	18.000		
	180	Te vorderen omzetbelasting	-	3.780		
Aan	140	Crediteuren			€	21.780
	022	Afschrijving caravans	-	16.400		
	030	Buiten gebruik gestelde caravans	-	5.000		
	980	Incidentele resultaten	-	3.600		
Aan	020	Caravans			-	25.000
	420	Afschrijvingskosten	-	1.440		
Aan	022	Afschrijving caravans			-	1.440
	110	Bank	-	3.545		
Aan	129	Kruisposten			-	3.545
	181	Te betalen omzetbelasting	-	5.500		
	182	Af te dragen omzetbelasting	-	280		
Aan	180	Te vorderen omzetbelasting			-	5.780
	192	Nog te ontvangen bedragen	-	1.200		
Aan	450	Diverse bedrijfskosten			-	1.200
	192	Nog te ontvangen bedragen	-	4.000		
Aan	980	Incidentele resultaten			-	4.000
	Totaal		€	62.745	€	62.745

b

Nr.	Rekening	Herziene saldibalans per 31 december 2013 Debet	Credit	Winst-en-verliesrekening over 2013 Debet	Credit	Balans per 31 december 2013 Debet	Credit
010	Gebouw en terrein	€ 398.000				€ 398.000	
012	Afschrijving gebouw		€ 135.000				€ 135.000
020	Caravans	- 120.000				- 120.000	
022	Afschrijving caravans		- 28.600				- 28.600
030	Buiten gebruik gestelde caravans	- 48.000				- 48.000	
040	Eigen vermogen		- 50.100				- 124.585
041	Privé	- 16.000					
060	5% Hyp. lening o/g		- 250.000				- 250.000
100	Kas	- 2.600				- 2.600	
110	Bank		- 2.955				- 2.955
129	Kruisposten						
140	Crediteuren		- 29.580				- 29.580
160	Af te dragen loonheffingen		- 4.000				- 4.000
180	Te vorderen omzetbelasting						
181	Te bet. omzetbelasting						
182	Af te dragen omzetbelasting	- 280				- 280	
190	Vooruitbetaalde bedragen	- 4.500				- 4.500	
191	Vooruitontvangen bedragen		- 6.500				- 6.500
192	Nog te ontv. bedragen	- 6.600				- 6.600	
193	Nog te bet. bedragen		- 3.360				- 3.360
400	Personeelskosten	- 86.000		€ 86.000			
420	Afschrijvingskosten	- 26.840		- 26.840			
430	Interestkosten	- 13.560		- 13.560			
440	Telefoonkosten	- 9.600		- 9.600			
450	Diverse bedrijfskosten	- 11.145		- 11.145			
700	Voorraden kantine	- 4.600				- 4.600	
800	Inkoopwaarde kantineverkopen	- 24.000		- 24.000			
840	Opbrengst kantineverkopen		- 36.750		€ 36.750		
936	Huuropbrengsten		- 195.000		- 195.000		
937	Verkoopresultaat caravans		- 32.980		- 32.980		
980	Incidentele resultaten	- 3.100		- 3.100			
	Saldo w&v-rekening			- 90.485			
	Totaal	€ 774.825	€ 774.825	€ 264.730	€ 264.730	€ 584.580	€ 584.580

3204

1	040	Auto	€	19.500		
	180	Te vorderen OB	-	4.095		
Aan	140	Crediteuren			€	23.595
2	135	Overige debiteuren	€	3.025		
Aan	800	Omzet optredens			€	2.500
Aan	181	Te betalen OB			-	525
3	130	Debiteuren boekingskantoren	€	2.420		
	810	Korting boekingskantoren	-	500		
Aan	800	Omzet optredens			€	2.500
Aan	181	Te betalen OB			-	420
4	420	Huisvestingskosten oefenruimte	€	500		
Aan	140	Crediteuren			€	500
5	410	Autokosten	€	500		
		(€ 19.500 – € 7.500) : (2 x 12)				
Aan	041	Afschrijving auto			€	500
6	490	Algemene kosten	€	80		
Aan	110	Bank			€	80

33

Quasigoederen

3301 a 1/1 Uit de gegeven rekeningen blijkt dat Texas BV de kanotochtbonnen niet in de boekhouding vastlegt. Van de ontvangst van de bonnen door de drukker maken we dan ook geen journaalpost. Wel wordt de factuur geboekt, maar gegevens daarover zijn niet bekend.

16/1		100	Kas	€	950		
	Aan	131	Kanotochtbonnen in omloop			€	950

21/1		100	Kas	€	1.069		
		131	Kanotochtbonnen in omloop	-	625		
	Aan	810	Opbrengst kanotochten			€	1.400
	Aan	119	Te betalen omzetbelasting			-	294

b Er zijn 38 kanotochtbonnen verkocht met een waarde van € 950. Er is voor € 625 aan kanotochtbonnen ontvangen. De verplichting is nog € 950 – € 625 = € 325. Deze verplichting is het saldo van rekening *131 Kanotochtbonnen in omloop*.

3302

1	460	Verkoopkosten	€	1.500		
	180	Te vorderen omzetbelasting	-	315		
Aan	140	Crediteuren			€	1.815

2	101	Tussenrekening kasontvangsten				
		afdeling mode	€	9.196		
Aan	720	Winkelvoorraad			€	9.196

3	101	Tussenrekening kasontvangsten				
		afdeling mode	€	1.331		
Aan	720	Winkelvoorraad			€	1.331

4	720	Winkelvoorraad	€	2.057		
Aan	750	Ruilbonnen in omloop			€	2.057

5	100	Centrale kas	€	9.922		
	750	Ruilbonnen in omloop	-	1.331		
Aan	101	Tussenrekening kasontvangsten				
		afdeling mode			€	11.253

3303

1		705	Voorraad cadeaubonnen	€ 9.500	
	Aan	140	Crediteuren*		€ 9.500
	*		Smaragd		
2		100	Kas	€ 2.325	
	Aan	705	Voorraad cadeaubonnen		€ 2.325
3		100	Kas	€ 18.822,50	
		109	Te verrekenen cadeaubonnen	- 840	
	Aan	840	Opbrengst verkopen		€ 16.250
	Aan	181	Te betalen omzetbelasting		- 3.412,50
4		130	Debiteuren	€ 1.555,70	
		460	Provisie cadeaubonnen	- 99,30	
	Aan	109	Te verrekenen cadeaubonnen		€ 1.655
5		110	Bank	€ 1.555,70	
	Aan	130	Debiteuren		€ 1.555,70

3304

1		130	Debiteuren	€ 3.267	
		820	Rabatten	- 900	
	Aan	850	Opbrengst verkopen		€ 3.600
	Aan	180	Verschuldigde omzetbelasting		- 567
		800	Kostprijs verkopen	€ 2.000	
	Aan	700	Voorraad boeken		€ 2.000
2		430	Kosten boekenbonnen	€ 500	
	Aan	280	Tussenrekening lonen		€ 500
3		110	Bank	€ 2.200	
	Aan	710	Voorraad boekenbonnen		€ 2.200
		720	Uit te geven boekenbonnen	€ 2.200	
	Aan	730	Boekenbonnen in omloop		€ 2.200
4		430	Kosten boekenbonnen	€ 600	
		170	Te verrekenen omzetbelasting	- 126	
	Aan	160	Crediteuren		€ 726
5		710	Voorraad boekenbonnen	€ 25.000	
	Aan	720	Uit te geven boekenbonnen		€ 25.000

6	730	Boekenbonnen in omloop	€	1.600		
	110	Bank	-	1.747		
Aan	505	Gedekte kosten boekenbonnen			€	80
Aan	130	Debiteuren			-	3.267

7	500	Kosten boekenbonnen	€	1.100		
Aan	499	Overboekingsrekening rubriek 4			€	1.100

8	730	Boekenbonnen in omloop	€	250		
Aan	505	Gedekte kosten boekenbonnen			€	12,50
Aan	110	Bank			-	237,50

34

Herhalingsopgaven

3401

a

Voorraad 1/1	€ 44.000
I-13001	- 13.580
I-13002	- 4.158
	€ 61.738
IC-1301	- 415,80
	€ 61.322,20
Eindvoorraad	- 35.900
Inkoopprijs omzet	€ 25.422,20

b

	Bea	*Cea*	*Dea*
Voorraad per 1/1	2.000 kg	800 kg	500 kg
V-13001	200 kg	200 kg	
	1.800 kg	600 kg	
I-13001	500 kg	500 kg	
	2.300 kg	1.100 kg	
VC-1301		10 kg	
		1.110 kg	
V-13002		150 kg	100 kg
		960 kg	400 kg
I-13002			200 kg
			600 kg
IC-1301			20 kg
			580 kg
V-13003	500 kg	400 kg	200 kg
Theoretische voorraad per 31/1	1.800 kg	560 kg	380 kg

Uit deze berekeningen blijkt dat in werkelijkheid zowel van Bea als van Dea minder aanwezig is dan uit de financiële feiten is af te leiden.
Het bedrag van de 'inkoopprijs omzet' bij **a** is dus omhoog gebracht, doordat er voorraadresultaten in zitten.

c

3/1		190	Vooruitbetaalde bedragen	€ 6.300	
	Aan	110	Bank		€ 6.300
4/1		130	Debiteuren	€ 7.586,70	
		830	Kortingen bij verkoop	- 330	
	Aan	840	Opbrengst verkopen		€ 6.600
	Aan	181	Te betalen OB		- 1.316,70
6/1		110	Bank	€ 4.840	
	Aan	130	Debiteuren		€ 4.840
8/1		700	Voorraad goederen	€ 13.580	
		180	Te vorderen OB	- 2.851,80	
	Aan	140	Crediteuren		€ 16.431,80
9/1		181	Te betalen OB	€ 24.000	
	Aan	180	Te vorderen OB		€ 16.000
	Aan	182	Af te dragen OB		- 8.000
10/1		840	Opbrengst verkopen	€ 190	
		181	Te betalen OB	- 37,91	
	Aan	130	Debiteuren		€ 218,41
	Aan	830	Kortingen bij verkoop		- 9,50
11/1		140	Crediteuren	€ 20.061,80	
	Aan	900	Ontvangen contantkortingen		€ 401,24
	Aan	110	Bank		- 19.660,56
12/1		130	Debiteuren	€ 6.655	
	Aan	840	Opbrengst verkopen		€ 5.500
	Aan	181	Te betalen OB		- 1.155
14/1		110	Bank	€ 25.263,11	
		835	Verstrekte contantkortingen	- 255,18	
	Aan	130	Debiteuren		€ 25.518,29
15/1		840	Opbrengst verkopen	€ 500	
		181	Te betalen OB	- 105	
	Aan	130	Debiteuren		€ 605

Datum		Rek.	Omschrijving	Debet	Credit
17/1		182	Af te dragen OB	€ 8.000	
	Aan	110	Bank		€ 8.000
20/1		700	Voorraad goederen	€ 4.158	
		180	Te vorderen OB	- 873,18	
	Aan	140	Crediteuren		€ 5.031,18
21/1		490	Algemene kosten	€ 900	
		180	Te vorderen OB	- 189	
	Aan	100	Kas		€ 1.089
22/1		110	Bank	€ 7.200	
	Aan	130	Debiteuren		€ 7.200
23/1		140	Crediteuren	€ 503,12	
	Aan	700	Voorraad goederen		€ 415,80
	Aan	180	Te vorderen OB		- 87,32
25/1		100	Kas	€ 5.000	
	Aan	129	Kruisposten		€ 5.000
26/1		130	Debiteuren	€ 23.316,70	
		830	Kortingen bij verkoop	- 1.230	
	Aan	840	Opbrengst verkopen		€ 20.500
	Aan	181	Te betalen OB		- 4.046,70
28/1		410	Personeelskosten	€ 13.900	
	Aan	110	Bank		€ 13.900
		129	Kruisposten	€ 5.000	
	Aan	110	Bank		€ 5.000
30/1		100	Kas	€ 60	
	Aan	130	Debiteuren		€ 60
31/1		490	Algemene kosten	€ 810	
		180	Te vorderen OB	- 170,10	
	Aan	100	Kas		€ 980,10
31/1		410	Personeelskosten	€ 5.900	
	Aan	150	Af te dragen loonheffingen		€ 5.900
31/1		432	Afschrijvingskosten inventaris	€ 1.000	
	Aan	002	Inventaris		€ 1.000

31/1		440	Huurkosten	€ 2.100	
	Aan	190	Vooruitbetaalde bedragen		€ 2.100
31/1		470	Interestkosten	€ 200	
	Aan	170	Te betalen interest		€ 200
31/1		800	Inkoopprijs verkopen	€ 25.422,20	
	Aan	700	Voorraad goederen		€ 25.422,20

d 1

130 Debiteuren

1/1	Balans	€ 36.300	6/1	€ 4.840
4/1		- 7.586,70	10/1	- 218,41
12/1		- 6.655	14/1	- 25.518,29
26/1		- 23.316,70	15/1	- 605
			22/1	- 7.200
			30/1	- 60

140 Crediteuren

11/1	€ 20.061,80	1/1	Balans	€ 24.200
23/1	- 503,12	8/1		- 16.431,80
		20/1		- 5.031,18

2

		Proefbalans		**Saldibalans**	
Nr.	Rekening	Debet	Credit	Debet	Credit
130	Debiteuren	€ 73.858,40	€ 38.441,70	€ 35.416,70	
140	Crediteuren	- 20.564,92	- 45.662.98		€ 25.098,06

e 1 *Debiteurenadministratie*

1301 A. Aarts, Alkmaar

Datum	Omschrijving	Debet	Credit	Saldo
1/1	Saldo			€ 7.260
12/1	V-13002	€ 6.655		- 13.915
15/1	VC-1302		€ 605	- 13.310
22/1	B-1306		- 7.200	- 6.110
30/1	K-1303		- 60	- 6.050

1302 B. Braad, Beverwijk

Datum	Omschrijving	Debet	Credit	Saldo
1/1	Saldo			€ 18.150
4/1	V-13001	€ 7.586,70		- 25.736,70
10/1	VC-1301		€ 218,41	- 25.518,29
14/1	B-1304		- 25.518,29	- –
26/1	V-13003	- 23.316,70		- 23.316,70

1303 C. Cotin, Castricum

Datum	Omschrijving	Debet	Credit	Saldo
1/1	Saldo			€ 10.890
6/1	B-1302		€ 4.840	- 6.050

2

Saldilijst debiteuren per 31 januari 2013

Nr.	Naam en woonplaats van de afnemer	Saldi
1301	A. Aarts, Alkmaar	€ 6.050
1302	B. Braad, Beverwijk	- 23.316,70
1303	C. Cotin, Castricum	- 6.050
		€ 35.416,70

f 1 *Crediteurenadministratie*

1401 K. Kraay, Krommenie

Datum	Omschrijving	Debet	Credit	Saldo
1/1	Saldo			€ 6.050

1402 L. Ladage, Landsmeer

Datum	Omschrijving	Debet	Credit	Saldo
1/1	Saldo			€ 3.630
8/1	I-13001		€ 16.431,80	- 20.061,80
11/1	B-1303	€ 20.061,80		- –

1403 M. Mulder, Marken

Datum	Omschrijving	Debet	Credit	Saldo
1/1	Saldo			€ 14.520
20/1	I-13002		€ 5.031,18	- 19.551,18
23/1	IC-1301	€ 503,12		- 19.048,06

2

Saldilijst crediteuren per 31 januari 2013

Nr.	Naam en woonplaats van de leverancier	Saldi
1401	K. Kraay, Krommenie	€ 6.050
1402	L. Ladage, Landsmeer	- –
1403	M. Mulder, Marken	- 19.048,06
		€ 25.098,06

g 1 Telling saldilijst debiteuren moet gelijk zijn aan het saldo van grootboekrekening *130 Debiteuren*.
Telling saldilijst crediteuren moet gelijk zijn aan het saldo van grootboekrekening *140 Crediteuren*.

2 Geen afgeleid werk; zowel de journaalposten als de boekingen in de subadministraties dienen rechtstreeks van de boekingsstukken te worden gemaakt. (Zo mogelijk door verschillende personen).

h

Debet **Bankboek** *Credit*

Datum	Nr. afschrift	Rekening nr.	Rekening naam	Bedrag	Datum	Nr. afschrift	Rekening nr.	Rekening naam	Bedrag
1/1			Saldo	€ 14.000	3/1	B-1301	190	Vooruitbetaalde bedragen	€ 6.300
6/1	B-1302	130	Debiteuren	- 4.840	11/1	B-1303	140	Crediteuren	- 20.061,80
11/1	B-1303	900	Ontvangen contantkortingen	- 401,24	14/1	B-1304	835	Verstrekte contantkortingen	- 255,18
14/1	B-1304	130	Debiteuren	- 25.518,29	17/1	B-1305	182	Af te dragen OB	- 8.000
22/1	B-1306	130	Debiteuren	- 7.200	28/1	B-1307	410	Personeelskosten	- 13.900
31/1			Saldo	- 1.557,45			129	Kruisposten	- 5.000
				€ 53.516,98					€ 53.516,98

3402 *Invoeren verkoopboekingen*

Datum	Boekingsstuk	Rekening-nummer	Debiteur	BTW-code	Bedrag	BTW-bedrag
4/1	V-13001	840	1302	1	€ 6.600	€ 1.386 *
4/1	V-13001	830	1302	1	-/- € 330	-/- € 69,30*
10/1	VC-1301	840	1302	1	-/- € 190	-/- € 39,90*
10/1	VC-1301	830	1302	1	€ 9,50	€ 2,00*
12/1	V-13002	840	1301	1	€ 5.500	€ 1.155 *
15/1	VC-1302	840	1301	1	-/- € 500	-/- € 105 *
26/1	V-13003	840	1302	1	€ 20.500	€ 4.305 *
26/1	V-13003	830	1302	1	-/- € 1.230	-/- € 258,30*

Invoeren bankboekingen

Begin	Eind
€ 14.000	− € 1.557,45

Datum	Boekings-stuk	Rekening-nummer	Debiteur/ Crediteur	Factuur	BTW-code	Bij	Af	BTW-bedrag
3/1	B-1301	190					€ 6.300	
6/1	B-1302	130	1303	V-12833		€ 4.840 *		
11/1	B-1303	140	1402	I-12312			€ 3.630 *	
11/1	B-1303	140	1402	I-13001			€ 16.431,80*	
11/1	B-1303	900				€ 401,24		
14/1	B-1304	130	1302	V-12801		€ 18.150 *		
14/1	B-1304	130	1302	V-13001		€ 7.586,70*		
14/1	B-1304	130	1302	VC-1301			€ 218,41*	
14/1	B-1304	835	1302				€ 255,18	
17/1	B-1305	182					€ 8.000	
22/1	B-1306	130	1301	V-12800		~~€ 7.260~~ *		
						€ 7.200		
28/1	B-1307	410					€ 13.900	
28/1	B-1307	129					€ 5.000	

Invoeren overige boekingen

Datum	Boekings-stuk	Debiteur/ Crediteur	Rekeningnummer	Debet	Credit
9/1	M-1301		181	€ 24.000	
9/1	M-1301		180		€ 16.000
9/1	M-1301		182		€ 8.000
31/1	M-1302		410	€ 5.900	
31/1	M-1302		150		€ 5.900
31/1	M-1303		432	€ 1.000	
31/1	M-1303		002		€ 1.000
31/1	M-1304		440	€ 2.100	
31/1	M-1304		190		€ 2.100
31/1	M-1305		470	€ 200	
31/1	M-1305		170		€ 200
31/1	M-1306		800	€ 25.422,20	
31/1	M-1306		700		€ 25.422,20

3403

a

	130	Debiteuren	€ 161.120	
Aan	850	Opbrengst verkopen		€ 152.000
Aan	185	Te betalen OB		- 9.120
	+			
	800	Inkoopprijs verkopen	€ 103.800	
		2.600 x € 27 + 1.200 x € 28		
Aan	700	Voorraad goederen		€ 103.800

b

Partij II 2.000 x € 28 =	€ 56.000
Partij III 5.000 x € 31 =	- 155.000
	€ 211.000

c

Saldo rekening 700 moet worden 7.000 x € 32,50 =	€ 227.500
Saldo rekening 700 was	- 211.000
	€ 16.500

	700	Voorraad goederen	€ 16.500	
Aan	710	Prijsverschillen bij inkoop		€ 16.500

d	1		700	Voorraad goederen	€ 585.000	
				18.000 x € 32,50		
			180	Te vorderen OB	- 36.780	
			710	Prijsverschillen bij inkoop	- 28.000	
		Aan	140	Crediteuren		€ 649.780
	2		130	Debiteuren	€ 954.000	
		Aan	850	Opbrengst verkopen		€ 900.000
		Aan	185	Te betalen OB		- 54.000
			+			
			800	Inkoopprijs verkopen	€ 650.000	
				20.000 x € 32,50		
		Aan	700	Voorraad goederen		€ 650.000
	3		051	Privé	€ 3.445	
		Aan	700	Voorraad goederen		€ 3.250
				100 x € 32,50		
		Aan	185	Te betalen OB		- 195

e	Voorraad 1/7/2013		7.000 stuks
	Inkopen 2e helft 2013		18.000 stuks
			25.000 stuks
	Verkopen 2e helft 2013	20.000 stuks	
	Privéverbruik	100 stuks	
			20.100 stuks
	Voorraad 31/12/2013		4.900 stuks

	700	Voorraad goederen	€ 12.250	
		4.900 x € 2,50		
Aan	710	Prijsverschillen bij inkoop		€ 12.250

f

710 Prijsverschillen bij inkoop

	d1	€	28.000	1/7	c	€	16.500
31/12	*Naar balans*	-	9.800	31/12	e	-	12.250
					Naar rekening 960	-	9.050
		€	37.800			€	37.800
				1/1	Balans		
					4.900 x € 2 (€ 35 – € 33) =	€	9.800

g

	960	Resultaat prijsverschillen	€	9.050		
Aan	710	Prijsverschillen bij inkoop			€	9.050

3404 a

1		710	Gefactureerde nog niet				
			ontvangen goederen	€	82.000		
		180	Te vorderen OB	-	17.220		
	Aan	140	Crediteuren			€	99.220
2		700	Voorraad goederen	€	84.200		
	Aan	165	Ontvangen nog niet				
			gefactureerde goederen			€	84.200
3		135	Afgeleverde nog te factureren				
			goederen	€	86.000		
	Aan	700	Voorraad goederen			€	86.000
4		130	Debiteuren	€	130.680		
	Aan	850	Opbrengst verkopen			€	108.000
	Aan	185	Te betalen OB			-	22.680
		+					
		800	Inkoopwaarde verkopen	€	92.000		
	Aan	135	Afgeleverde nog te factureren				
			goederen			€	92.000
5		182	Af te dragen OB	€	15.000		
	Aan	110	Rabobank			€	15.000

6	165	Ontvangen nog niet		
		gefactureerde goederen	€ 85.300	
	720	Prijsverschillen bij inkoop	- 1.100	
	Aan 710	Gefactureerde nog niet ontvangen goederen		€ 86.400

b

		Saldibalans		Winst-en-verliesrekening		Balans	
Nr.	Rekening	Debet	Credit	Debet	Credit	Debet	Credit
135	Afgeleverde nog te						
	factureren goederen	€ 18.300				€ 18.300	
165	Ontvangen nog niet						
	gefact. goederen		€ 17.400				€ 17.400
700	Voorraad goederen	- 187.400				- 187.400	
710	Gefactureerde nog niet						
	ontvangen goederen	- 8.400				- 8.400	
720	PV bij inkoop		- 2.300				- 2.300
800	Inkoopwaarde						
	verkopen	- 92.000		€ 92.000			
850	Opbrengst verkopen		- 108.000		€ 108.000		

3405 a 98 x € 500 + (25 + 27 + 100) x € 350 = € 49.000 +€ 53.200 = € 102.200 credit balans.

b

1	165	Vooruitontvangen bedragen	€ 151.040	
	Aan 810	Huuropbrengst woningwetwoningen		€ 73.500
		98 x € 750		
	Aan 820	Huuropbrengst Erica		- 77.540
		25 x € 275+ 27 x € 395 + 100 x € 600		
2	165	Vooruitontvangen bedragen	€ 26.550	
		25 x € 100 + 27 x € 150 + 100 x € 200		
	Aan 941	Opbrengst servicekosten		€ 26.550
3	460	Assurantiekosten	€ 8.000	
		€ 96.000 : 12		
	Aan 155	Vooruitbetaalde bedragen		€ 8.000

4	940	Servicekosten	€	25.525		
Aan	155	Vooruitbetaalde bedragen			€	375
		(€ 2.700 + € 1.800) : 12				
Aan	150	Te betalen bedragen			-	25.150
		7.000 x € 0,65 + 2.000 x € 0,80 +				
		€ 36.000 : 12 + € 10.500 + € 5.500				
5	450	Onderhoudskosten	€	25.000		
		€ 300.000 : 12				
Aan	060	Voorziening groot onderhoud			€	25.000

3406 a

	001	Winkelpand	€	940.000		
Aan	077	6% Hypothecaire lening			€	600.000
Aan	110	Bank			-	300.000
Aan	100	Kas			-	40.000

b

1	431	Afschrijvingskosten winkelpand	€	2.500		
		$\frac{1}{12} \times \frac{€\ 940.000 - €\ 40.000}{30}$				
Aan	011	Afschrijving winkelpand			€	2.500
2	441	Assurantiekosten	€	280		
		€ 1.680 : 6				
Aan	190	Vooruitbetaalde assurantiepremies			€	280
3	470	Interestkosten	€	3.000		
		$\frac{1}{12} \times \frac{6}{100} \times €\ 600.000$				
Aan	193	Te betalen interest			€	3.000
4	190	Vooruitbetaalde assurantiepremie	€	1.680		
Aan	110	Bank			€	1.680

c

Nr.	Rekening	Winst-en-verliesrekening Debet	Winst-en-verliesrekening Credit	Balans Debet	Balans Credit
001	Winkelpand			€ 940.000	
011	Afschrijving winkelpand 11 x € 2.500				€ 27.500
077	6% Hypothecaire lening				- 600.000
190	Vooruitbetaalde assurantiepremies 1/6 x € 1.800			- 300	
193	Te betalen interest 5 x € 3.000				- 15.000
431	Afschrijvingskosten winkelpand 11 x € 2.500	€ 27.500			
441	Assurantiekosten € 1.680 + 5/6 x € 1.800	- 3.180			
470	Interestkosten 11 x € 3.000	- 33.000			

d

441 Assurantiekosten

januari	€ 300	31/12	*Naar w&v-rekening*	€ 4.200
febr. t/m juli 6 x € 350 =	- 2.100			
aug. t/m dec. 5/6 x € 2.160 =	- 1.800			
	€ 4.200			€ 4.200

e

441 Assurantiekosten

1/1	*Van rekening 190*	€ 300	31/12	*Naar rekening 190*	
1/2	Betaald	- 2.100		1/6 x € 2.160 =	€ 360
1/8	Betaald	- 2.160		*Naar w&v-rekening*	- 4.200
		€ 4.560			€ 4.560
1/1	Balans	€ 360			

f

470 Interestkosten

jan. 1/12 x 6% x € 600.000 =	€	3.000	31/12 Naar w&v-rekening	€	34.350
febr. 1/12 x 6% x € 570.000 =	-	2.850			
mrt. t/m dec. 10 x € 2.850 =	-	28.500			
	€	34.350		€	34.350

g

470 Interestkosten

31/1	1/2 x 6% x € 600.000 =	€	18.000	1/1	*Van rekening 193*	€	15.000
31/7	1/2 x 6% x € 570.000 =	-	17.100	31/12	*Naar w&v-rekening*	-	34.350
31/12	*Naar rekening 193*						
	5/12 x 6% x € 570.000 =	-	14.250				
		€	49.350			€	49.350
				1/1	Balans	€	19.000

3407 a *Inbreng L. Schoep*

	001	Winkelpand	€	280.000		
	700	Voorraad goederen	-	136.000		
	130	Debiteuren	-	48.000		
	100	Kas	-	16.000		
	020	Goodwill	-	36.000		
Aan	40 .	Vermogen L. Schoep			€	200.000
Aan	04 .	Privé L. Schoep			-	20.000
Aan	077	Hypothecaire lening o/g			-	200.000
Aan	140	Crediteuren			-	96.000

Inbreng J. van Harst

	002	Magazijninventaris	€ 66.000	
	700	Voorraad goederen	- 92.000	
	130	Debiteuren	- 28.000	
	120	Rabobank	- 40.000	
Aan	04 .	Vermogen J. van Harst		
		nog te storten	- 40.000	
Aan	04 .	Vermogen J. van Harst		€ 200.000
Aan	140	Crediteuren		- 60.000
Aan	193	Te betalen bedrijfskosten		- 6.000

Inbreng K. van Loon

	110	Rabobank	€ 120.000	
	04 .	Vermogen K. van Loon		
		nog te storten	- 80.000	
Aan	04 .	Vermogen K. van Loon		€ 200.000

b

041 Privé L. Schoep

31/3	Kasboek	€ 6.000	1/1		€ 20.000
23/4	Rabobankboek	- 2.800	17/7	Rabobankboek	- 900
30/6	Kasboek	- 6.000	31/12	*Naar balans*	- 6.626
30/9	Kasboek	- 6.000			
18/12	Memoriaal	- 726			
	Kasboek	- 6.000			
		€ 27.526			€ 27.526

c

	049	Winst 2012	€ 64.800	
Aan	04 .	Privé L .Schoep		€ 24.000
Aan	04 .	Privé J. van Harst		- 21.600
Aan	04 .	Privé K. van Loon		- 19.200

d

	040	Vermogen J. van Harst	€ 200.000	
	045	Privé J. van Harst	- 17.200	
Aan	041	Vermogen J. van Harst nts		€ 40.000
Aan	076	Lening o/g		- 150.000
Aan	110	Rabobank		- 27.200

e

	140	Crediteuren	€ 40.000	
	003	Auto's	- 84.000	
Aan	04 .	Vermogen P. Dekker		€ 120.000
Aan	04 .	Privé P. Dekker		- 4.000

3408

Winstverdeling

Totale dividend				
180.000 x € 12 =	€	2.160.000		
Interimdividend	-	900.000	→ €	900.000
	€	1.260.000		
Dividendbelasting 15%	-	189.000	→ -	189.000
	€	1.071.000		
Stockdividend				
180.000 x € 5 =	-	900.000	→ -	900.000
Cashdividend	€	171.000	→ -	171.000
Winstreservering			-	1.260.000
Winst na belasting 2013			€	3.420.000

1	090	Winst na belasting 2013	€ 3.420.000	
Aan	062	Uit te reiken aandelen		€ 900.000
Aan	160	Te betalen dividend		- 171.000
Aan	161	Te betalen dividendbelasting		- 189.000
Aan	050	Winstreserve		- 2.160.000
2	050	Winstreserve	€ 3.529.412	
Aan	062	Uit te reiken aandelen (85%)		€ 3.000.000
Aan	161	Te betalen dividendbelasting (15%)		- 529.412
3	160	Te betalen dividend	€ 123.500	
		130.000 x (€ 171.000 : 180.000)		
Aan	110	Bank		€ 123.500
	062	Uit te reiken aandelen	€ 650.000	
		130.000 x € 5		
Aan	061	Aandelen in portefeuille		€ 650.000
	160	Te betalen dividend	€ 85.000	
		20.000 x ((0,85 x € 900.000) : 180.000)		
Aan	110	Bank		€ 85.000
4	062	Uit te reiken aandelen	€ 2.000.000	
		20.000 x € 100		
Aan	061	Aandelen in portefeuille		€ 2.000.000

5		700	Voorraad gereed product	€	34.000		
	Aan	800	Inkoopprijs verkopen			€	34.000
		+					
		850	Opbrengst verkopen	€	50.000		
		130	Te betalen omzetbelasting	-	10.500		
	Aan	125	Te verzenden creditnota's			€	60.500
6		125	Te verzenden creditnota's	€	60.500		
		121	Afschrijving debiteuren	-	20.000		
		135	Terug te vorderen OB	-	4.200		
	Aan	120	Debiteuren			€	84.700

3409 a

1		840	Opbrengst verkopen	€	1.200		
			100/121 x € 1.452				
		181	Te betalen OB	-	252		
			21/121 x € 1.452				
		100	Kas	-	2.500		
		135	Afschrijving debiteuren	-	733,88		
			100/121 x € 888				
		185	Terug te vorderen OB	-	154,12		
			21/121 x € 888				
	Aan	130	Debiteuren			€	4.840
2		062	Garantievoorziening	€	3.800		
	Aan	3 . .	Voorraad onderdelen			€	3.800
3		110	Bank	€	1.694		
	Aan	135	Afschrijving debiteuren			€	1.400
	Aan	181	Te betalen OB			-	294
4		001	Gebouwen	€	20.000		
	Aan	011	Afschrijving gebouwen			€	6.000
	Aan	045	Herwaarderingsreserve gebouwen			-	14.000

b

135 Afschrijving debiteuren

31/12	Saldo	€ 17.200	31/12	Gegeven 3	€	1.400
	Gegeven 1	- 733,88		*Naar w&v-rekening*	-	58.533,88
	Naar balans	- 42.000				
		€ 59.933,88			€	59.933,88
			1/1	Balans	€	42.000

3410

Bankboek

	120	ING Bank	€	307.000		
Aan	130	Debiteuren			€	290.000
Aan	150	Af te dragen loonheffingen			-	17.000
	140	Crediteuren	€	110.000		
	150	Af te dragen loonheffingen	-	49.000		
	240	Tussenrekening personeelskosten	-	110.000		
	540	Algemene kosten	-	10.000		
	530	Indirecte verkoopkosten	-	5.000		
Aan	120	ING Bank			€	284.000

Boek voor ontvangen facturen

	310	Inkopen grondstoffen	€	95.000		
	603	Kosten onderaannemingen	-	12.000		
	520	Indirecte fabricagekosten	-	10.000		
	180	Te vorderen BTW	-	24.570		
Aan	140	Crediteuren			€	141.570

Boek voor ontvangen grondstoffen

	300	Voorraad grondstoffen	€	100.000		
Aan	310	Inkopen grondstoffen			€	97.000
Aan	320	Prijsverschillen grondstoffen				3.000

Verbruiksregister grondstoffen

	600	Directe grondstofkosten	€	90.000		
Aan	300	Voorraad grondstoffen			€	90.000

Verdeelstaat personeelskosten

	601	Directe personeelskosten	€	106.600		
	520	Indirecte fabricagekosten	-	26.000		
	530	Indirecte verkoopkosten	-	10.400		
Aan	240	Tussenrekening personeelskosten			€	110.000
Aan	150	Af te dragen loonheffingen			-	33.000

Register gereedgekomen product

	800	Kostprijs verkopen	€	253.800		
Aan	610	Gecalculeerde directe grondstofkosten			€	80.000
Aan	611	Gecalculeerde directe personeelskosten			-	117.000
Aan	613	Gecalculeerde kosten onderaannemingen			-	10.000
Aan	521	Opslag indirecte fabricagekosten			-	46.800

Verkoopboek

	130	Debiteuren	€	363.000		
Aan	840	Opbrengst verkopen			€	300.000
Aan	181	Te betalen BTW			-	63.000

	820	Toeslag indirecte verkoopkosten	€	15.000		
Aan	531	Opslag indirecte verkoopkosten			€	15.000